I0156226

PERSAN

VOCABULAIRE

FRANÇAIS PERSAN

Les mots les plus utiles
Pour enrichir votre vocabulaire et aiguiser
vos compétences linguistiques

9000 mots

Vocabulaire Français-Persan pour l'autoformation - 9000 mots
Dictionnaire thématique

Par Andrey Taranov

Les dictionnaires T&P Books ont pour but de vous aider à apprendre, à mémoriser et à réviser votre vocabulaire en langue étrangère. Ce dictionnaire thématique couvre tous les grands domaines du quotidien: l'économie, les sciences, la culture, etc ...

Acquérir du vocabulaire avec les dictionnaires thématiques T&P Books vous offre les avantages suivants:

- Les données d'origine sont regroupées de manière cohérente, ce qui vous permet une mémorisation lexicale optimale
- La présentation conjointe de mots ayant la même racine vous permet de mémoriser des groupes sémantiques entiers (plutôt que des mots isolés)
- Les sous-groupes sémantiques vous permettent d'associer les mots entre eux de manière logique, ce qui facilite votre consolidation du vocabulaire
- Votre maîtrise de la langue peut être évaluée en fonction du nombre de mots acquis

T&P Books Publishing
www.tpbooks.com

ISBN: 978-1-78716-699-8

Ce livre existe également en format électronique.
Pour plus d'informations, veuillez consulter notre site: www.tpbooks.com ou rendez-vous sur ceux des grandes librairies en ligne.

VOCABULAIRE PERSAN POUR L'AUTOFORMATION
Dictionnaire thématique

Les dictionnaires T&P Books ont pour but de vous aider à apprendre, à mémoriser et à réviser votre vocabulaire en langue étrangère. Ce lexique présente, de façon thématique, plus de 9000 mots les plus fréquents de la langue.

- Ce livre comporte les mots les plus couramment utilisés
- Son usage est recommandé en complément de l'étude de toute autre méthode de langue
- Il répond à la fois aux besoins des débutants et à ceux des étudiants en langues étrangères de niveau avancé
- Il est idéal pour un usage quotidien, des séances de révision ponctuelles et des tests d'auto-évaluation
- Il vous permet de tester votre niveau de vocabulaire

Spécificités de ce dictionnaire thématique:

- Les mots sont présentés de manière sémantique, et non alphabétique
- Ils sont répartis en trois colonnes pour faciliter la révision et l'auto-évaluation
- Les groupes sémantiques sont divisés en sous-groupes pour favoriser l'apprentissage
- Ce lexique donne une transcription simple et pratique de chaque mot en langue étrangère

Ce dictionnaire comporte 256 thèmes, dont:

les notions fondamentales, les nombres, les couleurs, les mois et les saisons, les unités de mesure, les vêtements et les accessoires, les aliments et la nutrition, le restaurant, la famille et les liens de parenté, le caractère et la personnalité, les sentiments et les émotions, les maladies, la ville et la cité, le tourisme, le shopping, l'argent, la maison, le foyer, le bureau, la vie de bureau, l'import-export, le marketing, la recherche d'emploi, les sports, l'éducation, l'informatique, l'Internet, les outils, la nature, les différents pays du monde, les nationalités, et bien d'autres encore …

TABLE DES MATIÈRES

GUIDE DE PRONONCIATION

Alphabet phonétique T&P	Exemple en persan	Exemple en français
['] (ayn)	[daʿvā] دعوا	consonne fricative pharyngale voisée
['] (hamza)	[taʾid] تایید	coup de glotte
[a]	[ravad] رود	classe
[ā]	[ātaš] آتش	camarade
[b]	[bānk] بانک	bureau
[č]	[čand] چند	match
[d]	[haštād] هشتاد	document
[e]	[ešq] عشق	équipe
[f]	[fandak] فندک	formule
[g]	[logo] لوگو	gris
[h]	[giyāh] گیاه	[h] aspiré
[i]	[jazire] جزیره	stylo
[j]	[jašn] جشن	adjoint
[k]	[kāj] کاج	bocal
[l]	[limu] لیمو	vélo
[m]	[mājarā] ماجرا	minéral
[n]	[norvež] نروژ	ananas
[o]	[golf] گلف	normal
[p]	[operā] اپرا	panama
[q]	[lāqar] لاغر	g espagnol - amigo, magnífico
[r]	[raqam] رقم	racine, rouge
[s]	[sup] سوپ	syndicat
[š]	[duš] دوش	chariot
[t]	[tarjome] ترجمه	tennis
[u]	[niru] نیرو	boulevard
[v]	[varšow] ورشو	rivière
[w]	[rowšan] روشن	iguane
[x]	[kāx] کاخ	scots - nicht, allemand - Dach
[y]	[biyābān] بیابان	maillot
[z]	[zanjir] زنجیر	gazeuse
[ž]	[žuan] ژوئن	jeunesse

11

ABRÉVIATIONS
employées dans ce livre

Abréviations en français

adj	-	adjective
adv	-	adverbe
anim.	-	animé
conj	-	conjonction
dénombr.	-	dénombrable
etc.	-	et cetera
f	-	nom féminin
f pl	-	féminin pluriel
fam.	-	familiar
fem.	-	féminin
form.	-	formal
inanim.	-	inanimé
indénombr.	-	indénombrable
m	-	nom masculin
m pl	-	masculin pluriel
m, f	-	masculin, féminin
masc.	-	masculin
math	-	mathematics
mil.	-	militaire
pl	-	pluriel
prep	-	préposition
pron	-	pronom
qch	-	quelque chose
qn	-	quelqu'un
sing.	-	singulier
v aux	-	verbe auxiliaire
v imp	-	verbe impersonnel
vi	-	verbe intransitif
vi, vt	-	verbe intransitif, transitif
vp	-	verbe pronominal
vt	-	verbe transitif

CONCEPTS DE BASE

Concepts de base. Partie 1

1. Les pronoms

je	man	من
tu	to	تو
il, elle, ça	u	او
nous	mā	ما
vous	šomā	شما
ils, elles	ān-hā	آنها

2. Adresser des vœux. Se dire bonjour. Se dire au revoir

Bonjour! (form.)	salām	سلام
Bonjour! (le matin)	sobh bexeyr	صبح بخیر
Bonjour! (après-midi)	ruz bexeyr!	روز بخیر!
Bonsoir!	asr bexeyr	عصربخیر
dire bonjour	salām kardan	سلام کردن
Salut!	salām	سلام
salut (m)	salām	سلام
saluer (vt)	salām kardan	سلام کردن
Comment allez-vous?	haletān četowr ast?	حالتان چطور است؟
Comment ça va?	četorid?	چطورید؟
Quoi de neuf?	če xabar?	چه خبر؟
Au revoir! (form.)	xodāhāfez	خداحافظ
Au revoir! (fam.)	bāy bāy	بای بای
À bientôt!	be omid-e didār!	به امید دیدار!
Adieu!	xodāhāfez!	خداحافظ!
dire au revoir	xodāhāfezi kardan	خداحافظی کردن
Salut! (À bientôt!)	tā bezudi!	تا بزودی!
Merci!	motešakker-am!	متشکرم!
Merci beaucoup!	besyār motešakker-am!	بسیار متشکرم!
Je vous en prie	xāheš mikonam	خواهش می کنم
Il n'y a pas de quoi	tašakkor lāzem nist	تشکر لازم نیست
Pas de quoi	qābel-i nadārad	قابلی ندارد
Excuse-moi!	bebaxšid!	ببخشید!
excuser (vt)	baxšidan	بخشیدن
s'excuser (vp)	ozr xāstan	عذر خواستن
Mes excuses	ozr mixāham	عذرمی خواهم

Pardonnez-moi!	bebaxšid!	ببخشيد!
pardonner (vt)	baxšidan	بخشيدن
C'est pas grave	mohem nist	مهم نيست
s'il vous plaît	lotfan	لطفأ

N'oubliez pas!	farāmuš nakonid!	فراموش نكنيد!
Bien sûr!	albate!	البته!
Bien sûr que non!	albate ke neh!	البته كه نه!
D'accord!	besyār xob!	بسيارخوب!
Ça suffit!	bas ast!	بس است!

3. Comment s'adresser à quelqu'un

Excusez-moi!	bebaxšid!	ببخشيد!
monsieur	āqā	آقا
madame	xānom	خانم
madame (mademoiselle)	xānom	خانم
jeune homme	mard-e javān	مرد جوان
petit garçon	pesar bače	پسر بچه
petite fille	doxtar bačče	دختربچه

4. Les nombres cardinaux. Partie 1

zéro	sefr	صفر
un	yek	يک
deux	do	دو
trois	se	سه
quatre	čāhār	چهار

cinq	panj	پنج
six	šeš	شش
sept	haft	هفت
huit	hašt	هشت
neuf	neh	نه

dix	dah	ده
onze	yāzdah	يازده
douze	davāzdah	دوازده
treize	sizdah	سيزده
quatorze	čāhārdah	چهارده

quinze	pānzdah	پانزده
seize	šānzdah	شانزده
dix-sept	hefdah	هفده
dix-huit	hijdah	هيجده
dix-neuf	nuzdah	نوزده

vingt	bist	بيست
vingt et un	bist-o yek	بيست ويک
vingt-deux	bist-o do	بيست ودو
vingt-trois	bist-o se	بيست وسه
trente	si	سى

trente et un	si-yo yek	سی ویک
trente-deux	si-yo do	سی ودو
trente-trois	si-yo se	سی وسه
quarante	čehel	چهل
quarante et un	čehel-o yek	چهل ویک
quarante-deux	čehel-o do	چهل ودو
quarante-trois	čehel-o se	چهل وسه
cinquante	panjāh	پنجاه
cinquante et un	panjāh-o yek	پنجاه ویک
cinquante-deux	panjāh-o do	پنجاه ودو
cinquante-trois	panjāh-o se	پنجاه وسه
soixante	šast	شصت
soixante et un	šast-o yek	شصت ویک
soixante-deux	šast-o do	شصت ودو
soixante-trois	šast-o se	شصت وسه
soixante-dix	haftād	هفتاد
soixante et onze	haftād-o yek	هفتاد ویک
soixante-douze	haftād-o do	هفتاد ودو
soixante-treize	haftād-o se	هفتاد وسه
quatre-vingts	haštād	هشتاد
quatre-vingt et un	haštād-o yek	هشتاد ویک
quatre-vingt deux	haštād-o do	هشتاد ودو
quatre-vingt trois	haštād-o se	هشتاد وسه
quatre-vingt-dix	navad	نود
quatre-vingt et onze	navad-o yek	نود ویک
quatre-vingt-douze	navad-o do	نود ودو
quatre-vingt-treize	navad-o se	نود وسه

5. Les nombres cardinaux. Partie 2

cent	sad	صد
deux cents	devist	دویست
trois cents	sisad	سیصد
quatre cents	čāhārsad	چهارصد
cinq cents	pānsad	پانصد
six cents	šešsad	ششصد
sept cents	haftsad	هفتصد
huit cents	haštsad	هشتصد
neuf cents	nohsad	نهصد
mille	hezār	هزار
deux mille	dohezār	دوهزار
trois mille	se hezār	سه هزار
dix mille	dah hezār	ده هزار
cent mille	sad hezār	صد هزار
million (m)	milyun	میلیون
milliard (m)	milyārd	میلیارد

6. Les nombres ordinaux

premier (adj)	avvalin	اولین
deuxième (adj)	dovvomin	دومین
troisième (adj)	sevvomin	سومین
quatrième (adj)	čāhāromin	چهارمین
cinquième (adj)	panjomin	پنجمین
sixième (adj)	šešomin	ششمین
septième (adj)	haftomin	هفتمین
huitième (adj)	haštomin	هشتمین
neuvième (adj)	nohomin	نهمین
dixième (adj)	dahomin	دهمین

7. Nombres. Fractions

fraction (f)	kasr	کسر
un demi	yek dovvom	یک دوم
un tiers	yek sevvom	یک سوم
un quart	yek čāhārom	یک چهارم
un huitième	yek panjom	یک هشتم
un dixième	yek dahom	یک دهم
deux tiers	do sevvom	دو سوم
trois quarts	se čāhārrom	سه چهارم

8. Les nombres. Opérations mathématiques

soustraction (f)	tafriq	تفریق
soustraire (vt)	tafriq kardan	تفریق کردن
division (f)	taqsim	تقسیم
diviser (vt)	taqsim kardan	تقسیم کردن
addition (f)	jamʿ	جمع
additionner (vt)	jamʾ kardan	جمع کردن
ajouter (vt)	ezāfe kardan	اضافه کردن
multiplication (f)	zarb	ضرب
multiplier (vt)	zarb kardan	ضرب کردن

9. Les nombres. Divers

chiffre (m)	raqam	رقم
nombre (m)	adad	عدد
adjectif (m) numéral	adadi	عددی
moins (m)	manfi	منفی
plus (m)	mosbat	مثبت
formule (f)	formul	فرمول
calcul (m)	mohāsebe	محاسبه
compter (vt)	šemordan	شمردن

16

| calculer (vt) | mohāsebe kardan | محاسبه کردن |
| comparer (vt) | moqāyse kardan | مقایسه کردن |

Combien?	čeqadr?	چقدر؟
somme (f)	jam'-e kol	جمع کل
résultat (m)	natije	نتیجه
reste (m)	bāqimānde	باقیمانده

quelques ...	čand	چند
peu de ...	kami	کمی
reste (m)	baqiye	بقیه
un et demi	yek-o nim	یک و نیم
douzaine (f)	dojin	دوجین

en deux (adv)	be do qesmat	به دو قسمت
en parties égales	be tāsavi	به تساوی
moitié (f)	nim	نیم
fois (f)	daf'e	دفعه

10. Les verbes les plus importants. Partie 1

aider (vt)	komak kardan	کمک کردن
aimer (qn)	dust dāštan	دوست داشتن
aller (à pied)	raftan	رفتن
apercevoir (vt)	motevajjeh šodan	متوجه شدن
appartenir à ...	ta'alloq dāštan	تعلق داشتن

appeler (au secours)	komak xāstan	کمک خواستن
attendre (vt)	montazer budan	منتظر بودن
attraper (vt)	gereftan	گرفتن
avertir (vt)	hošdār dādan	هشدار دادن

avoir (vt)	dāštan	داشتن
avoir confiance	etminān kardan	اطمینان کردن
avoir faim	gorosne budan	گرسنه بودن

avoir peur	tarsidan	ترسیدن
avoir soif	tešne budan	تشنه بودن
cacher (vt)	penhān kardan	پنهان کردن
casser (briser)	šekastan	شکستن
cesser (vt)	bas kardan	بس کردن

changer (vt)	avaz kardan	عوض کردن
chasser (animaux)	šekār kardan	شکار کردن
chercher (vt)	jostoju kardan	جستجو کردن
choisir (vt)	entexāb kardan	انتخاب کردن
commander (~ le menu)	sefāreš dādan	سفارش دادن

commencer (vt)	šoru' kardan	شروع کردن
comparer (vt)	moqāyse kardan	مقایسه کردن
comprendre (vt)	fahmidan	فهمیدن
compter (dénombrer)	šemordan	شمردن
compter sur ...	hesāb kardan	حساب کردن
confondre (vt)	qāti kardan	قاطی کردن

connaître (qn)	šenāxtan	شناختن
conseiller (vt)	nasihat kardan	نصیحت کردن
continuer (vt)	edāme dādan	ادامه دادن
contrôler (vt)	kontorol kardan	کنترل کردن

courir (vi)	davidan	دویدن
coûter (vt)	qeymat dāštan	قیمت داشتن
créer (vt)	ijād kardan	ایجاد کردن
creuser (vt)	kandan	کندن
crier (vi)	faryād zadan	فریاد زدن

11. Les verbes les plus importants. Partie 2

décorer (~ la maison)	tazyin kardan	تزیین کردن
défendre (vt)	defā' kardan	دفاع کردن
déjeuner (vi)	nāhār xordan	ناهار خوردن
demander (~ l'heure)	porsidan	پرسیدن
demander (de faire qch)	xāstan	خواستن

descendre (vi)	pāyin āmadan	پایین آمدن
deviner (vt)	hads zadan	حدس زدن
dîner (vi)	šām xordan	شام خوردن
dire (vt)	goftan	گفتن
diriger (~ une usine)	edāre kardan	اداره کردن
discuter (vt)	bahs kardan	بحث کردن

donner (vt)	dādan	دادن
donner un indice	sarnax dādan	سرنخ دادن
douter (vt)	šok dāštan	شک داشتن
écrire (vt)	neveštan	نوشتن
entendre (bruit, etc.)	šenidan	شنیدن

entrer (vi)	vāred šodan	وارد شدن
envoyer (vt)	ferestādan	فرستادن
espérer (vi)	omid dāštan	امید داشتن
essayer (vt)	talāš kardan	تلاش کردن

être (vi)	budan	بودن
être d'accord	movāfeqat kardan	موافقت کردن
être nécessaire	hāmi budan	حامی بودن
être pressé	ajale kardan	عجله کردن

étudier (vt)	dars xāndan	درس خواندن
excuser (vt)	baxšidan	بخشیدن
exiger (vt)	darxāst kardan	درخواست کردن
exister (vi)	vojud dāštan	وجود داشتن
expliquer (vt)	touzih dādan	توضیح دادن

faire (vt)	anjām dādan	انجام دادن
faire tomber	andāxtan	انداختن
finir (vt)	be pāyān resāndan	به پایان رساندن
garder (conserver)	hefz kardan	حفظ کردن
gronder, réprimander (vt)	da'vā kardan	دعوا کردن
informer (vt)	āgah kardan	آگاه کردن

insister (vi)	esrār kardan	اصرار کردن
insulter (vt)	towhin kardan	توهین کردن
inviter (vt)	da'vat kardan	دعوت کردن
jouer (s'amuser)	bāzi kardan	بازی کردن

12. Les verbes les plus importants. Partie 3

libérer (ville, etc.)	āzād kardan	آزاد کردن
lire (vi, vt)	xāndan	خواندن
louer (prendre en location)	ejāre kardan	اجاره کردن
manquer (l'école)	qāyeb budan	غایب بودن
menacer (vt)	tahdid kardan	تهدید کردن

mentionner (vt)	zekr kardan	ذکر کردن
montrer (vt)	nešān dādan	نشان دادن
nager (vi)	šenā kardan	شنا کردن
objecter (vt)	moxalefat kardan	مخالفت کردن
observer (vt)	mošāhede kardan	مشاهده کردن

ordonner (mil.)	farmān dādan	فرمان دادن
oublier (vt)	farāmuš kardan	فراموش کردن
ouvrir (vt)	bāz kardan	باز کردن
pardonner (vt)	baxšidan	بخشیدن
parler (vi, vt)	harf zadan	حرف زدن
participer à …	šerekat kardan	شرکت کردن
payer (régler)	pardāxtan	پرداختن
penser (vi, vt)	fekr kardan	فکر کردن
permettre (vt)	ejāze dādan	اجازه دادن
plaire (être apprécié)	dust dāštan	دوست داشتن

plaisanter (vi)	šuxi kardan	شوخی کردن
planifier (vt)	barnāmerizi kardan	برنامه ریزی کردن
pleurer (vi)	gerye kardan	گریه کردن
posséder (vt)	sāheb budan	صاحب بودن
pouvoir (v aux)	tavānestan	توانستن
préférer (vt)	tarjih dādan	ترجیح دادن
prendre (vt)	bardāštan	برداشتن
prendre en note	neveštan	نوشتن
prendre le petit déjeuner	sobhāne xordan	صبحانه خوردن
préparer (le dîner)	poxtan	پختن
prévoir (vt)	pišbini kardan	پیش بینی کردن

prier (~ Dieu)	do'ā kardan	دعا کردن
promettre (vt)	qowl dādan	قول دادن
prononcer (vt)	talaffoz kardan	تلفظ کردن
proposer (vt)	pišnahād dādan	پیشنهاد دادن
punir (vt)	tanbih kardan	تنبیه کردن

13. Les verbes les plus importants. Partie 4

| recommander (vt) | towsie kardan | توصیه کردن |
| regretter (vt) | afsus xordan | افسوس خوردن |

répéter (dire encore)	tekrār kardan	تکرار کردن
répondre (vi, vt)	javāb dādan	جواب دادن
réserver (une chambre)	rezerv kardan	رزرو کردن
rester silencieux	sāket māndan	ساکت ماندن
réunir (regrouper)	mottahed kardan	متحد کردن
rire (vi)	xandidan	خندیدن
s'arrêter (vp)	motevaghef šhodan	متوقف شدن
s'asseoir (vp)	nešastan	نشستن
sauver (la vie à qn)	najāt dādan	نجات دادن
savoir (qch)	dānestan	دانستن
se baigner (vp)	ābtani kardan	آبتنی کردن
se plaindre (vp)	šekāyat kardan	شکایت کردن
se refuser (vp)	rad kardan	رد کردن
se tromper (vp)	eštebāh kardan	اشتباه کردن
se vanter (vp)	be rox kešidan	به رخ کشیدن
s'étonner (vp)	mote'ajjeb šodan	متعجب شدن
s'excuser (vp)	ozr xāstan	عذر خواستن
signer (vt)	emzā kardan	امضا کردن
signifier (vt)	ma'ni dāštan	معنی داشتن
s'intéresser (vp)	alāqe dāštan	علاقه داشتن
sortir (aller dehors)	birun raftan	بیرون رفتن
sourire (vi)	labxand zadan	لبخند زدن
sous-estimer (vt)	dast-e kam gereftan	دست کم گرفتن
suivre ... (suivez-moi)	donbāl kardan	دنبال کردن
tirer (vi)	tirandāzi kardan	تیراندازی کردن
tomber (vi)	oftādan	افتادن
toucher (avec les mains)	lams kardan	لمس کردن
tourner (~ à gauche)	pičidan	پیچیدن
traduire (vt)	tarjome kardan	ترجمه کردن
travailler (vi)	kār kardan	کار کردن
tromper (vt)	farib dādan	فریب دادن
trouver (vt)	peydā kardan	پیدا کردن
tuer (vt)	koštan	کشتن
vendre (vt)	foruxtan	فروختن
venir (vi)	residan	رسیدن
voir (vt)	didan	دیدن
voler (avion, oiseau)	parvāz kardan	پرواز کردن
voler (qch à qn)	dozdidan	دزدیدن
vouloir (vt)	xāstan	خواستن

14. Les couleurs

couleur (f)	rang	رنگ
teinte (f)	teyf-e rang	طیف رنگ
ton (m)	rangmaye	رنگمایه
arc-en-ciel (m)	rangin kamān	رنگین کمان
blanc (adj)	sefid	سفید

noir (adj)	siyāh	سياه
gris (adj)	xākestari	خاكسترى
vert (adj)	sabz	سبز
jaune (adj)	zard	زرد
rouge (adj)	sorx	سرخ
bleu (adj)	abi	آبى
bleu clair (adj)	ābi rowšan	آبى روشن
rose (adj)	surati	صورتى
orange (adj)	nārenji	نارنجى
violet (adj)	banafš	بنفش
brun (adj)	qahve i	قهوه اى
d'or (adj)	talāyi	طلايى
argenté (adj)	noqre i	نقره اى
beige (adj)	baž	بژ
crème (adj)	kerem	كرم
turquoise (adj)	firuze i	فيروزه اى
rouge cerise (adj)	ālbāluyi	آلبالويى
lilas (adj)	banafš yasi	بنفش ياسى
framboise (adj)	zereški	زرشكى
clair (adj)	rowšan	روشن
foncé (adj)	tire	تيره
vif (adj)	rowšan	روشن
de couleur (adj)	rangi	رنگى
en couleurs (adj)	rangi	رنگى
noir et blanc (adj)	siyāh-o sefid	سياه و سفيد
unicolore (adj)	yek rang	يک رنگ
multicolore (adj)	rangārang	رنگارنگ

15. Les questions

Qui?	če kas-i?	چه كسى؟
Quoi?	če čiz-i?	چه چيزى؟
Où? (~ es-tu?)	kojā?	كجا؟
Où? (~ vas-tu?)	kojā?	كجا؟
D'où?	az kojā?	از كجا؟
Quand?	če vaqt?	چه وقت؟
Pourquoi? (~ es-tu venu?)	čerā?	چرا؟
Pourquoi? (~ t'es pâle?)	čerā?	چرا؟
À quoi bon?	barā-ye če?	براى چه؟
Comment?	četor?	چطور؟
Quel? (à ~ prix?)	kodām?	كدام؟
Lequel?	kodām?	كدام؟
À qui? (pour qui?)	barā-ye ki?	براى كى؟
De qui?	dar bāre-ye ki?	درباره كى؟
De quoi?	darbāre-ye či?	درباره چى؟
Avec qui?	bā ki?	با كى؟

| Combien? | čeqadr? | چقدر؟ |
| À qui? | māl-e ki? | مال کی؟ |

16. Les prépositions

avec (~ toi)	bā	با
sans (~ sucre)	bedune	بدون
à (aller ~ ...)	be	به
de (au sujet de)	rāje' be	راجع به
avant (~ midi)	piš az	پیش از
devant (~ la maison)	dar moqābel	در مقابل

sous (~ la commode)	zir	زیر
au-dessus de ...	bālā-ye	بالای
sur (dessus)	ruy	روی
de (venir ~ Paris)	az	از
en (en bois, etc.)	az	از

| dans (~ deux heures) | tā | تا |
| par dessus | az bālāye | از بالای |

17. Les mots-outils. Les adverbes. Partie 1

Où? (~ es-tu?)	kojā?	کجا؟
ici (c'est ~)	in jā	این جا
là-bas (c'est ~)	ānjā	آنجا

| quelque part (être) | jā-yi | جایی |
| nulle part (adv) | hič kojā | هیچ کجا |

| près de ... | nazdik | نزدیک |
| près de la fenêtre | nazdik panjere | نزدیک پنجره |

Où? (~ vas-tu?)	kojā?	کجا؟
ici (Venez ~)	in jā	این جا
là-bas (j'irai ~)	ānjā	آنجا
d'ici (adv)	az injā	از اینجا
de là-bas (adv)	az ānjā	از آنجا

| près (pas loin) | nazdik | نزدیک |
| loin (adv) | dur | دور |

près de (~ Paris)	nazdik	نزدیک
tout près (adv)	nazdik	نزدیک
pas loin (adv)	nazdik	نزدیک

gauche (adj)	čap	چپ
à gauche (être ~)	dast-e čap	دست چپ
à gauche (tournez ~)	be čap	به چپ

| droit (adj) | rāst | راست |
| à droite (être ~) | dast-e rāst | دست راست |

à droite (tournez ~)	be rāst	به راست
devant (adv)	jelo	جلو
de devant (adj)	jelo	جلو
en avant (adv)	jelo	جلو
derrière (adv)	aqab	عقب
par derrière (adv)	az aqab	از عقب
en arrière (regarder ~)	aqab	عقب
milieu (m)	vasat	وسط
au milieu (adv)	dar vasat	در وسط
de côté (vue ~)	pahlu	پهلو
partout (adv)	hame jā	همه جا
autour (adv)	atrāf	اطراف
de l'intérieur	az daxel	از داخل
quelque part (aller)	jā-yi	جایی
tout droit (adv)	mostaqim	مستقیم
en arrière (revenir ~)	aqab	عقب
de quelque part (n'import d'où)	az har jā	از هر جا
de quelque part (on ne sait pas d'où)	az yek jā-yi	از یک جایی
premièrement (adv)	avvalan	اولاً
deuxièmement (adv)	dumā	دوما
troisièmement (adv)	sālesan	ثالثاً
soudain (adv)	nāgahān	ناگهان
au début (adv)	dar avval	در اول
pour la première fois	barā-ye avvalin bār	برای اولین بار
bien avant ...	xeyli vaqt piš	خیلی وقت پیش
de nouveau (adv)	az now	از نو
pour toujours (adv)	barā-ye hamiše	برای همیشه
jamais (adv)	hič vaqt	هیچ وقت
de nouveau, encore (adv)	dobāre	دوباره
maintenant (adv)	alān	الان
souvent (adv)	aqlab	اغلب
alors (adv)	ān vaqt	آن وقت
d'urgence (adv)	foran	فوراً
d'habitude (adv)	ma'mulan	معمولاً
à propos, ...	rāst-i	راستی
c'est possible	momken ast	ممکن است
probablement (adv)	ehtemālan	احتمالاً
peut-être (adv)	šāyad	شاید
en plus, ...	bealāve	بعلاوه
c'est pourquoi ...	be hamin xāter	به همین خاطر
malgré ...	alāraqm	علیرغم
grâce à ...	be lotf	به لطف
quoi (pron)	če?	چه؟
que (conj)	ke	که

quelque chose (Il m'est arrivé ~)	yek čiz-i	یک چیزی
quelque chose (peut-on faire ~)	yek kāri	یک کاری
rien (m)	hič čiz	هیچ چیز

qui (pron)	ki	کی
quelqu'un (on ne sait pas qui)	yek kas-i	یک کسی
quelqu'un (n'importe qui)	yek kas-i	یک کسی

personne (pron)	hič kas	هیچ کس
nulle part (aller ~)	hič kojā	هیچ کجا
de personne	māl-e hičkas	مال هیچ کس
de n'importe qui	har kas-i	هر کسی

comme ça (adv)	xeyli	خیلی
également (adv)	ham	هم
aussi (adv)	ham	هم

18. Les mots-outils. Les adverbes. Partie 2

Pourquoi?	čerā?	چرا؟
pour une certaine raison	be dalil-i	به دلیلی
parce que ...	čon	چون
pour une raison quelconque	barā-ye maqsudi	برای مقصودی

et (conj)	va	و
ou (conj)	yā	یا
mais (conj)	ammā	اما
pour ... (prep)	barā-ye	برای

trop (adv)	besyār	بسیار
seulement (adv)	faqat	فقط
précisément (adv)	daqiqan	دقیقا
près de ... (prep)	taqriban	تقریباً

approximativement	taqriban	تقریباً
approximatif (adj)	taqribi	تقریبی
presque (adv)	taqriban	تقریباً
reste (m)	baqiye	بقیه

l'autre (adj)	digar	دیگر
autre (adj)	digar	دیگر
chaque (adj)	har	هر
n'importe quel (adj)	har	هر
beaucoup (adv)	ziyād	زیاد
plusieurs (pron)	besyāri	بسیاری
tous	hame	همه

en échange de ...	dar avaz	در عوض
en échange (adv)	dar barābar	در برابر
à la main (adv)	dasti	دستی
peu probable (adj)	baid ast	بعید است
probablement (adv)	ehtemālan	احتمالاً

exprès (adv)	amdan	عمداً
par accident (adv)	tasādofi	تصادفى
très (adv)	besyār	بسيار
par exemple (adv)	masalan	مثلاً
entre (prep)	beyn	بين
parmi (prep)	miyān	ميان
autant (adv)	in qadr	اين قدر
surtout (adv)	maxsusan	مخصوصاً

Concepts de base. Partie 2

19. Les jours de la semaine

lundi (m)	došanbe	دوشنبه
mardi (m)	se šanbe	سه شنبه
mercredi (m)	čāhāršanbe	چهارشنبه
jeudi (m)	panj šanbe	پنج شنبه
vendredi (m)	jom'e	جمعه
samedi (m)	šanbe	شنبه
dimanche (m)	yek šanbe	یک شنبه
aujourd'hui (adv)	emruz	امروز
demain (adv)	fardā	فردا
après-demain (adv)	pas fardā	پس فردا
hier (adv)	diruz	دیروز
avant-hier (adv)	pariruz	پریروز
jour (m)	ruz	روز
jour (m) ouvrable	ruz-e kāri	روز کاری
jour (m) férié	ruz-e jašn	روز جشن
jour (m) de repos	ruz-e ta'til	روز تعطیل
week-end (m)	āxar-e hafte	آخر هفته
toute la journée	tamām-e ruz	تمام روز
le lendemain	ruz-e ba'd	روز بعد
il y a 2 jours	do ruz-e piš	دو روز پیش
la veille	ruz-e qabl	روز قبل
quotidien (adj)	ruzāne	روزانه
tous les jours	har ruz	هر روز
semaine (f)	hafte	هفته
la semaine dernière	hafte-ye gozašte	هفته گذشته
la semaine prochaine	hafte-ye āyande	هفته آینده
hebdomadaire (adj)	haftegi	هفتگی
chaque semaine	har hafte	هر هفته
2 fois par semaine	do bār dar hafte	دو بار درهفته
tous les mardis	har sešanbe	هر سه شنبه

20. Les heures. Le jour et la nuit

matin (m)	sobh	صبح
le matin	sobh	صبح
midi (m)	zohr	ظهر
dans l'après-midi	ba'd az zohr	بعد ازظهر
soir (m)	asr	عصر
le soir	asr	عصر

nuit (f)	šab	شب
la nuit	šab	شب
minuit (f)	nesfe šab	نصفه شب

seconde (f)	sānie	ثانیه
minute (f)	daqiqe	دقیقه
heure (f)	sā'at	ساعت
demi-heure (f)	nim sā'at	نیم ساعت
un quart d'heure	yek rob'	یک ربع
quinze minutes	pānzdah daqiqe	پانزده دقیقه
vingt-quatre heures	šabāne ruz	شبانه روز

lever (m) du soleil	tolu-'e āftāb	طلوع آفتاب
aube (f)	sahar	سحر
point (m) du jour	sobh-e zud	صبح زود
coucher (m) du soleil	qorub	غروب

tôt le matin	sobh-e zud	صبح زود
ce matin	emruz sobh	امروز صبح
demain matin	fardā sobh	فردا صبح
cet après-midi	emruz zohr	امروز ظهر
dans l'après-midi	ba'd az zohr	بعد ازظهر
demain après-midi	fardā ba'd az zohr	فردا بعد ازظهر
ce soir	emšab	امشب
demain soir	fardā šab	فردا شب

à 3 heures précises	sar-e sā'at-e se	سر ساعت ۳
autour de 4 heures	nazdik-e sā'at-e čāhār	نزدیک ساعت ۴
vers midi	nazdik zohr	نزدیک ظهر

dans 20 minutes	bist daqiqe-ye digar	۲۰ دقیقه دیگر
dans une heure	yek sā'at-e digar	یک ساعت دیگر
à temps	be moqe'	به موقع

... moins le quart	yek rob' be	یک ربع به
en une heure	yek sā'at-e digar	یک ساعت دیگر
tous les quarts d'heure	har pānzdah daqiqe	هر ۵۱ دقیقه
24 heures sur 24	šabāne ruz	شبانه روز

21. Les mois. Les saisons

janvier (m)	žānvie	ژانویه
février (m)	fevriye	فوریه
mars (m)	mārs	مارس
avril (m)	āvril	آوریل
mai (m)	meh	مه
juin (m)	žuan	ژوئن

juillet (m)	žuiye	ژوئیه
août (m)	owt	اوت
septembre (m)	septāmbr	سپتامبر
octobre (m)	oktobr	اکتبر
novembre (m)	novāmbr	نوامبر
décembre (m)	desāmr	دسامبر

printemps (m)	bahār	بهار
au printemps	dar bahār	در بهار
de printemps (adj)	bahāri	بهاری

été (m)	tābestān	تابستان
en été	dar tābestān	در تابستان
d'été (adj)	tābestāni	تابستانی

automne (m)	pāyiz	پاییز
en automne	dar pāyiz	در پاییز
d'automne (adj)	pāyizi	پاییزی

hiver (m)	zemestān	زمستان
en hiver	dar zemestān	در زمستان
d'hiver (adj)	zemestāni	زمستانی

mois (m)	māh	ماه
ce mois	in māh	این ماه
le mois prochain	māh-e āyande	ماه آینده
le mois dernier	māh-e gozašte	ماه گذشته

il y a un mois	yek māh qabl	یک ماه قبل
dans un mois	yek māh digar	یک ماه دیگر
dans 2 mois	do māh-e digar	۲ ماه دیگر
tout le mois	tamām-e māh	تمام ماه
tout un mois	tamām-e māh	تمام ماه

mensuel (adj)	māhāne	ماهانه
mensuellement	māhāne	ماهانه
chaque mois	har māh	هر ماه
2 fois par mois	do bār dar māh	دو بار درماه

année (f)	sāl	سال
cette année	emsāl	امسال
l'année prochaine	sāl-e āyande	سال آینده
l'année dernière	sāl-e gozašte	سال گذشته

il y a un an	yek sāl qabl	یک سال قبل
dans un an	yek sāl-e digar	یک سال دیگر
dans 2 ans	do sāl-e digar	۲ سال دیگر
toute l'année	tamām-e sāl	تمام سال
toute une année	tamām-e sāl	تمام سال

chaque année	har sāl	هر سال
annuel (adj)	sālāne	سالانه
annuellement	sālāne	سالانه
4 fois par an	čāhār bār dar sāl	چهار بار در سال

date (f) (jour du mois)	tārix	تاریخ
date (f) (~ mémorable)	tārix	تاریخ
calendrier (m)	taqvim	تقویم

six mois	nim sāl	نیم سال
semestre (m)	nim sāl	نیم سال
saison (f)	fasl	فصل
siècle (m)	qarn	قرن

22. La notion de temps. Divers

temps (m)	zamān	زمان
moment (m)	lahze	لحظه
instant (m)	lahze	لحظه
instantané (adj)	āni	آنی
laps (m) de temps	baxši az zamān	بخشی از زمان
vie (f)	zendegi	زندگی
éternité (f)	abadiyat	ابدیت
époque (f)	asr	عصر
ère (f)	dowre	دوره
cycle (m)	čarxe	چرخه
période (f)	dowre	دوره
délai (m)	mohlat	مهلت
avenir (m)	āyande	آینده
prochain (adj)	āyande	آینده
la fois prochaine	daf'e-ye ba'd	دفعه بعد
passé (m)	gozašte	گذشته
passé (adj)	gozašte	گذشته
la fois passée	daf'e-ye gozašte	دفعه گذشته
plus tard (adv)	ba'dan	بعداً
après (prep)	ba'd az	بعد از
à présent (adv)	aknun	اکنون
maintenant (adv)	alān	الان
immédiatement	foran	فوراً
bientôt (adv)	be zudi	به زودی
d'avance (adv)	az qabl	از قبل
il y a longtemps	moddathā piš	مدت ها پیش
récemment (adv)	axiran	اخیراً
destin (m)	sarnevešt	سرنوشت
souvenirs (m pl)	xāterāt	خاطرات
archives (f pl)	āršiv	آرشیو
pendant ... (prep)	dar zamān	در زمان
longtemps (adv)	tulāni	طولانی
pas longtemps (adv)	kutāh	کوتاه
tôt (adv)	zud	زود
tard (adv)	dir	دیر
pour toujours (adv)	barā-ye hamiše	برای همیشه
commencer (vt)	šoru' kardan	شروع کردن
reporter (retarder)	mowkul kardan	موکول کردن
en même temps (adv)	ham zamān	هم زمان
en permanence (adv)	dāemi	دائمی
constant (bruit, etc.)	dāemi	دائمی
temporaire (adj)	movaqqati	موقتی
parfois (adv)	gāh-i	گاهی
rarement (adv)	be nodrat	به ندرت
souvent (adv)	aqlab	اغلب

23. Les contraires

riche (adj)	servatmand	ثروتمند
pauvre (adj)	faqir	فقیر
malade (adj)	bimār	بیمار
en bonne santé	sālem	سالم
grand (adj)	bozorg	بزرگ
petit (adj)	kučak	کوچک
vite (adv)	sari'	سریع
lentement (adv)	āheste	آهسته
rapide (adj)	sari'	سریع
lent (adj)	āheste	آهسته
joyeux (adj)	xošhāl	خوشحال
triste (adj)	qamgin	غمگین
ensemble (adv)	bāham	باهم
séparément (adv)	jodāgāne	جداگانه
à haute voix	boland	بلند
en silence	be ārāmi	به آرامی
haut (adj)	boland	بلند
bas (adj)	kutāh	کوتاه
profond (adj)	amiq	عمیق
peu profond (adj)	sathi	سطحی
oui (adv)	bale	بله
non (adv)	neh	نه
lointain (adj)	dur	دور
proche (adj)	nazdik	نزدیک
loin (adv)	dur	دور
près (adv)	nazdik	نزدیک
long (adj)	derāz	دراز
court (adj)	kutāh	کوتاه
bon (au bon cœur)	mehrbān	مهربان
méchant (adj)	badjens	بدجنس
marié (adj)	mote'ahhel	متاهل
célibataire (adj)	mojarrad	مجرد
interdire (vt)	mamnu' kardan	ممنوع کردن
permettre (vt)	ejāze dādan	اجازه دادن
fin (f)	pāyān	پایان
début (m)	šoru'	شروع

| gauche (adj) | čap | چپ |
| droit (adj) | rāst | راست |

| premier (adj) | avvalin | اولین |
| dernier (adj) | āxarin | آخرین |

| crime (m) | jenāyat | جنایت |
| punition (f) | mojāzāt | مجازات |

| ordonner (vt) | farmān dādan | فرمان دادن |
| obéir (vt) | etā'at kardan | اطاعت کردن |

| droit (adj) | mostaqim | مستقیم |
| courbé (adj) | monhani | منحنی |

| paradis (m) | behešt | بهشت |
| enfer (m) | jahannam | جهنم |

| naître (vi) | motevalled šodan | متولد شدن |
| mourir (vi) | mordan | مردن |

| fort (adj) | nirumand | نیرومند |
| faible (adj) | za'if | ضعیف |

| vieux (adj) | kohne | کهنه |
| jeune (adj) | javān | جوان |

| vieux (adj) | qadimi | قدیمی |
| neuf (adj) | jadid | جدید |

| dur (adj) | soft | سفت |
| mou (adj) | narm | نرم |

| chaud (tiède) | garm | گرم |
| froid (adj) | sard | سرد |

| gros (adj) | čāq | چاق |
| maigre (adj) | lāqar | لاغر |

| étroit (adj) | bārik | باریک |
| large (adj) | vasi' | وسیع |

| bon (adj) | xub | خوب |
| mauvais (adj) | bad | بد |

| vaillant (adj) | šojā' | شجاع |
| peureux (adj) | tarsu | ترسو |

24. Les lignes et les formes

carré (m)	morabba'	مربع
carré (adj)	morabba'	مربع
cercle (m)	dāyere	دایره
rond (adj)	gard	گرد

| triangle (m) | mosallas | مثلث |
| triangulaire (adj) | mosallasi | مثلثی |

ovale (m)	beyzi	بیضی
ovale (adj)	beyzi	بیضی
rectangle (m)	mostatil	مستطیل
rectangulaire (adj)	mostatil	مستطیل

pyramide (f)	heram	هرم
losange (m)	lowz-i	لوزی
trapèze (m)	zuzanaqe	ذوزنقه
cube (m)	moka'ab	مکعب
prisme (m)	manšur	منشور

circonférence (f)	mohit-e monhani	محیط منحنی
sphère (f)	kare	کره
globe (m)	kare	کره

diamètre (m)	qotr	قطر
rayon (m)	šo'ā'	شعاع
périmètre (m)	mohit	محیط
centre (m)	markaz	مرکز

horizontal (adj)	ofoqi	افقی
vertical (adj)	amudi	عمودی
parallèle (f)	movāzi	موازی
parallèle (adj)	movāzi	موازی

ligne (f)	xat	خط
trait (m)	xat	خط
ligne (f) droite	xatt-e mostaqim	خط مستقیم
courbe (f)	monhani	منحنی
fin (une ~ ligne)	nāzok	نازک
contour (m)	borun namā	برون نما

intersection (f)	taqāto'	تقاطع
angle (m) droit	zāvie-ye qāem	زاویه قائم
segment (m)	qet'e	قطعه
secteur (m)	baxš	بخش
côté (m)	taraf	طرف
angle (m)	zāvie	زاویه

25. Les unités de mesure

poids (m)	vazn	وزن
longueur (f)	tul	طول
largeur (f)	arz	عرض
hauteur (f)	ertefā'	ارتفاع
profondeur (f)	omq	عمق
volume (m)	hajm	حجم
aire (f)	masāhat	مساحت

| gramme (m) | garm | گرم |
| milligramme (m) | mili geram | میلی گرم |

kilogramme (m)	kilugeram	كيلوگرم
tonne (f)	ton	تن
livre (f)	pond	پوند
once (f)	ons	اونس

mètre (m)	metr	متر
millimètre (m)	mili metr	ميلى متر
centimètre (m)	sãntimetr	سانتيمتر
kilomètre (m)	kilumetr	كيلومتر
mille (m)	mãyel	مايل

pouce (m)	inč	اينچ
pied (m)	fowt	فوت
yard (m)	yãrd	يارد

| mètre (m) carré | metr morabba' | متر مربع |
| hectare (m) | hektãr | هكتار |

litre (m)	litr	ليتر
degré (m)	daraje	درجه
volt (m)	volt	ولت
ampère (m)	ãmper	آمپر
cheval-vapeur (m)	asb-e boxãr	اسب بخار

quantité (f)	meqdãr	مقدار
un peu de …	kami	كمى
moitié (f)	nim	نيم
douzaine (f)	dojin	دوجين
pièce (f)	tã	تا

| dimension (f) | andãze | اندازه |
| échelle (f) (de la carte) | meqyãs | مقياس |

minimal (adj)	haddeaqal	حداقل
le plus petit (adj)	kučaktarin	كوچكترين
moyen (adj)	motevasset	متوسط
maximal (adj)	haddeaksar	حداكثر
le plus grand (adj)	bištarin	بيشترين

26. Les récipients

bocal (m) en verre	šišeh konserv	شيشه كنسرو
boîte, canette (f)	quti	قوطى
seau (m)	satl	سطل
tonneau (m)	boške	بشكه

bassine, cuvette (f)	tašt	تشت
cuve (f)	maxzan	مخزن
flasque (f)	qomqome	قمقمه
jerrican (m)	dabbe	دبه
citerne (f)	maxzan	مخزن

| tasse (f), mug (m) | livãn | ليوان |
| tasse (f) | fenjãn | فنجان |

soucoupe (f)	na'lbeki	نعلبکی
verre (m) (~ d'eau)	estekān	استکان
verre (m) à vin	gilās-e šarāb	گیلاس شراب
faitout (m)	qāblame	قابلمه

bouteille (f)	botri	بطری
goulot (m)	gardan-e botri	گردن بطری

carafe (f)	tong	تنگ
pichet (m)	pārč	پارچ
récipient (m)	zarf	ظرف
pot (m)	sofāl	سفال
vase (m)	goldān	گلدان

flacon (m)	botri	بطری
fiole (f)	viyāl	ویال
tube (m)	tiyub	تیوب

sac (m) (grand ~)	kise	کیسه
sac (m) (~ en plastique)	pākat	پاکت
paquet (m) (~ de cigarettes)	baste	بسته

boîte (f)	ja'be	جعبه
caisse (f)	sanduq	صندوق
panier (m)	sabad	سبد

27. Les matériaux

matériau (m)	mādde	ماده
bois (m)	deraxt	درخت
en bois (adj)	čubi	چوبی

verre (m)	šiše	شیشه
en verre (adj)	šiše i	شیشه ای

pierre (f)	sang	سنگ
en pierre (adj)	sangi	سنگی

plastique (m)	pelāstik	پلاستیک
en plastique (adj)	pelāstiki	پلاستیکی

caoutchouc (m)	lāstik	لاستیک
en caoutchouc (adj)	lāstiki	لاستیکی

tissu (m)	pārče	پارچه
en tissu (adj)	pārče-i	پارچه ی

papier (m)	kāqaz	کاغذ
de papier (adj)	kāqazi	کاغذی

carton (m)	kārton	کارتن
en carton (adj)	kārtoni	کارتونی
polyéthylène (m)	polietilen	پلیاتیلن
cellophane (f)	solofān	سلوفان

| linoléum (m) | linoleom | لینولئوم |
| contreplaqué (m) | taxte-ye čand lāyi | تخته چند لایی |

porcelaine (f)	čini	چینی
de porcelaine (adj)	čini	چینی
argile (f)	xāk-e ros	خاک رس
de terre cuite (adj)	sofāli	سفالی
céramique (f)	serāmik	سرامیک
en céramique (adj)	serāmiki	سرامیکی

28. Les métaux

métal (m)	felez	فلز
métallique (adj)	felezi	فلزی
alliage (m)	ālyiāž	آلیاژ

or (m)	talā	طلا
en or (adj)	talā	طلا
argent (m)	noqre	نقره
en argent (adj)	noqre	نقره

fer (m)	āhan	آهن
en fer (adj)	āhani	آهنی
acier (m)	fulād	فولاد
en acier (adj)	fulādi	فولادی
cuivre (m)	mes	مس
en cuivre (adj)	mesi	مسی

aluminium (m)	ālominiyom	آلومینیوم
en aluminium (adj)	ālominiyomi	آلومینیومی
bronze (m)	boronz	برنز
en bronze (adj)	boronzi	برنزی

laiton (m)	berenj	برنج
nickel (m)	nikel	نیکل
platine (f)	pelātin	پلاتین
mercure (m)	jive	جیوه
étain (m)	qalʿ	قلع
plomb (m)	sorb	سرب
zinc (m)	ruy	روی

L'HOMME

L'homme. Le corps humain

29. L'homme. Notions fondamentales

être (m) humain	ensān	انسان
homme (m)	mard	مرد
femme (f)	zan	زن
enfant (m, f)	kudak	کودک

fille (f)	doxtar	دختر
garçon (m)	pesar bače	پسر بچه
adolescent (m)	nowjavān	نوجوان
vieillard (m)	pirmard	پیرمرد
vieille femme (f)	pirzan	پیرزن

30. L'anatomie humaine

organisme (m)	orgānism	ارگانیسم
cœur (m)	qalb	قلب
sang (m)	xun	خون
artère (f)	sorxrag	سرخرگ
veine (f)	siyāhrag	سیاهرگ

cerveau (m)	maqz	مغز
nerf (m)	asab	عصب
nerfs (m pl)	a'sāb	اعصاب
vertèbre (f)	mohre	مهره
colonne (f) vertébrale	sotun-e faqarāt	ستون فقرات

estomac (m)	me'de	معده
intestins (m pl)	rude	روده
intestin (m)	rude	روده
foie (m)	kabed	کبد
rein (m)	kolliye	کلیه

os (m)	ostexān	استخوان
squelette (f)	eskelet	اسکلت
côte (f)	dande	دنده
crâne (m)	jomjome	جمجمه

muscle (m)	azole	عضله
biceps (m)	azole-ye dosar	عضلهٔ دوسر
triceps (m)	azole-ye se sar	عضلهٔ سه سر
tendon (m)	tāndon	تاندون
articulation (f)	mofassal	مفصل

poumons (m pl)	rie	ریه
organes (m pl) génitaux	andām hā-ye tanāsol-i	اندام های تناسلی
peau (f)	pust	پوست

31. La téte

tête (f)	sar	سر
visage (m)	surat	صورت
nez (m)	bini	بینی
bouche (f)	dahān	دهان

œil (m)	češm	چشم
les yeux	češm-hā	چشم ها
pupille (f)	mardomak	مردمک
sourcil (m)	abru	ابرو
cil (m)	može	مژه
paupière (f)	pelek	پلک

langue (f)	zabān	زبان
dent (f)	dandān	دندان
lèvres (f pl)	lab-hā	لب ها
pommettes (f pl)	ostexānhā-ye gune	استخوان های گونه
gencive (f)	lase	لثه
palais (m)	saqf-e dahān	سقف دهان

narines (f pl)	surāxhā-ye bini	سوراخ های بینی
menton (m)	čāne	چانه
mâchoire (f)	fak	فک
joue (f)	gune	گونه

front (m)	pišāni	پیشانی
tempe (f)	gijgāh	گیجگاه
oreille (f)	guš	گوش
nuque (f)	pas gardan	پس گردن
cou (m)	gardan	گردن
gorge (f)	galu	گلو

cheveux (m pl)	mu-hā	مو ها
coiffure (f)	model-e mu	مدل مو
coupe (f)	model-e mu	مدل مو
perruque (f)	kolāh-e gis	کلاه گیس

moustache (f)	sebil	سبیل
barbe (f)	riš	ریش
porter (~ la barbe)	gozāštan	گذاشتن
tresse (f)	muy-e bāfte	موی بافته
favoris (m pl)	xatt-e riš	خط ریش

roux (adj)	muqermez	موقرمز
gris, grisonnant (adj)	sefid-e mu	سفید مو
chauve (adj)	tās	طاس
calvitie (f)	tāsi	طاسی
queue (f) de cheval	dom-e asbi	دم اسبی
frange (f)	čatri	چتری

32. Le corps humain

| main (f) | dast | دست |
| bras (m) | bāzu | بازو |

doigt (m)	angošt	انگشت
orteil (m)	šast-e pā	شصت پا
pouce (m)	šost	شست
petit doigt (m)	angošt-e kučak	انگشت کوچک
ongle (m)	nāxon	ناخن

poing (m)	mošt	مشت
paume (f)	kaf-e dast	کف دست
poignet (m)	moč-e dast	مچ دست
avant-bras (m)	sā'ed	ساعد
coude (m)	āranj	آرنج
épaule (f)	ketf	کتف

jambe (f)	pā	پا
pied (m)	pā	پا
genou (m)	zānu	زانو
mollet (m)	sāq	ساق
hanche (f)	rān	ران
talon (m)	pāšne-ye pā	پاشنة پا

corps (m)	badan	بدن
ventre (m)	šekam	شکم
poitrine (f)	sine	سینه
sein (m)	sine	سینه
côté (m)	pahlu	پهلو
dos (m)	pošt	پشت
reins (région lombaire)	kamar	کمر
taille (f) (~ de guêpe)	dur-e kamar	دور کمر

nombril (m)	nāf	ناف
fesses (f pl)	nešiman-e gāh	نشیمن گاه
derrière (m)	bāsan	باسن

grain (m) de beauté	xāl	خال
tache (f) de vin	xāl-e mādarzād	خال مادرزاد
tatouage (m)	xāl kubi	خال کوبی
cicatrice (f)	jā-ye zaxm	جای زخم

Les vêtements & les accessoires

33. Les vêtements d'extérieur

vêtement (m)	lebās	لباس
survêtement (m)	lebās-e ru	لباس رو
vêtement (m) d'hiver	lebās-e zemestāni	لباس زمستانی
manteau (m)	pāltow	پالتو
manteau (m) de fourrure	pālto-ye pustin	پالتوی پوستین
veste (f) de fourrure	kot-e pustin	کت پوستین
manteau (m) de duvet	kāpšan	کاپشن
veste (f) (~ en cuir)	kot	کت
imperméable (m)	bārāni	بارانی
imperméable (adj)	zed-e āb	ضد آب

34. Les vêtements

chemise (f)	pirāhan	پیراهن
pantalon (m)	šalvār	شلوار
jean (m)	jin	جین
veston (m)	kot	کت
complet (m)	kat-o šalvār	کت و شلوار
robe (f)	lebās	لباس
jupe (f)	dāman	دامن
chemisette (f)	boluz	بلوز
veste (f) en laine	jeliqe-ye kešbāf	جلیقه کشباف
jaquette (f), blazer (m)	kot	کت
tee-shirt (m)	tey šarr-at	تی شرت
short (m)	šalvarak	شلوارک
costume (m) de sport	lebās-e varzeši	لباس ورزشی
peignoir (m) de bain	howle-ye hamām	حوله حمام
pyjama (m)	pižāme	پیژامه
chandail (m)	poliver	پلیور
pull-over (m)	poliver	پلیور
gilet (m)	jeliqe	جلیقه
queue-de-pie (f)	kat-e dāman gerd	کت دامن گرد
smoking (m)	esmoking	اسموکینگ
uniforme (m)	oniform	اونیفورم
tenue (f) de travail	lebās-e kār	لباس کار
salopette (f)	rupuš	روپوش
blouse (f) (d'un médecin)	rupuš	روپوش

35. Les sous-vêtements

sous-vêtements (m pl)	lebās-e zir	لباس زیر
boxer (m)	šort-e bākser	شورت باکسر
slip (m) de femme	šort-e zanāne	شورت زنانه
maillot (m) de corps	zir-e pirāhan-i	زیر پیراهنی
chaussettes (f pl)	jurāb	جوراب
chemise (f) de nuit	lebās-e xāb	لباس خواب
soutien-gorge (m)	sine-ye band	سینه بند
chaussettes (f pl) hautes	sāq	ساق
collants (m pl)	jurāb-e šalvāri	جوراب شلواری
bas (m pl)	jurāb-e sāqeboland	جوراب ساقه بلند
maillot (m) de bain	māyo	مایو

36. Les chapeaux

chapeau (m)	kolāh	کلاه
chapeau (m) feutre	šāpo	شاپو
casquette (f) de base-ball	kolāh beysbāl	کلاه بیس بال
casquette (f)	kolāh-e taxt	کلاه تخت
béret (m)	kolāh barre	کلاه بره
capuche (f)	kolāh-e bārāni	کلاه بارانی
panama (m)	kolāh-e dowre-ye boland	کلاه دوره بلند
bonnet (m) de laine	kolāh-e bāftani	کلاه بافتنی
foulard (m)	rusari	روسری
chapeau (m) de femme	kolāh-e zanāne	کلاه زنانه
casque (m) (d'ouvriers)	kolāh-e imeni	کلاه ایمنی
calot (m)	kolāh-e pādegān	کلاه پادگان
casque (m) (~ de moto)	kolāh-e imeni	کلاه ایمنی
melon (m)	kolāh-e namadi	کلاه نمدی
haut-de-forme (m)	kolāh-e ostovānei	کلاه استوانه ای

37. Les chaussures

chaussures (f pl)	kafš	کفش
bottines (f pl)	putin	پوتین
souliers (m pl) (~ plats)	kafš	کفش
bottes (f pl)	čakme	چکمه
chaussons (m pl)	dampāyi	دمپایی
tennis (m pl)	kafš katān-i	کفش کتانی
baskets (f pl)	kafš katān-i	کفش کتانی
sandales (f pl)	sandal	صندل
cordonnier (m)	kaffāš	کفاش
talon (m)	pāšne-ye kafš	پاشنۀ کفش

paire (f)	yek joft	یک جفت
lacet (m)	band-e kafš	بند کفش
lacer (vt)	band-e kafš bastan	بند کفش بستن
chausse-pied (m)	pāšne keš	پاشنه کش
cirage (m)	vāks	واکس

38. Le textile. Les tissus

coton (m)	panbe	پنبه
de coton (adj)	panbe i	پنبه ای
lin (m)	katān	کتان
de lin (adj)	katāni	کتانی

soie (f)	abrišam	ابریشم
de soie (adj)	abrišami	ابریشمی
laine (f)	pašm	پشم
en laine (adj)	pašmi	پشمی

velours (m)	maxmal	مخمل
chamois (m)	jir	جیر
velours (m) côtelé	maxmal-e kebriti	مخمل کبریتی

nylon (m)	nāylon	نایلون
en nylon (adj)	nāyloni	نایلونی
polyester (m)	poliester	پلی‌استر
en polyester (adj)	poliester	پلی‌استر

cuir (m)	čarm	چرم
en cuir (adj)	čarmi	چرمی
fourrure (f)	xaz	خز
en fourrure (adj)	xaz	خز

39. Les accessoires personnels

gants (m pl)	dastkeš	دستکش
moufles (f pl)	dastkeš-e yek angošti	دستکش یک انگشتی
écharpe (f)	šāl-e gardan	شال گردن

lunettes (f pl)	eynak	عینک
monture (f)	qāb	قاب
parapluie (m)	čatr	چتر
canne (f)	asā	عصا
brosse (f) à cheveux	bores-e mu	برس مو
éventail (m)	bādbezan	بادبزن

cravate (f)	kerāvāt	کراوات
nœud papillon (m)	pāpiyon	پاپیون
bretelles (f pl)	band šalvār	بند شلوار
mouchoir (m)	dastmāl	دستمال

| peigne (m) | šāne | شانه |
| barrette (f) | sanjāq-e mu | سنجاق مو |

épingle (f) à cheveux	sanjāq-e mu	سنجاق مو
boucle (f)	sagak	سگک
ceinture (f)	kamarband	کمربند
bandoulière (f)	tasme	تسمه
sac (m)	keyf	کیف
sac (m) à main	keyf-e zanāne	کیف زنانه
sac (m) à dos	kule pošti	کولۀ پشتی

40. Les vêtements. Divers

mode (f)	mod	مد
à la mode (adj)	mod	مد
couturier, créateur de mode	tarrāh-e lebas	طراح لباس
col (m)	yaqe	یقه
poche (f)	jib	جیب
de poche (adj)	jibi	جیبی
manche (f)	āstin	آستین
bride (f)	band-e āviz	بند آویز
braguette (f)	zip	زیپ
fermeture (f) à glissière	zip	زیپ
agrafe (f)	sagak	سگک
bouton (m)	dokme	دکمه
boutonnière (f)	surāx-e dokme	سوراخ دکمه
s'arracher (bouton)	kande šodan	کنده شدن
coudre (vi, vt)	duxtan	دوختن
broder (vt)	golduzi kardan	گلدوزی کردن
broderie (f)	golduzi	گلدوزی
aiguille (f)	suzan	سوزن
fil (m)	nax	نخ
couture (f)	darz	درز
se salir (vp)	kasif šodan	کثیف شدن
tache (f)	lakke	لکه
se froisser (vp)	čoruk šodan	چروک شدن
déchirer (vt)	pāre kardan	پاره کردن
mite (f)	šab parre	شب پره

41. L'hygiène corporelle. Les cosmétiques

dentifrice (m)	xamir-e dandān	خمیر دندان
brosse (f) à dents	mesvāk	مسواک
se brosser les dents	mesvāk zadan	مسواک زدن
rasoir (m)	tiq	تیغ
crème (f) à raser	kerem-e riš tarāši	کرم ریش تراشی
se raser (vp)	riš tarāšidan	ریش تراشیدن
savon (m)	sābun	صابون

shampooing (m)	šāmpu	شامپو
ciseaux (m pl)	qeyči	قیچی
lime (f) à ongles	sohan-e nāxon	سوهان ناخن
pinces (f pl) à ongles	nāxon gir	ناخن گیر
pince (f) à épiler	mučin	موچین
produits (m pl) de beauté	lavāzem-e ārāyeši	لوازم آرایشی
masque (m) de beauté	māsk	ماسک
manucure (f)	mānikur	مانیکور
se faire les ongles	mānikur kardan	مانیکور کردن
pédicurie (f)	pedikur	پدیکور
trousse (f) de toilette	kife lavāzem-e ārāyeši	کیف لوازم آرایشی
poudre (f)	pudr	پودر
poudrier (m)	ja'be-ye pudr	جعبهٔ پودر
fard (m) à joues	sorxāb	سرخاب
parfum (m)	atr	عطر
eau (f) de toilette	atr	عطر
lotion (f)	losiyon	لوسیون
eau de Cologne (f)	odkolon	اودکلن
fard (m) à paupières	sāye-ye češm	سایه چشم
crayon (m) à paupières	medād čašm	مداد چشم
mascara (m)	rimel	ریمل
rouge (m) à lèvres	mātik	ماتیک
vernis (m) à ongles	lāk-e nāxon	لاک ناخن
laque (f) pour les cheveux	esperey-ye mu	اسپری مو
déodorant (m)	deodyrant	دئودورانت
crème (f)	kerem	کرم
crème (f) pour le visage	kerem-e surat	کرم صورت
crème (f) pour les mains	kerem-e dast	کرم دست
crème (f) anti-rides	kerem-e zedd-e čoruk	کرم ضد چروک
crème (f) de jour	kerem-e ruz	کرم روز
crème (f) de nuit	kerem-e šab	کرم شب
de jour (adj)	ruzāne	روزانه
de nuit (adj)	šab	شب
tampon (m)	tāmpon	تامپون
papier (m) de toilette	kāqaz-e tuālet	کاغذ توالت
sèche-cheveux (m)	sešovār	سشوار

42. Les bijoux. La bijouterie

bijoux (m pl)	javāherāt	جواهرات
précieux (adj)	qeymati	قیمتی
poinçon (m)	ayār	عیار
bague (f)	angoštar	انگشتر
alliance (f)	halqe	حلقه
bracelet (m)	alangu	النگو
boucles (f pl) d'oreille	gušvāre	گوشواره

collier (m) (de perles)	gardan band	گردن بند
couronne (f)	tāj	تاج
collier (m) (en verre, etc.)	gardan band	گردن بند

diamant (m)	almās	الماس
émeraude (f)	zomorrod	زمرد
rubis (m)	yāqut	یاقوت
saphir (m)	yāqut-e kabud	یاقوت کبود
perle (f)	morvārid	مروارید
ambre (m)	kahrobā	کهربا

43. Les montres. Les horloges

montre (f)	sā'at-e moči	ساعت مچی
cadran (m)	safhe-ye sā'at	صفحهٔ ساعت
aiguille (f)	aqrabe	عقربه
bracelet (m)	band-e sāat	بند ساعت
bracelet (m) (en cuir)	band-e čarmi	بند چرمی

pile (f)	bātri	باطری
être déchargé	tamām šodan bātri	تمام شدن باتری
changer de pile	bātri avaz kardan	باطری عوض کردن
avancer (vi)	jelo oftādan	جلو افتادن
retarder (vi)	aqab māndan	عقب ماندن

pendule (f)	sā'at-e divāri	ساعت دیواری
sablier (m)	sā'at-e šeni	ساعت شنی
cadran (m) solaire	sā'at-e āftābi	ساعت آفتابی
réveil (m)	sā'at-e zang dār	ساعت زنگ دار
horloger (m)	sā'at sāz	ساعت ساز
réparer (vt)	ta'mir kardan	تعمیر کردن

Les aliments. L'alimentation

44. Les aliments

viande (f)	gušt	گوشت
poulet (m)	morq	مرغ
poulet (m) (poussin)	juje	جوجه
canard (m)	ordak	اردک
oie (f)	qāz	غاز
gibier (m)	gušt-e šekār	گوشت شکار
dinde (f)	gušt-e buqalamun	گوشت بوقلمون
du porc	gušt-e xuk	گوشت خوک
du veau	gušt-e gusāle	گوشت گوساله
du mouton	gušt-e gusfand	گوشت گوسفند
du bœuf	gušt-e gāv	گوشت گاو
lapin (m)	xarguš	خرگوش
saucisson (m)	kālbās	کالباس
saucisse (f)	sosis	سوسیس
bacon (m)	beykon	بیکن
jambon (m)	žāmbon	ژامبون
cuisse (f)	rān xuk	ران خوک
pâté (m)	pāte	پاته
foie (m)	jegar	جگر
farce (f)	hamberger	همبرگر
langue (f)	zabān	زبان
œuf (m)	toxm-e morq	تخم مرغ
les œufs	toxm-e morq-ha	تخم مرغ ها
blanc (m) d'œuf	sefide-ye toxm-e morq	سفیده تخم مرغ
jaune (m) d'œuf	zarde-ye toxm-e morq	زرده تخم مرغ
poisson (m)	māhi	ماهی
fruits (m pl) de mer	qazā-ye daryāyi	غذای دریایی
crustacés (m pl)	saxtpustān	سختپوستان
caviar (m)	xāviār	خاویار
crabe (m)	xarčang	خرچنگ
crevette (f)	meygu	میگو
huître (f)	sadaf-e xorāki	صدف خوراکی
langoustine (f)	xarčang-e xārdār	خرچنگ خاردار
poulpe (m)	hašt pā	هشت پا
calamar (m)	māhi-ye morakkab	ماهی مرکب
esturgeon (m)	māhi-ye xāviār	ماهی خاویار
saumon (m)	māhi-ye salemon	ماهی سالمون
flétan (m)	halibut	هالیبوت
morue (f)	māhi-ye rowqan	ماهی روغن

45

maquereau (m)	māhi-ye esqumeri	ماهی اسقومری
thon (m)	tan māhi	تن ماهی
anguille (f)	mārmāhi	مارماهی

truite (f)	māhi-ye qezelālā	ماهی قزل آلا
sardine (f)	sārdin	ساردین
brochet (m)	ordak māhi	اردک ماهی
hareng (m)	māhi-ye šur	ماهی شور

pain (m)	nān	نان
fromage (m)	panir	پنیر
sucre (m)	qand	قند
sel (m)	namak	نمک

riz (m)	berenj	برنج
pâtes (m pl)	mākāroni	ماکارونی
nouilles (f pl)	rešte-ye farangi	رشته فرنگی

beurre (m)	kare	کره
huile (f) végétale	rowqan-e nabāti	روغن نباتی
huile (f) de tournesol	rowqan āftābgardān	روغن آفتاب گردان
margarine (f)	mārgārin	مارگارین

olives (f pl)	zeytun	زیتون
huile (f) d'olive	rowqan-e zeytun	روغن زیتون

lait (m)	šir	شیر
lait (m) condensé	šir-e čegāl	شیر چگال
yogourt (m)	mās-at	ماست
crème (f) aigre	xāme-ye torš	خامۀ ترش
crème (f) (de lait)	saršir	سرشیر

sauce (f) mayonnaise	māyonez	مایونز
crème (f) au beurre	xāme	خامه

gruau (m)	hobubāt	حبوبات
farine (f)	ārd	آرد
conserves (f pl)	konserv-hā	کنسرو ها

pétales (m pl) de maïs	bereštuk	برشتوک
miel (m)	asal	عسل
confiture (f)	morabbā	مربا
gomme (f) à mâcher	ādāms	آدامس

45. Les boissons

eau (f)	āb	آب
eau (f) potable	āb-e āšāmidani	آب آشامیدنی
eau (f) minérale	āb-e ma'dani	آب معدنی

plate (adj)	bedun-e gāz	بدون گاز
gazeuse (l'eau ~)	gāzdār	گازدار
pétillante (adj)	gāzdār	گازدار
glace (f)	yax	یخ

avec de la glace	yax dār	یخ دار
sans alcool	bi alkol	بی الکل
boisson (f) non alcoolisée	nušābe-ye bi alkol	نوشابهٔ بی الکل
rafraîchissement (m)	nušābe-ye xonak	نوشابهٔ خنک
limonade (f)	limunād	لیموناد
boissons (f pl) alcoolisées	mašrubāt-e alkoli	مشروبات الکلی
vin (m)	šarāb	شراب
vin (m) blanc	šarāb-e sefid	شراب سفید
vin (m) rouge	šarāb-e sorx	شراب سرخ
liqueur (f)	likor	لیکور
champagne (m)	šāmpāyn	شامپاین
vermouth (m)	vermut	ورموت
whisky (m)	viski	ویسکی
vodka (f)	vodkā	ودکا
gin (m)	jin	جین
cognac (m)	konyāk	کنیاک
rhum (m)	araq-e neyšekar	عرق نیشکر
café (m)	qahve	قهوه
café (m) noir	qahve-ye talx	قهوهٔ تلخ
café (m) au lait	šir-qahve	شیرقهوه
cappuccino (m)	kāpočino	کاپوچینو
café (m) soluble	qahve-ye fowri	قهوهٔ فوری
lait (m)	šir	شیر
cocktail (m)	kuktel	کوکتل
cocktail (m) au lait	kuktele šir	کوکتل شیر
jus (m)	āb-e mive	آب میوه
jus (m) de tomate	āb-e gowjefarangi	آب گوجه فرنگی
jus (m) d'orange	āb-e porteqāl	آب پرتقال
jus (m) pressé	āb-e mive-ye taze	آب میوهٔ تازه
bière (f)	ābejow	آبجو
bière (f) blonde	ābejow-ye sabok	آبجوی سبک
bière (f) brune	ābejow-ye tire	آبجوی تیره
thé (m)	čāy	چای
thé (m) noir	čāy-e siyāh	چای سیاه
thé (m) vert	čāy-e sabz	چای سبز

46. Les légumes

légumes (m pl)	sabzijāt	سبزیجات
verdure (f)	sabzi	سبزی
tomate (f)	gowje farangi	گوجه فرنگی
concombre (m)	xiyār	خیار
carotte (f)	havij	هویج
pomme (f) de terre	sib zamini	سیب زمینی
oignon (m)	piyāz	پیاز

ail (m)	sir	سیر
chou (m)	kalam	کلم
chou-fleur (m)	gol kalam	گل کلم
chou (m) de Bruxelles	koll-am boruksel	کلم بروکسل
brocoli (m)	kalam borokli	کلم بروکلی
betterave (f)	čoqondar	چغندر
aubergine (f)	bādenjān	بادنجان
courgette (f)	kadu sabz	کدو سبز
potiron (m)	kadu tanbal	کدو تنبل
navet (m)	šalqam	شلغم
persil (m)	ja'fari	جعفری
fenouil (m)	šavid	شوید
laitue (f) (salade)	kāhu	کاهو
céleri (m)	karafs	کرفس
asperge (f)	mārčube	مارچوبه
épinard (m)	esfenāj	اسفناج
pois (m)	noxod	نخود
fèves (f pl)	lubiyā	لوبیا
maïs (m)	zorrat	ذرت
haricot (m)	lubiyā qermez	لوبیا قرمز
poivron (m)	felfel	فلفل
radis (m)	torobče	تربچه
artichaut (m)	kangar farangi	کنگرفرنگی

47. Les fruits. Les noix

fruit (m)	mive	میوه
pomme (f)	sib	سیب
poire (f)	golābi	گلابی
citron (m)	limu	لیمو
orange (f)	porteqāl	پرتقال
fraise (f)	tut-e farangi	توت فرنگی
mandarine (f)	nārengi	نارنگی
prune (f)	ālu	آلو
pêche (f)	holu	هلو
abricot (m)	zardālu	زردآلو
framboise (f)	tamešk	تمشک
ananas (m)	ānānās	آناناس
banane (f)	mowz	موز
pastèque (f)	hendevāne	هندوانه
raisin (m)	angur	انگور
cerise (f)	ālbālu	آلبالو
merise (f)	gilās	گیلاس
melon (m)	xarboze	خربزه
pamplemousse (m)	gerip forut	گریپ فوروت
avocat (m)	āvokādo	اووکادو
papaye (f)	pāpāyā	پاپایا

mangue (f)	anbe	انبه
grenade (f)	anār	انار

groseille (f) rouge	angur-e farangi-ye sorx	انگور فرنگی سرخ
cassis (m)	angur-e farangi-ye siyāh	انگور فرنگی سیاه
groseille (f) verte	angur-e farangi	انگور فرنگی
myrtille (f)	zoqāl axte	زغال اخته
mûre (f)	šāh tut	شاه توت

raisin (m) sec	kešmeš	کشمش
figue (f)	anjir	انجیر
datte (f)	xormā	خرما

cacahuète (f)	bādām zamin-i	بادام زمینی
amande (f)	bādām	بادام
noix (f)	gerdu	گردو
noisette (f)	fandoq	فندق
noix (f) de coco	nārgil	نارگیل
pistaches (f pl)	peste	پسته

48. Le pain. Les confiseries

confiserie (f)	širini jāt	شیرینی جات
pain (m)	nān	نان
biscuit (m)	biskuit	بیسکویت

chocolat (m)	šokolāt	شکلات
en chocolat (adj)	šokolāti	شکلاتی
bonbon (m)	āb nabāt	آب نبات
gâteau (m), pâtisserie (f)	nān-e širini	نان شیرینی
tarte (f)	širini	شیرینی

gâteau (m)	keyk	کیک
garniture (f)	čāšni	چاشنی

confiture (f)	morabbā	مربا
marmelade (f)	mārmālād	مارمالاد
gaufre (f)	vāfel	وافل
glace (f)	bastani	بستنی
pudding (m)	puding	پودینگ

49. Les plats cuisinés

plat (m)	qazā	غذا
cuisine (f)	qazā	غذا
recette (f)	dastur-e poxt	دستور پخت
portion (f)	pors	پرس

salade (f)	sālād	سالاد
soupe (f)	sup	سوپ
bouillon (m)	pāye-ye sup	پایه سوپ
sandwich (m)	sāndevič	ساندویچ

les œufs brouillés	nimru	نیمرو
hamburger (m)	hamberger	همبرگر
steak (m)	esteyk	استیک

garniture (f)	moxallafāt	مخلفات
spaghettis (m pl)	espāgeti	اسپاگتی
purée (f)	pure-ye sibi zamini	پورۀ سیب زمینی
pizza (f)	pitzā	پیتزا
bouillie (f)	šurbā	شوربا
omelette (f)	ommol-at	املت

cuit à l'eau (adj)	āb paz	آب پز
fumé (adj)	dudi	دودی
frit (adj)	sorx šode	سرخ شده
sec (adj)	xošk	خشک
congelé (adj)	yax zade	یخ زده
mariné (adj)	torši	ترشی

sucré (adj)	širin	شیرین
salé (adj)	šur	شور
froid (adj)	sard	سرد
chaud (adj)	dāq	داغ
amer (adj)	talx	تلخ
bon (savoureux)	xoš mazze	خوش مزه

cuire à l'eau	poxtan	پختن
préparer (le dîner)	poxtan	پختن
faire frire	sorx kardan	سرخ کردن
réchauffer (vt)	garm kardan	گرم کردن

saler (vt)	namak zadan	نمک زدن
poivrer (vt)	felfel pāšidan	فلفل پاشیدن
râper (vt)	rande kardan	رنده کردن
peau (f)	pust	پوست
éplucher (vt)	pust kandan	پوست کندن

50. Les épices

sel (m)	namak	نمک
salé (adj)	šur	شور
saler (vt)	namak zadan	نمک زدن

poivre (m) noir	felfel-e siyāh	فلفل سیاه
poivre (m) rouge	felfel-e sorx	فلفل سرخ
moutarde (f)	xardal	خردل
raifort (m)	torob-e kuhi	ترب کوهی

condiment (m)	adviye	ادویه
épice (f)	adviye	ادویه
sauce (f)	ses	سس
vinaigre (m)	serke	سرکه

| anis (m) | rāziyāne | رازیانه |
| basilic (m) | reyhān | ریحان |

clou (m) de girofle	mixak	میخک
gingembre (m)	zanjefil	زنجفیل
coriandre (m)	gešniz	گشنیز
cannelle (f)	dārčin	دارچین

sésame (m)	konjed	کنجد
feuille (f) de laurier	barg-e bu	برگ بو
paprika (m)	paprika	پاپریکا
cumin (m)	zire	زیره
safran (m)	za'ferān	زعفران

51. Les repas

| nourriture (f) | qazā | غذا |
| manger (vi, vt) | xordan | خوردن |

petit déjeuner (m)	sobhāne	صبحانه
prendre le petit déjeuner	sobhāne xordan	صبحانه خوردن
déjeuner (m)	nāhār	ناهار
déjeuner (vi)	nāhār xordan	ناهار خوردن
dîner (m)	šām	شام
dîner (vi)	šām xordan	شام خوردن

| appétit (m) | eštehā | اشتها |
| Bon appétit! | nuš-e jān | نوش جان |

ouvrir (vt)	bāz kardan	باز کردن
renverser (liquide)	rixtan	ریختن
se renverser (liquide)	rixtan	ریختن

bouillir (vi)	jušidan	جوشیدن
faire bouillir	jušāndan	جوشاندن
bouilli (l'eau ~e)	jušide	جوشیده
refroidir (vt)	sard kardan	سرد کردن
se refroidir (vp)	sard šodan	سرد شدن

| goût (m) | maze | مزه |
| arrière-goût (m) | maze | مزه |

suivre un régime	lāqar kardan	لاغر کردن
régime (m)	režim	رژیم
vitamine (f)	vitāmin	ویتامین
calorie (f)	kālori	کالری

| végétarien (m) | giyāh xār | گیاه خوار |
| végétarien (adj) | giyāh xāri | گیاه خواری |

lipides (m pl)	čarbi-hā	چربی ها
protéines (f pl)	porotein	پروتئین
glucides (m pl)	karbohidrāt-hā	کربو هیدرات ها

tranche (f)	qet'e	قطعه
morceau (m)	tekke	تکه
miette (f)	zarre	ذره

52. Le dressage de la table

cuillère (f)	qâšoq	قاشق
couteau (m)	kârd	کارد
fourchette (f)	čangâl	چنگال
tasse (f)	fenjân	فنجان
assiette (f)	bošqâb	بشقاب
soucoupe (f)	na'lbeki	نعلبکی
serviette (f)	dastmâl	دستمال
cure-dent (m)	xelâl-e dandân	خلال دندان

53. Le restaurant

restaurant (m)	resturân	رستوران
salon (m) de café	kâfe	کافه
bar (m)	bâr	بار
salon (m) de thé	qahve xâne	قهوه خانه
serveur (m)	pišxedmat	پیشخدمت
serveuse (f)	pišxedmat	پیشخدمت
barman (m)	motesaddi-ye bâr	متصدی بار
carte (f)	meno	منو
carte (f) des vins	kârt-e šarâb	کارت شراب
réserver une table	miz rezerv kardan	میز رزرو کردن
plat (m)	qazâ	غذا
commander (vt)	sefâreš dâdan	سفارش دادن
faire la commande	sefâreš dâdan	سفارش دادن
apéritif (m)	mašrub-e piš qazâ	مشروب پیش غذا
hors-d'œuvre (m)	piš qazâ	پیش غذا
dessert (m)	deser	دسر
addition (f)	surat hesâb	صورت حساب
régler l'addition	surat-e hesâb râ pardâxtan	صورت حساب را پرداختن
rendre la monnaie	baqiye râ dâdan	بقیه را دادن
pourboire (m)	an'âm	انعام

La famille. Les parents. Les amis

54. Les données personnelles. Les formulaires

prénom (m)	esm	اسم
nom (m) de famille	nām-e xānevādegi	نام خانوادگی
date (f) de naissance	tārix-e tavallod	تاریخ تولد
lieu (m) de naissance	mahall-e tavallod	محل تولد
nationalité (f)	melliyat	ملیت
domicile (m)	mahall-e sokunat	محل سکونت
pays (m)	kešvar	کشور
profession (f)	šoql	شغل
sexe (m)	jens	جنس
taille (f)	qad	قد
poids (m)	vazn	وزن

55. La famille. Les liens de parenté

mère (f)	mādar	مادر
père (m)	pedar	پدر
fils (m)	pesar	پسر
fille (f)	doxtar	دختر
fille (f) cadette	doxtar-e kučak	دختر کوچک
fils (m) cadet	pesar-e kučak	پسر کوچک
fille (f) aînée	doxtar-e bozorg	دختر بزرگ
fils (m) aîné	pesar-e bozorg	پسر بزرگ
frère (m)	barādar	برادر
frère (m) aîné	barādar-e bozorg	برادر بزرگ
frère (m) cadet	barādar-e kučak	برادر کوچک
sœur (f)	xāhar	خواهر
sœur (f) aînée	xāhar-e bozorg	خواهر بزرگ
sœur (f) cadette	xāhar-e kučak	خواهر کوچک
cousin (m)	pesar 'amu	پسر عمو
cousine (f)	doxtar amu	دختر عمو
maman (f)	māmān	مامان
papa (m)	bābā	بابا
parents (m pl)	vāledeyn	والدین
enfant (m, f)	kudak	کودک
enfants (pl)	bače-hā	بچه ها
grand-mère (f)	mādarbozorg	مادربزرگ
grand-père (m)	pedar-bozorg	پدربزرگ

petit-fils (m)	nave	نوه
petite-fille (f)	nave	نوه
petits-enfants (pl)	nave-hā	نوه ها

oncle (m)	amu	عمو
tante (f)	xāle yā amme	خاله یا عمه
neveu (m)	barādar-zāde	برادرزاده
nièce (f)	xāhar-zāde	خواهرزاده

belle-mère (f)	mādarzan	مادرزن
beau-père (m)	pedar-šowhar	پدرشوهر
gendre (m)	dāmād	داماد
belle-mère (f)	nāmādari	نامادری
beau-père (m)	nāpedari	ناپدری

nourrisson (m)	nowzād	نوزاد
bébé (m)	širxār	شیرخوار
petit (m)	pesar-e kučulu	پسر کوچولو

femme (f)	zan	زن
mari (m)	šowhar	شوهر
époux (m)	hamsar	همسر
épouse (f)	hamsar	همسر

marié (adj)	mote'ahhel	متاهل
mariée (adj)	mote'ahhel	متاهل
célibataire (adj)	mojarrad	مجرد
célibataire (m)	mojarrad	مجرد
divorcé (adj)	talāq gerefte	طلاق گرفته
veuve (f)	bive zan	بیوه زن
veuf (m)	bive	بیوه

parent (m)	xišāvand	خویشاوند
parent (m) proche	aqvām-e nazdik	اقوام نزدیک
parent (m) éloigné	aqvām-e dur	اقوام دور
parents (m pl)	aqvām	اقوام

orphelin (m), orpheline (f)	yatim	یتیم
tuteur (m)	qayyem	قیم
adopter (un garçon)	be pesari gereftan	به پسری گرفتن
adopter (une fille)	be doxtari gereftan	به دختری گرفتن

56. Les amis. Les collègues

ami (m)	dust	دوست
amie (f)	dust	دوست
amitié (f)	dusti	دوستی
être ami	dust budan	دوست بودن

copain (m)	rafiq	رفیق
copine (f)	rafiq	رفیق
partenaire (m)	šarik	شریک
chef (m)	ra'is	رئیس
supérieur (m)	ra'is	رئیس

propriétaire (m)	sāheb	صاحب
subordonné (m)	zirdast	زیردست
collègue (m, f)	hamkār	همکار

connaissance (f)	āšnā	آشنا
compagnon (m) de route	hamsafar	همسفر
copain (m) de classe	ham kelās	هم کلاس

voisin (m)	hamsāye	همسایه
voisine (f)	hamsāye	همسایه
voisins (m pl)	hamsāye-hā	همسایه ها

57. L'homme. La femme

femme (f)	zan	زن
jeune fille (f)	doxtar	دختر
fiancée (f)	arus	عروس

belle (adj)	zibā	زیبا
de grande taille	qad boland	قد بلند
svelte (adj)	xoš andām	خوش اندام
de petite taille	qad kutāh	قد کوتاه

| blonde (f) | mu bur | مو بور |
| brune (f) | mu siyāh | مو سیاه |

de femme (adj)	zanāne	زنانه
vierge (f)	bākere	باکره
enceinte (adj)	bārdār	باردار

homme (m)	mard	مرد
blond (m)	mu bur	مو بور
brun (m)	mu siyāh	مو سیاه
de grande taille	qad boland	قد بلند
de petite taille	qad kutāh	قد کوتاه

rude (adj)	xašen	خشن
trapu (adj)	tanumand	تنومند
robuste (adj)	tanumand	تنومند
fort (adj)	nirumand	نیرومند
force (f)	niru	نیرو

gros (adj)	čāq	چاق
basané (adj)	sabze ru	سبزه رو
svelte (adj)	xoš andām	خوش اندام
élégant (adj)	barāzande	برازنده

58. L'age

âge (m)	sen	سن
jeunesse (f)	javāni	جوانی
jeune (adj)	javān	جوان

| plus jeune (adj) | kučaktar | کوچکتر |
| plus âgé (adj) | bozorgtar | بزرگتر |

jeune homme (m)	mard-e javān	مرد جوان
adolescent (m)	nowjavān	نوجوان
gars (m)	mard	مرد

| vieillard (m) | pirmard | پیرمرد |
| vieille femme (f) | pirzan | پیرزن |

adulte (m)	bāleq	بالغ
d'âge moyen (adj)	miyānsāl	میانسال
âgé (adj)	sālmand	سالمند
vieux (adj)	mosen	مسن

retraite (f)	mostamerri	مستمری
prendre sa retraite	bāznešaste šodan	بازنشسته شدن
retraité (m)	bāznešaste	بازنشسته

59. Les enfants. Les adolescents

enfant (m, f)	kudak	کودک
enfants (pl)	bače-hā	بچه ها
jumeaux (m pl)	doqolu	دوقلو

berceau (m)	gahvāre	گهواره
hochet (m)	jeqjeqe	جغجغه
couche (f)	pušak	پوشک

tétine (f)	pestānak	پستانک
poussette (m)	kāleske	کالسکه
école (f) maternelle	kudakestān	کودکستان
baby-sitter (m, f)	parastār bače	پرستار بچه

enfance (f)	kudaki	کودکی
poupée (f)	arusak	عروسک
jouet (m)	asbāb bāzi	اسباب بازی
jeu (m) de construction	xāne sāzi	خانه سازی

bien élevé (adj)	bā tarbiyat	با تربیت
mal élevé (adj)	bi tarbiyat	بی تربیت
gâté (adj)	lus	لوس

faire le vilain	šeytanat kardan	شیطنت کردن
vilain (adj)	bāziguš	بازیگوش
espièglerie (f)	šeytāni	شیطانی
vilain (m)	šeytān	شیطان

| obéissant (adj) | moti' | مطیع |
| désobéissant (adj) | sarkeš | سرکش |

sage (adj)	āqel	عاقل
intelligent (adj)	bāhuš	باهوش
l'enfant prodige	kudak nābeqe	کودک نابغه

60. Les couples mariés. La vie de famille

embrasser (sur les lèvres)	busidan	بوسیدن
s'embrasser (vp)	hamdigar rā busidan	همدیگررا بوسیدن
famille (f)	xānevāde	خانواده
familial (adj)	xānevādegi	خانوادگی
couple (m)	zoj	زوج
mariage (m) (~ civil)	ezdevāj	ازدواج
foyer (m) familial	kāšāne	کاشانه
dynastie (f)	selsele	سلسله

rendez-vous (m)	qarār	قرار
baiser (m)	buse	بوسه

amour (m)	ešq	عشق
aimer (qn)	dust dāštan	دوست داشتن
aimé (adj)	mahbub	محبوب

tendresse (f)	mehrbāni	مهربانی
tendre (affectueux)	mehrbān	مهربان
fidélité (f)	vafā	وفا
fidèle (adj)	vafādār	وفادار
soin (m) (~ de qn)	tavajjoh	توجه
attentionné (adj)	ba molāheze	با ملاحظه

jeunes mariés (pl)	tāze ezdevāj karde	تازه ازدواج کرده
lune (f) de miel	māh-e asal	ماه عسل
se marier (prendre pour époux)	ezdevāj kardan	ازدواج کردن
se marier (prendre pour épouse)	ezdevāj kardan	ازدواج کردن

mariage (m)	arusi	عروسی
les noces d'or	panjāhomin sālgard-e arusi	پنجاهمین سالگرد عروسی
anniversaire (m)	sālgard	سالگرد

amant (m)	ma'šuq	معشوق
maîtresse (f)	ma'šuqe	معشوقه

adultère (m)	xiyānat	خیانت
commettre l'adultère	xiyānat kardan	خیانت کردن
jaloux (adj)	hasud	حسود
être jaloux	hasud budan	حسود بودن
divorce (m)	talāq	طلاق
divorcer (vi)	talāq gereftan	طلاق گرفتن

se disputer (vp)	da'vā kardan	دعوا کردن
se réconcilier (vp)	āšti kardan	آشتی کردن
ensemble (adv)	bāham	باهم
sexe (m)	seks	سکس

bonheur (m)	xošbaxti	خوشبختی
heureux (adj)	xošbaxt	خوشبخت
malheur (m)	badbaxti	بدبختی
malheureux (adj)	badbaxt	بدبخت

Le caractère. Les émotions

61. Les sentiments. Les émotions

sentiment (m)	ehsās	احساس
sentiments (m pl)	ehsāsat	احساسات
sentir (vt)	ehsās kardan	احساس کردن
faim (f)	gorosnegi	گرسنگی
avoir faim	gorosne budan	گرسنه بودن
soif (f)	tešnegi	تشنگی
avoir soif	tešne budan	تشنه بودن
somnolence (f)	xāb āludegi	خواب آلودگی
avoir sommeil	xābālud budan	خواب آلود بودن
fatigue (f)	xastegi	خستگی
fatigué (adj)	xaste	خسته
être fatigué	xaste šodan	خسته شدن
humeur (f) (de bonne ~)	xolq	خلق
ennui (m)	bi hoselegi	بی حوصلگی
s'ennuyer (vp)	hosele sar raftan	حوصله سررفتن
solitude (f)	guše nešini	گوشه نشینی
s'isoler (vp)	guše nešini kardan	گوشه نشینی کردن
inquiéter (vt)	negarān kardan	نگران کردن
s'inquiéter (vp)	negarān šodan	نگران شدن
inquiétude (f)	negarāni	نگرانی
préoccupation (f)	negarāni	نگرانی
soucieux (adj)	moztareb	مضطرب
s'énerver (vp)	asabi šodan	عصبی شدن
paniquer (vi)	vahšat kardan	وحشت کردن
espoir (m)	omid	امید
espérer (vi)	omid dāštan	امید داشتن
certitude (f)	etminān	اطمینان
certain (adj)	motmaen	مطمئن
incertitude (f)	adam-e etminān	عدم اطمینان
incertain (adj)	nā motmaen	نا مطمئن
ivre (adj)	mast	مست
sobre (adj)	hošyār	هوشیار
faible (adj)	za'if	ضعیف
heureux (adj)	xošbaxt	خوشبخت
faire peur	tarsāndan	ترساندن
fureur (f)	qeyz	غیظ
rage (f), colère (f)	xašm	خشم
dépression (f)	afsordegi	افسردگی
inconfort (m)	nārāhati	ناراحتی

confort (m)	āsāyeš	آسایش
regretter (vt)	afsus xordan	افسوس خوردن
regret (m)	afsus	افسوس
malchance (f)	bad šāns-i	بد شانسی
tristesse (f)	delxori	دلخوری

honte (f)	šarm	شرم
joie, allégresse (f)	šādi	شادی
enthousiasme (m)	eštiyāq	اشتیاق
enthousiaste (m)	moštāq	مشتاق
avoir de l'enthousiasme	eštiyāq dāštan	اشتیاق داشتن

62. Le caractère. La personnalité

caractère (m)	šaxsiyat	شخصیت
défaut (m)	naqs	نقص
esprit (m), raison (f)	aql	عقل

conscience (f)	vejdān	وجدان
habitude (f)	ādat	عادت
capacité (f)	este'dād	استعداد
savoir (faire qch)	tavānestan	توانستن

patient (adj)	bā howsele	با حوصله
impatient (adj)	bi hosele	بی حوصله
curieux (adj)	konjkāv	کنجکاو
curiosité (f)	konjkāvi	کنجکاوی

modestie (f)	forutani	فروتنی
modeste (adj)	forutan	فروتن
vaniteux (adj)	gostāx	گستاخ

paresse (f)	tanbali	تنبلی
paresseux (adj)	tanbal	تنبل
paresseux (m)	tanbal	تنبل

astuce (f)	mokāri	مکاری
rusé (adj)	makkār	مکار
méfiance (f)	bad gomāni	بد گمانی
méfiant (adj)	bad gomān	بد گمان

générosité (f)	sexāvat	سخاوت
généreux (adj)	ba sexāvat	با سخاوت
doué (adj)	bā este'dād	با استعداد
talent (m)	este'dād	استعداد

courageux (adj)	šojā'	شجاع
courage (m)	šojā'at	شجاعت
honnête (adj)	sādeq	صادق
honnêteté (f)	sedāqat	صداقت

prudent (adj)	bā ehtiyāt	با احتیاط
courageux (adj)	bi bāk	بی باک
sérieux (adj)	jeddi	جدی

sévère (adj)	saxt gir	سخت گیر
décidé (adj)	mosammam	مصمم
indécis (adj)	do del	دو دل
timide (adj)	xejālati	خجالتی
timidité (f)	xejālat	خجالت

confiance (f)	e'temād	اعتماد
croire (qn)	bāvar kardan	باور کردن
confiant (adj)	zud bāvar	زود باور

sincèrement (adv)	sādeqāne	صادقانه
sincère (adj)	sādeq	صادق
sincérité (f)	sedāqat	صداقت
ouvert (adj)	sarih	صریح

calme (adj)	ārām	آرام
franc (sincère)	rok	رک
naïf (adj)	sāde lowh	ساده لوح
distrait (adj)	sar be havā	سریه هوا
drôle, amusant (adj)	xande dār	خنده دار

avidité (f)	hers	حرص
avare (adj)	haris	حریص
radin (adj)	xasis	خسیس
méchant (adj)	badjens	بدجنس
têtu (adj)	lajuj	لجوج
désagréable (adj)	nāxošāyand	ناخوشایند

égoïste (m)	xodxāh	خودخواه
égoïste (adj)	xodxāhi	خودخواهی
peureux (m)	tarsu	ترسو
peureux (adj)	tarsu	ترسو

63. Le sommeil. Les rêves

dormir (vi)	xābidan	خوابیدن
sommeil (m)	xāb	خواب
rêve (m)	royā	رویا
rêver (en dormant)	xāb didan	خواب دیدن
endormi (adj)	xāb ālud	خواب آلود

lit (m)	taxt-e xāb	تخت خواب
matelas (m)	tošak	تشک
couverture (f)	patu	پتو
oreiller (m)	bālešt	بالشت
drap (m)	malāfe	ملافه

insomnie (f)	bi-xābi	بیخوابی
sans sommeil (adj)	bi xāb	بی خواب
somnifère (m)	xāb āvar	خواب آور
prendre un somnifère	xābāvar xordan	خواب آور خوردن

| avoir sommeil | xābālud budan | خواب آلود بودن |
| bâiller (vi) | xamyāze kešidan | خمیازه کشیدن |

aller se coucher	be raxtexāb raftan	به رختخواب رفتن
faire le lit	raxtexāb-e pahn kardan	رختخواب پهن کردن
s'endormir (vp)	xābidan	خوابیدن

cauchemar (m)	kābus	کابوس
ronflement (m)	xoropof	خروپف
ronfler (vi)	xoropof kardan	خروپف کردن

réveil (m)	sā'at-e zang dār	ساعت زنگ دار
réveiller (vt)	bidār kardan	بیدار کردن
se réveiller (vp)	bidār šodan	بیدار شدن
se lever (tôt, tard)	boland šodan	بلند شدن
se laver (le visage)	dast-o ru šostan	دست و روشستن

64. L'humour. Le rire. La joie

humour (m)	šuxi	شوخی
sens (m) de l'humour	šux ta'bi	شوخ طبعی
s'amuser (vp)	šādi kardan	شادی کردن
joyeux (adj)	šād	شاد
joie, allégresse (f)	šādi	شادی

sourire (m)	labxand	لبخند
sourire (vi)	labxand zadan	لبخند زدن
se mettre à rire	xandidan	خندیدن
rire (vi)	xandidan	خندیدن
rire (m)	xande	خنده

anecdote (f)	latife	لطیفه
drôle, amusant (adj)	xande dār	خنده دار
comique, ridicule (adj)	xande dār	خنده دار

plaisanter (vi)	šuxi kardan	شوخی کردن
plaisanterie (f)	šuxi	شوخی
joie (f) (émotion)	šādi	شادی
se réjouir (vp)	xošhāl šodan	خوشحال شدن
joyeux (adj)	xošhāl	خوشحال

65. Dialoguer et communiquer. Partie 1

| communication (f) | ertebāt | ارتباط |
| communiquer (vi) | ertebāt dāštan | ارتباط داشتن |

conversation (f)	mokāleme	مکالمه
dialogue (m)	goftogu	گفتگو
discussion (f) (débat)	mobāhese	مباحثه
débat (m)	mošājere	مشاجره
discuter (vi)	mošājere kardan	مشاجره کردن

interlocuteur (m)	ham soxan	هم سخن
sujet (m)	mowzu'	موضوع
point (m) de vue	noqte nazar	نقطه نظر

| opinion (f) | nazar | نظر |
| discours (m) | soxanrāni | سخنرانی |

discussion (f) (d'un rapport)	mozākere	مذاكره
discuter (vt)	bahs kardan	بحث كردن
conversation (f)	goftogu	گفتگو
converser (vi)	goftogu kardan	گفتگو كردن
rencontre (f)	didār	ديدار
se rencontrer (vp)	molāqāt kardan	ملاقات كردن

proverbe (m)	zarb-ol-masal	ضرب المثل
dicton (m)	zarb-ol-masal	ضرب المثل
devinette (f)	mo'ammā	معما
poser une devinette	mo'ammā matrah kardan	معما مطرح كردن
mot (m) de passe	ramz	رمز
secret (m)	rāz	راز

serment (m)	sowgand	سوگند
jurer (de faire qch)	sowgand xordan	سوگند خوردن
promesse (f)	va'de	وعده
promettre (vt)	qowl dādan	قول دادن

conseil (m)	nasihat	نصيحت
conseiller (vt)	nasihat kardan	نصيحت كردن
suivre le conseil (de qn)	nasihat-e kasi rā donbāl kardan	نصيحت كسی را دنبال كردن
écouter (~ ses parents)	guš kardan	گوش كردن

nouvelle (f)	xabar	خبر
sensation (f)	hayajān	هيجان
renseignements (m pl)	ettelā'āt	اطلاعات
conclusion (f)	natije	نتيجه
voix (f)	sedā	صدا
compliment (m)	ta'rif	تعريف
aimable (adj)	bā mohabbat	با محبت

mot (m)	kalame	كلمه
phrase (f)	ebārat	عبارت
réponse (f)	javāb	جواب

| vérité (f) | haqiqat | حقيقت |
| mensonge (m) | doruq | دروغ |

pensée (f)	fekr	فكر
idée (f)	fekr	فكر
fantaisie (f)	fāntezi	فانتزی

66. Dialoguer et communiquer. Partie 2

respecté (adj)	mohtaram	محترم
respecter (vt)	ehterām gozāštan	احترام گذاشتن
respect (m)	ehterām	احترام
Cher ...	gerāmi	گرامی
présenter (faire connaître)	mo'arrefi kardan	معرفی كردن

faire la connaissance	āšnā šodan	آشنا شدن
intention (f)	qasd	قصد
avoir l'intention	qasd dāštan	قصد داشتن
souhait (m)	ārezu	آرزو
souhaiter (vt)	ārezu kardan	آرزو کردن
étonnement (m)	ta'ajjob	تعجب
étonner (vt)	mote'ajjeb kardan	متعجب کردن
s'étonner (vp)	mote'ajjeb šodan	متعجب شدن
donner (vt)	dādan	دادن
prendre (vt)	bardāštan	برداشتن
rendre (vt)	bargardāndan	برگرداندن
retourner (vt)	pas dādan	پس دادن
s'excuser (vp)	ozr xāstan	عذر خواستن
excuse (f)	ozr xāhi	عذر خواهی
pardonner (vt)	baxšidan	بخشیدن
parler (~ avec qn)	harf zadan	حرف زدن
écouter (vt)	guš dādan	گوش دادن
écouter jusqu'au bout	xub guš dādan	خوب گوش دادن
comprendre (vt)	fahmidan	فهمیدن
montrer (vt)	nešān dādan	نشان دادن
regarder (vt)	negāh kardan	نگاه کردن
appeler (vt)	sedā kardan	صدا کردن
distraire (déranger)	mozāhem šodan	مزاحم شدن
ennuyer (déranger)	mozāhem šodan	مزاحم شدن
passer (~ le message)	dādan	دادن
prière (f) (demande)	xāheš	خواهش
demander (vt)	xāheš kardan	خواهش کردن
exigence (f)	taqāzā	تقاضا
exiger (vt)	darxāst kardan	درخواست کردن
taquiner (vt)	dast endāxtan	دست انداختن
se moquer (vp)	masxare kardan	مسخره کردن
moquerie (f)	masxare	مسخره
surnom (m)	laqab	لقب
allusion (f)	kenāye	کنایه
faire allusion	kenāye zadan	کنایه زدن
sous-entendre (vt)	ma'ni dāštan	معنی داشتن
description (f)	towsif	توصیف
décrire (vt)	towsif kardan	توصیف کردن
éloge (m)	tahsin	تحسین
louer (vt)	tahsin kardan	تحسین کردن
déception (f)	nāomidi	ناامیدی
décevoir (vt)	nāomid kardan	ناامید کردن
être déçu	nāomid šodan	ناامید شدن
supposition (f)	farz	فرض
supposer (vt)	farz kardan	فرض کردن

| avertissement (m) | extâr | اخطار |
| prévenir (vt) | extâr dâdan | اخطار دادن |

67. Dialoguer et communiquer. Partie 3

| convaincre (vt) | râzi kardan | راضی کردن |
| calmer (vt) | ârâm kardan | آرام کردن |

silence (m) (~ est d'or)	sokut	سکوت
rester silencieux	sâket mândan	ساکت ماندن
chuchoter (vi, vt)	najvâ kardan	نجوا کردن
chuchotement (m)	najvâ	نجوا

| sincèrement (adv) | sâdeqâne | صادقانه |
| à mon avis ... | be nazar-e man | به نظرمن |

détail (m) (d'une histoire)	joz'iyât	جزئیات
détaillé (adj)	mofassal	مفصل
en détail (adv)	be tafsil	به تفصیل

| indice (m) | sarnax | سرنخ |
| donner un indice | sarnax dâdan | سرنخ دادن |

regard (m)	nazar	نظر
jeter un coup d'oeil	nazar andâxtan	نظر انداختن
fixe (un regard ~)	bi harekat	بی حرکت
clignoter (vi)	pelk zadan	پلک زدن
cligner de l'oeil	češmak zadan	چشمک زدن
hocher la tête	sar-e tekân dâdan	سر تکان دادن

soupir (m)	âh	آه
soupirer (vi)	âh kešidan	آه کشیدن
tressaillir (vi)	larzidan	لرزیدن
geste (m)	žest	ژست
toucher (de la main)	lams kardan	لمس کردن
saisir (par le bras)	gereftan	گرفتن
taper (sur l'épaule)	zadan	زدن

Attention!	movâzeb bâš!	مواظب باش!
Vraiment?	vâqe'an?	واقعاً؟
Tu es sûr?	motmaenn-i?	مطمئنی؟
Bonne chance!	movaffaq bâšid!	موفق باشید!
Compris!	albate!	البته!
Dommage!	heyf!	حیف!

68. L'accord. Le refus

accord (m)	movâfeqat	موافقت
être d'accord	movâfeqat kardan	موافقت کردن
approbation (f)	ta'id	تایید
approuver (vt)	ta'id kardan	تایید کردن
refus (m)	emtenâ'	امتناع

se refuser (vp)	rad kardan	رد کردن
Super!	āli	عالی
Bon!	xub	خوب
D'accord!	besyār xob!	بسیارخوب!

interdit (adj)	mamnu'	ممنوع
c'est interdit	mamnu' ast	ممنوع است
c'est impossible	qeyr-e momken ast	غیر ممکن است
incorrect (adj)	nādorost	نادرست

décliner (vt)	rad kardan	رد کردن
soutenir (vt)	poštibāni kardan	پشتیبانی کردن
accepter (condition, etc.)	qabul kardan	قبول کردن

confirmer (vt)	ta'yid kardan	تآیید کردن
confirmation (f)	ta'yid	تآیید
permission (f)	ejāze	اجازه
permettre (vt)	ejāze dādan	اجازه دادن
décision (f)	tasmim	تصمیم
ne pas dire un mot	sokut kardan	سکوت کردن

condition (f)	šart	شرط
excuse (f) (prétexte)	bahāne	بهانه
éloge (m)	tahsin	تحسین
louer (vt)	tahsin kardan	تحسین کردن

69. La réussite. La chance. L'échec

succès (m)	movaffaqiyat	موفقیت
avec succès (adv)	bā movaffaqiyat	با موفقیت
réussi (adj)	movaffaqiyat āmiz	موفقیت آمیز

chance (f)	šāns	شانس
Bonne chance!	movaffaq bāšid!	موفق باشید!
de chance (jour ~)	šāns	شانس
chanceux (adj)	xoš šāns	خوش شانس

échec (m)	nākāmi	ناکامی
infortune (f)	bad šāns-i	بد شانسی
malchance (f)	bad šāns-i	بد شانسی

| raté (adj) | nā movaffaq | نا موفق |
| catastrophe (f) | fāje'e | فاجعه |

fierté (f)	eftexār	افتخار
fier (adj)	maqrur	مغرور
être fier	eftexār kardan	افتخارکردن

gagnant (m)	barande	برنده
gagner (vi)	piruz šodan	پیروز شدن
perdre (vi)	bāxtan	باختن
tentative (f)	talāš	تلاش
essayer (vt)	talāš kardan	تلاش کردن
chance (f)	šāns	شانس

70. Les disputes. Les émotions négatives

cri (m)	faryād	فریاد
crier (vi)	faryād zadan	فریاد زدن
se mettre à crier	faryād zadan	فریاد زدن
dispute (f)	da'vā	دعوا
se disputer (vp)	da'vā kardan	دعوا کردن
scandale (m) (dispute)	mošājere	مشاجره
faire un scandale	janjāl kardan	جنجال کردن
conflit (m)	dargiri	درگیری
malentendu (m)	su'-e tafāhom	سوء تفاهم
insulte (f)	towhin	توهین
insulter (vt)	towhin kardan	توهین کردن
insulté (adj)	towhin šode	توهین شده
offense (f)	ranješ	رنجش
offenser (vt)	ranjāndan	رنجاندن
s'offenser (vp)	ranjidan	رنجیدن
indignation (f)	xašm	خشم
s'indigner (vp)	xašmgin šodan	خشمگین شدن
plainte (f)	šekāyat	شکایت
se plaindre (vp)	šekāyat kardan	شکایت کردن
excuse (f)	ozr xāhi	عذر خواهی
s'excuser (vp)	ozr xāstan	عذر خواستن
demander pardon	ozr xāstan	عذر خواستن
critique (f)	enteqād	انتقاد
critiquer (vt)	enteqād kardan	انتقاد کردن
accusation (f)	ettehām	اتهام
accuser (vt)	mottaham kardan	متهم کردن
vengeance (f)	enteqām	انتقام
se venger (vp)	enteqām gereftan	انتقام گرفتن
faire payer (qn)	talāfi darāvardan	تلافی درآوردن
mépris (m)	tahqir	تحقیر
mépriser (vt)	tahqir kardan	تحقیر کردن
haine (f)	nefrat	نفرت
haïr (vt)	motenaffer budan	متنفر بودن
nerveux (adj)	asabi	عصبی
s'énerver (vp)	asabi šodan	عصبی شدن
fâché (adj)	xašmgin	خشمگین
fâcher (vt)	xašmgin kardan	خشمگین کردن
humiliation (f)	tahqir	تحقیر
humilier (vt)	tahqir kardan	تحقیر کردن
s'humilier (vp)	tahqir šodan	تحقیر شدن
choc (m)	šok	شوک
choquer (vt)	šokke kardan	شوک کردن
ennui (m) (problème)	moškel	مشکل

désagréable (adj)	nāxošāyand	ناخوشایند
peur (f)	tars	ترس
terrible (tempête, etc.)	eftezāh	افتضاح
effrayant (histoire ~e)	vahšatnāk	وحشتناک
horreur (f)	vahšat	وحشت
horrible (adj)	vahšat āvar	وحشت آور

commencer à trembler	larzidan	لرزیدن
pleurer (vi)	gerye kardan	گریه کردن
se mettre à pleurer	gerye sar dādan	گریه سر دادن
larme (f)	ašk	اشک

faute (f)	taqsir	تقصیر
culpabilité (f)	gonāh	گناه
déshonneur (m)	ār	عار
protestation (f)	e'terāz	اعتراض
stress (m)	fešār	فشار

déranger (vt)	mozāhem šodan	مزاحم شدن
être furieux	xašmgin budan	خشمگین بودن
en colère, fâché (adj)	xašmgin	خشمگین
rompre (relations)	qat' kardan	قطع کردن
réprimander (vt)	fohš dādan	فحش دادن

prendre peur	tarsidan	ترسیدن
frapper (vt)	zadan	زدن
se battre (vp)	zad-o-xord kardan	زد و خورد کردن

régler (~ un conflit)	hal-o-fasl kardan	حل و فصل کردن
mécontent (adj)	nārāzi	ناراضی
enragé (adj)	qazabnāk	غضبناک

| Ce n'est pas bien! | xub nist! | خوب نیست! |
| C'est mal! | bad ast! | بد است! |

La médecine

71. Les maladies

maladie (f)	bimāri	بیماری
être malade	bimār budan	بیمار بودن
santé (f)	salāmati	سلامتی

rhume (m) (coryza)	āb-e rizeš-e bini	آب ریزش بینی
angine (f)	varam-e lowze	ورم لوزه
refroidissement (m)	sarmā xordegi	سرما خوردگی
prendre froid	sarmā xordan	سرما خوردن

bronchite (f)	boronšit	برنشیت
pneumonie (f)	zātorrie	ذات الریه
grippe (f)	ānfolānzā	آنفولانزا

myope (adj)	nazdik bin	نزدیک بین
presbyte (adj)	durbin	دوربین
strabisme (m)	enherāf-e čašm	انحراف چشم
strabique (adj)	luč	لوچ
cataracte (f)	āb morvārid	آب مروارید
glaucome (m)	ab-e siyāh	آب سیاه

insulte (f)	sekte-ye maqzi	سکته مغزی
crise (f) cardiaque	sekte-ye qalbi	سکته قلبی
infarctus (m) de myocarde	ānfārktus	آنفارکتوس
paralysie (f)	falaji	فلجی
paralyser (vt)	falj kardan	فلج کردن

allergie (f)	ālerži	آلرژی
asthme (m)	āsm	آسم
diabète (m)	diyābet	دیابت

mal (m) de dents	dandān-e dard	دندان درد
carie (f)	pusidegi	پوسیدگی

diarrhée (f)	eshāl	اسهال
constipation (f)	yobusat	یبوست
estomac (m) barbouillé	nārāhati-ye me'de	ناراحتی معده
intoxication (f) alimentaire	masmumiyat	مسمومیت
être intoxiqué	masmum šodan	مسموم شدن

arthrite (f)	varam-e mafāsel	ورم مفاصل
rachitisme (m)	rāšitism	راشیتیسم
rhumatisme (m)	romātism	روماتیسم
athérosclérose (f)	tasallob-e šarāin	تصلب شرائین

gastrite (f)	varam-e me'de	ورم معده
appendicite (f)	āpāndisit	آپاندیسیت

cholécystite (f)	eltehāb-e kise-ye safrā	التهاب کیسه صفرا
ulcère (m)	zaxm	زخم
rougeole (f)	sorxak	سرخک
rubéole (f)	sorxje	سرخجه
jaunisse (f)	yaraqān	یرقان
hépatite (f)	hepātit	هپاتیت
schizophrénie (f)	šizoferni	شیزوفرنی
rage (f) (hydrophobie)	hāri	هاری
névrose (f)	extelāl-e a'sāb	اختلال اعصاب
commotion (f) cérébrale	zarbe-ye maqzi	ضربه مغزی
cancer (m)	saratān	سرطان
sclérose (f)	eskeleroz	اسکلروز
sclérose (f) en plaques	eskeleroz čandgāne	اسکلروز چندگانه
alcoolisme (m)	alkolism	الکلیسم
alcoolique (m)	alkoli	الکلی
syphilis (f)	siflis	سیفلیس
SIDA (m)	eydz	ایدز
tumeur (f)	tumor	تومور
maligne (adj)	bad xim	بد خیم
bénigne (adj)	xoš xim	خوش خیم
fièvre (f)	tab	تب
malaria (f)	mālāriyā	مالاریا
gangrène (f)	qānqāriyā	قانقاریا
mal (m) de mer	daryā-zadegi	دریازدگی
épilepsie (f)	sar'	صرع
épidémie (f)	epidemi	اپیدمی
typhus (m)	hasbe	حصبه
tuberculose (f)	sel	سل
choléra (m)	vabā	وبا
peste (f)	tā'un	طاعون

72. Les symptômes. Le traitement. Partie 1

symptôme (m)	alāem-e bimāri	علائم بیماری
température (f)	damā	دما
fièvre (f)	tab	تب
pouls (m)	nabz	نبض
vertige (m)	sargije	سرگیجه
chaud (adj)	dāq	داغ
frisson (m)	ra'še	رعشه
pâle (adj)	rang paride	رنگ پریده
toux (f)	sorfe	سرفه
tousser (vi)	sorfe kardan	سرفه کردن
éternuer (vi)	atse kardan	عطسه کردن
évanouissement (m)	qaš	غش

s'évanouir (vp)	qaš kardan	غش کردن
bleu (m)	kabudi	کبودی
bosse (f)	barāmadegi	برآمدگی
se heurter (vp)	barxord kardan	برخورد کردن
meurtrissure (f)	kuftegi	کوفتگی
se faire mal	zarb didan	ضرب دیدن

boiter (vi)	langidan	لنگیدن
foulure (f)	dar raftegi	دررفتگی
se démettre (l'épaule, etc.)	dar raftan	دررفتن
fracture (f)	šekastegi	شکستگی
avoir une fracture	dočār-e šekastegi šodan	دچار شکستگی شدن

coupure (f)	boridegi	بریدگی
se couper (~ le doigt)	boridan	بریدن
hémorragie (f)	xunrizi	خونریزی

| brûlure (f) | suxtegi | سوختگی |
| se brûler (vp) | dočār-e suxtegi šodan | دچار سوختگی شدن |

se piquer (le doigt)	surāx kardan	سوراخ کردن
se piquer (vp)	surāx kardan	سوراخ کردن
blesser (vt)	āsib resāndan	آسیب رساندن
blessure (f)	zaxm	زخم
plaie (f) (blessure)	zaxm	زخم
trauma (m)	zarbe	ضربه

délirer (vi)	hazyān goftan	هذیان گفتن
bégayer (vi)	loknat dāštan	لکنت داشتن
insolation (f)	āftāb-zadegi	آفتابزدگی

73. Les symptômes. Le traitement. Partie 2

| douleur (f) | dard | درد |
| écharde (f) | xār | خار |

sueur (f)	araq	عرق
suer (vi)	araq kardan	عرق کردن
vomissement (m)	estefrāq	استفراغ
spasmes (m pl)	tašannoj	تشنج

enceinte (adj)	bārdār	باردار
naître (vi)	motevalled šodan	متولد شدن
accouchement (m)	vaz'-e haml	وضع حمل
accoucher (vi)	be donyā āvardan	به دنیا آوردن
avortement (m)	seqt-e janin	سقط جنین

respiration (f)	tanaffos	تنفس
inhalation (f)	estenšāq	استنشاق
expiration (f)	bāzdam	بازدم
expirer (vi)	bāzdamidan	بازدمیدن
inspirer (vi)	nafas kešidan	نفس کشیدن
invalide (m)	ma'lul	معلول
handicapé (m)	falaj	فلج

drogué (m)	mo'tād	معتاد
sourd (adj)	kar	کر
muet (adj)	lāl	لال
sourd-muet (adj)	kar-o lāl	کر و لال

fou (adj)	divāne	دیوانه
fou (m)	divāne	دیوانه
folle (f)	divāne	دیوانه
devenir fou	divāne šodan	دیوانه شدن

gène (m)	žen	ژن
immunité (f)	masuniyat	مصونیت
héréditaire (adj)	mowrusi	موروثی
congénital (adj)	mādarzād	مادرزاد

virus (m)	virus	ویروس
microbe (m)	mikrob	میکروب
bactérie (f)	bākteri	باکتری
infection (f)	ofunat	عفونت

74. Les symptômes. Le traitement. Partie 3

hôpital (m)	bimārestān	بیمارستان
patient (m)	bimār	بیمار

diagnostic (m)	tašxis	تشخیص
cure (f) (faire une ~)	mo'āleje	معالجه
traitement (m)	darmān	درمان
se faire soigner	darmān šodan	درمان شدن
traiter (un patient)	mo'āleje kardan	معالجه کردن
soigner (un malade)	parastāri kardan	پرستاری کردن
soins (m pl)	parastāri	پرستاری

opération (f)	amal-e jarrāhi	عمل جراحی
panser (vt)	pānsemān kardan	پانسمان کردن
pansement (m)	pānsemān	پانسمان

vaccination (f)	vāksināsyon	واکسیناسیون
vacciner (vt)	vāksine kardan	واکسینه کردن
piqûre (f)	tazriq	تزریق
faire une piqûre	tazriq kardan	تزریق کردن

crise, attaque (f)	hamle	حمله
amputation (f)	qat'-e ozv	قطع عضو
amputer (vt)	qat' kardan	قطع کردن
coma (m)	komā	کما
être dans le coma	dar komā budan	در کما بودن
réanimation (f)	morāqebat-e viže	مراقبت ویژه

se rétablir (vp)	behbud yāftan	بهبود یافتن
état (m) (de santé)	hālat	حالت
conscience (f)	huš	هوش
mémoire (f)	hāfeze	حافظه
arracher (une dent)	dandān kešidan	دندان کشیدن

| plombage (m) | por kardan | پر کردن |
| plomber (vt) | por kardan | پر کردن |

| hypnose (f) | hipnotizm | هیپنوتیزم |
| hypnotiser (vt) | hipnotizm kardan | هیپنوتیزم کردن |

75. Les médecins

médecin (m)	pezešk	پزشک
infirmière (f)	parastār	پرستار
médecin (m) personnel	pezešk-e šaxsi	پزشک شخصی

dentiste (m)	dandān pezešk	دندان پزشک
ophtalmologiste (m)	češm-pezešk	چشم پزشک
généraliste (m)	pezešk omumi	پزشک عمومی
chirurgien (m)	jarrāh	جراح

psychiatre (m)	ravānpezešk	روانپزشک
pédiatre (m)	pezešk-e kudakān	پزشک کودکان
psychologue (m)	ravānšenās	روانشناس
gynécologue (m)	motexasses-e zanān	متخصص زنان
cardiologue (m)	motexasses-e qalb	متخصص قلب

76. Les médicaments. Les accessoires

médicament (m)	dāru	دارو
remède (m)	darmān	درمان
prescrire (vt)	tajviz kardan	تجویز کردن
ordonnance (f)	nosxe	نسخه

comprimé (m)	qors	قرص
onguent (m)	pomād	پماد
ampoule (f)	āmpul	آمپول
mixture (f)	šarbat	شربت
sirop (m)	šarbat	شربت
pilule (f)	kapsul	کپسول
poudre (f)	pudr	پودر

bande (f)	bānd	باند
coton (m) (ouate)	panbe	پنبه
iode (m)	yod	ید

sparadrap (m)	časb-e zaxm	چسب زخم
compte-gouttes (m)	qatre čekān	قطره چکان
thermomètre (m)	damāsanj	دماسنج
seringue (f)	sorang	سرنگ

| fauteuil (m) roulant | vilčer | ویلچر |
| béquilles (f pl) | čub zir baqal | چوب زیر بغل |

| anesthésique (m) | mosaken | مسکن |
| purgatif (m) | moshel | مسهل |

alcool (m)	alkol	الكل
herbe (f) médicinale	giyāhān-e dāruyi	گیاهان دارویی
d'herbes (adj)	giyāhi	گیاهی

77. Le tabac et ses produits dérivés

tabac (m)	tutun	توتون
cigarette (f)	sigār	سیگار
cigare (f)	sigār	سیگار
pipe (f)	pip	پیپ
paquet (m)	baste	بسته
allumettes (f pl)	kebrit	کبریت
boîte (f) d'allumettes	quti-ye kebrit	قوطی کبریت
briquet (m)	fandak	فندک
cendrier (m)	zir-sigāri	زیرسیگاری
étui (m) à cigarettes	quti-ye sigār	قوطی سیگار
fume-cigarette (m)	čub-e sigār	چوب سیگار
filtre (m)	filter	فیلتر
fumer (vi, vt)	sigār kešidan	سیگار کشیدن
allumer une cigarette	sigār rowšan kardan	سیگار روشن کردن
tabagisme (m)	sigār kešidan	سیگار کشیدن
fumeur (m)	sigāri	سیگاری
mégot (m)	tah-e sigār	ته سیگار
fumée (f)	dud	دود
cendre (f)	xākestar	خاکستر

L'HABITAT HUMAIN

La ville

78. La ville. La vie urbaine

ville (f)	šahr	شهر
capitale (f)	pāytaxt	پایتخت
village (m)	rustā	روستا
plan (m) de la ville	naqše-ye šahr	نقشۀ شهر
centre-ville (m)	markaz-e šahr	مرکز شهر
banlieue (f)	hume-ye šahr	حومۀ شهر
de banlieue (adj)	hume-ye šahr	حومۀ شهر
périphérie (f)	hume	حومه
alentours (m pl)	hume	حومه
quartier (m)	mahalle	محله
quartier (m) résidentiel	mahalle-ye maskuni	محلۀ مسکونی
trafic (m)	obur-o morur	عبور و مرور
feux (m pl) de circulation	čerāq-e rāhnamā	چراغ راهنما
transport (m) urbain	haml-o naql-e šahri	حمل و نقل شهری
carrefour (m)	čahārrāh	چهارراه
passage (m) piéton	xatt-e āber-e piyāde	خط عابرپیاده
passage (m) souterrain	zir-e gozar	زیر گذر
traverser (vt)	obur kardan	عبور کردن
piéton (m)	piyāde	پیاده
trottoir (m)	piyāde row	پیاده رو
pont (m)	pol	پل
quai (m)	xiyābān-e sāheli	خیابان ساحلی
fontaine (f)	češme	چشمه
allée (f)	bāq rāh	باغ راه
parc (m)	pārk	پارک
boulevard (m)	bolvār	بولوار
place (f)	meydān	میدان
avenue (f)	xiyābān	خیابان
rue (f)	xiyābān	خیابان
ruelle (f)	kuče	کوچه
impasse (f)	bon bast	بن بست
maison (f)	xāne	خانه
édifice (m)	sāxtemān	ساختمان
gratte-ciel (m)	āsemānxarāš	آسمانخراش
façade (f)	namā	نما
toit (m)	bām	بام

fenêtre (f)	panjere	پنجره
arc (m)	tāq-e qowsi	طاق قوسی
colonne (f)	sotun	ستون
coin (m)	nabš	نبش

vitrine (f)	vitrin	ویترین
enseigne (f)	tāblo	تابلو
affiche (f)	poster	پوستر
affiche (f) publicitaire	poster-e tabliqāti	پوستر تبلیغاتی
panneau-réclame (m)	bilbord	بیلبورد

ordures (f pl)	āšqāl	آشغال
poubelle (f)	satl-e āšqāl	سطل آشغال
jeter à terre	kasif kardan	کثیف کردن
décharge (f)	jā-ye dafn-e āšqāl	جای دفن آشغال

cabine (f) téléphonique	kābin-e telefon	کابین تلفن
réverbère (m)	tir-e barq	تیر برق
banc (m)	nimkat	نیمکت

policier (m)	polis	پلیس
police (f)	polis	پلیس
clochard (m)	gedā	گدا
sans-abri (m)	bi xānomān	بی خانمان

79. Les institutions urbaines

magasin (m)	maqāze	مغازه
pharmacie (f)	dāruxāne	داروخانه
opticien (m)	eynak foruši	عینک فروشی
centre (m) commercial	markaz-e tejāri	مرکز تجاری
supermarché (m)	supermārket	سوپرمارکت

boulangerie (f)	nānvāyi	نانوایی
boulanger (m)	nānvā	نانوا
pâtisserie (f)	qannādi	قنادی
épicerie (f)	baqqāli	بقالی
boucherie (f)	gušt foruši	گوشت فروشی

magasin (m) de légumes	sabzi foruši	سبزی فروشی
marché (m)	bāzār	بازار

salon (m) de café	kāfe	کافه
restaurant (m)	resturān	رستوران
brasserie (f)	bār	بار
pizzeria (f)	pitzā-foruši	پیتزا فروشی

salon (m) de coiffure	ārāyešgāh	آرایشگاه
poste (f)	post	پست
pressing (m)	xošk-šuyi	خشکشویی
atelier (m) de photo	ātolye-ye akkāsi	آتلیۀ عکاسی

magasin (m) de chaussures	kafš foruši	کفش فروشی
librairie (f)	ketāb-foruši	کتاب فروشی

magasin (m) d'articles de sport	maqāze-ye varzeši	مغازهٔ ورزشی
atelier (m) de retouche	ta'mir-e lebās	تعمیر لباس
location (f) de vêtements	kerāye-ye lebās	کرایهٔ لباس
location (f) de films	kerāye-ye film	کرایهٔ فیلم
cirque (m)	sirak	سیرک
zoo (m)	bāq-e vahš	باغ وحش
cinéma (m)	sinamā	سینما
musée (m)	muze	موزه
bibliothèque (f)	ketābxāne	کتابخانه
théâtre (m)	teātr	تئاتر
opéra (m)	operā	اپرا
boîte (f) de nuit	kābāre	کاباره
casino (m)	kāzino	کازینو
mosquée (f)	masjed	مسجد
synagogue (f)	kenešt	کنشت
cathédrale (f)	kelisā-ye jāme'	کلیسای جامع
temple (m)	ma'bad	معبد
église (f)	kelisā	کلیسا
institut (m)	anistito	انستیتو
université (f)	dānešgāh	دانشگاه
école (f)	madrese	مدرسه
préfecture (f)	ostāndāri	استانداری
mairie (f)	šahrdāri	شهرداری
hôtel (m)	hotel	هتل
banque (f)	bānk	بانک
ambassade (f)	sefārat	سفارت
agence (f) de voyages	āžāns-e jahāngardi	آژانس جهانگردی
bureau (m) d'information	daftar-e ettelāāt	دفتر اطلاعات
bureau (m) de change	sarrāfi	صرافی
métro (m)	metro	مترو
hôpital (m)	bimārestān	بیمارستان
station-service (f)	pomp-e benzin	پمپ بنزین
parking (m)	pārking	پارکینگ

80. Les enseignes. Les panneaux

enseigne (f)	tāblo	تابلو
pancarte (f)	nevešte	نوشته
poster (m)	poster	پوستر
indicateur (m) de direction	rāhnamā	راهنما
flèche (f)	alāmat	علامت
avertissement (m)	ehtiyāt	احتیاط
panneau d'avertissement	alāmat-e hošdār	علامت هشدار
avertir (vt)	hošdār dādan	هشدار دادن
jour (m) de repos	ruz-e ta'til	روز تعطیل

horaire (m)	jadval	جدول
heures (f pl) d'ouverture	sā'athā-ye kāri	ساعت های کاری
BIENVENUE!	xoš āmadid	خوش آمدید
ENTRÉE	vorud	ورود
SORTIE	xoruj	خروج
POUSSER	hel dādan	هل دادن
TIRER	bekešid	بکشید
OUVERT	bāz	باز
FERMÉ	baste	بسته
FEMMES	zanāne	زنانه
HOMMES	mardāne	مردانه
RABAIS	taxfif	تخفیف
SOLDES	harāj	حراج
NOUVEAU!	jadid	جدید
GRATUIT	majjāni	مجانی
ATTENTION!	tavajjoh	توجه
COMPLET	otāq-e xāli nadārim	اتاق خالی نداریم
RÉSERVÉ	rezerv šode	رزرو شده
ADMINISTRATION	edāre	اداره
RÉSERVÉ AU PERSONNEL	xāse personel	خاص پرسنل
ATTENTION CHIEN MÉCHANT	movāzeb-e sag bāšid	مواظب سگ باشید
DÉFENSE DE FUMER	sigār kešidan mamnu'	سیگار کشیدن ممنوع
PRIÈRE DE NE PAS TOUCHER	dast nazanid	دست نزنید
DANGEREUX	xatarnāk	خطرناک
DANGER	xatar	خطر
HAUTE TENSION	voltāj bālā	ولتاژ بالا
BAIGNADE INTERDITE	šenā mamnu'	شنا ممنوع
HORS SERVICE	xārāb	خراب
INFLAMMABLE	qābel-e ehterāq	قابل احتراق
INTERDIT	mamnu'	ممنوع
PASSAGE INTERDIT	obur mamnu'	عبور ممنوع
PEINTURE FRAÎCHE	rang-e xis	رنگ خیس

81. Les transports en commun

autobus (m)	otobus	اتوبوس
tramway (m)	terāmvā	تراموا
trolleybus (m)	otobus-e barqi	اتوبوس برقی
itinéraire (m)	xat	خط
numéro (m)	šomāre	شماره
prendre ...	raftan bā	رفتن با
monter (dans l'autobus)	savār šodan	سوار شدن

descendre de ...	piyāde šodan	پیاده شدن
arrêt (m)	istgāh-e otobus	ایستگاه اتوبوس
arrêt (m) prochain	istgāh-e ba'di	ایستگاه بعدی
terminus (m)	istgāh-e āxar	ایستگاه آخر
horaire (m)	barnāme	برنامه
attendre (vt)	montazer budan	منتظر بودن

| ticket (m) | belit | بلیط |
| prix (m) du ticket | qeymat-e belit | قیمت بلیط |

caissier (m)	sanduqdār	صندوقدار
contrôle (m) des tickets	kontorol-e belit	کنترل بلیط
contrôleur (m)	kontorol či	کنترل چی

être en retard	ta'xir dāštan	تأخیرداشتن
rater (~ le train)	az dast dādan	از دست دادن
se dépêcher	ajale kardan	عجله کردن

taxi (m)	tāksi	تاکسی
chauffeur (m) de taxi	rānande-ye tāksi	راننده تاکسی
en taxi	bā tāksi	با تاکسی
arrêt (m) de taxi	istgāh-e tāksi	ایستگاه تاکسی
appeler un taxi	tāksi gereftan	تاکسی گرفتن
prendre un taxi	tāksi gereftan	تاکسی گرفتن

trafic (m)	obur-o morur	عبور و مرور
embouteillage (m)	terāfik	ترافیک
heures (f pl) de pointe	sā'at-e šoluqi	ساعت شلوغی
se garer (vp)	pārk kardan	پارک کردن
garer (vt)	pārk kardan	پارک کردن
parking (m)	pārking	پارکینگ

métro (m)	metro	مترو
station (f)	istgāh	ایستگاه
prendre le métro	bā metro raftan	با مترو رفتن
train (m)	qatār	قطار
gare (f)	istgāh-e rāh-e āhan	ایستگاه راه آهن

82. Le tourisme

monument (m)	mojassame	مجسمه
forteresse (f)	qal'e	قلعه
palais (m)	kāx	کاخ
château (m)	qal'e	قلعه
tour (f)	borj	برج
mausolée (m)	ārāmgāh	آرامگاه

architecture (f)	me'māri	معماری
médiéval (adj)	qorun-e vasati	قرون وسطی
ancien (adj)	qadimi	قدیمی
national (adj)	melli	ملی
connu (adj)	mašhur	مشهور
touriste (m)	turist	توریست
guide (m) (personne)	rāhnamā-ye tur	راهنمای تور

excursion (f)	gardeš	گردش
montrer (vt)	nešān dādan	نشان دادن
raconter (une histoire)	hekāyat kardan	حکایت کردن

trouver (vt)	peydā kardan	پیدا کردن
se perdre (vp)	gom šodan	گم شدن
plan (m) (du metro, etc.)	naqše	نقشه
carte (f) (de la ville, etc.)	naqše	نقشه

souvenir (m)	sowqāti	سوغاتی
boutique (f) de souvenirs	forušgāh-e sowqāti	فروشگاه سوغاتی
prendre en photo	aks gereftan	عکس گرفتن
se faire prendre en photo	aks gereftan	عکس گرفتن

83. Le shopping

acheter (vt)	xarid kardan	خرید کردن
achat (m)	xarid	خرید
faire des achats	xarid kardan	خرید کردن
shopping (m)	xarid	خرید

être ouvert	bāz budan	باز بودن
être fermé	baste budan	بسته بودن

chaussures (f pl)	kafš	کفش
vêtement (m)	lebās	لباس
produits (m pl) de beauté	lavāzem-e ārāyeši	لوازم آرایشی
produits (m pl) alimentaires	mavādd-e qazāyi	مواد غذایی
cadeau (m)	hedye	هدیه

vendeur (m)	forušande	فروشنده
vendeuse (f)	forušande-ye zan	فروشنده زن

caisse (f)	sanduq	صندوق
miroir (m)	āyene	آینه
comptoir (m)	pišxān	پیشخوان
cabine (f) d'essayage	otāq porov	اتاق پرو

essayer (robe, etc.)	emtehān kardan	امتحان کردن
aller bien (robe, etc.)	monāseb budan	مناسب بودن
plaire (être apprécié)	dust dāštan	دوست داشتن

prix (m)	qeymat	قیمت
étiquette (f) de prix	barčasb-e qeymat	برچسب قیمت
coûter (vt)	qeymat dāštan	قیمت داشتن
Combien?	čeqadr?	چقدر؟
rabais (m)	taxfif	تخفیف

pas cher (adj)	arzān	ارزان
bon marché (adj)	arzān	ارزان
cher (adj)	gerān	گران
C'est cher	gerān ast	گران است
location (f)	kerāye	کرایه
louer (une voiture, etc.)	kerāye kardan	کرایه کردن

crédit (m)	vām	وام
à crédit (adv)	xarid-e e'tebāri	خرید اعتباری

84. L'argent

argent (m)	pul	پول
échange (m)	tabdil-e arz	تبدیل ارز
cours (m) de change	nerx-e arz	نرخ ارز
distributeur (m)	xodpardāz	خودپرداز
monnaie (f)	sekke	سکه

dollar (m)	dolār	دلار
euro (m)	yuro	یورو

lire (f)	lire	لیره
mark (m) allemand	mārk	مارک
franc (m)	farānak	فرانک
livre sterling (f)	pond-e esterling	پوند استرلینگ
yen (m)	yen	ین

dette (f)	qarz	قرض
débiteur (m)	bedehkār	بدهکار
prêter (vt)	qarz dādan	قرض دادن
emprunter (vt)	qarz gereftan	قرض گرفتن

banque (f)	bānk	بانک
compte (m)	hesāb-e bānki	حساب بانکی
verser (dans le compte)	rixtan	ریختن
verser dans le compte	be hesāb rixtan	به حساب ریختن
retirer du compte	az hesāb bardāštan	از حساب برداشتن

carte (f) de crédit	kārt-e e'tebāri	کارت اعتباری
espèces (f pl)	pul-e naqd	پول نقد
chèque (m)	ček	چک
faire un chèque	ček neveštan	چک نوشتن
chéquier (m)	daste-ye ček	دسته چک

portefeuille (m)	kif-e pul	کیف پول
bourse (f)	kif-e pul	کیف پول
coffre fort (m)	gāvsanduq	گاوصندوق

héritier (m)	vāres	وارث
héritage (m)	mirās	میراث
fortune (f)	dārāyi	دارایی

location (f)	ejāre	اجاره
loyer (m) (argent)	kerāye-ye xāne	کرایۀ خانه
louer (prendre en location)	ejāre kardan	اجاره کردن

prix (m)	qeymat	قیمت
coût (m)	arzeš	ارزش
somme (f)	jam'-e kol	جمع کل
dépenser (vt)	xarj kardan	خرج کردن
dépenses (f pl)	maxārej	مخارج

économiser (vt)	sarfeju-yi kardan	صرفه جویی کردن
économe (adj)	maqrun besarfe	مقرون به صرفه
payer (régler)	pardāxtan	پرداختن
paiement (m)	pardāxt	پرداخت
monnaie (f) (rendre la ~)	pul-e xerad	پول خرد
impôt (m)	māliyāt	مالیات
amende (f)	jarime	جریمه
mettre une amende	jarime kardan	جریمه کردن

85. La poste. Les services postaux

poste (f)	post	پست
courrier (m) (lettres, etc.)	post	پست
facteur (m)	nāme resān	نامه رسان
heures (f pl) d'ouverture	sā'athā-ye kāri	ساعت های کاری
lettre (f)	nāme	نامه
recommandé (m)	nāme-ye sefāreši	نامه سفارشی
carte (f) postale	kārt-e postāl	کارت پستال
télégramme (m)	telegrām	تلگرام
colis (m)	baste posti	بسته پستی
mandat (m) postal	havāle	حواله
recevoir (vt)	gereftan	گرفتن
envoyer (vt)	ferestādan	فرستادن
envoi (m)	ersāl	ارسال
adresse (f)	nešāni	نشانی
code (m) postal	kod-e posti	کد پستی
expéditeur (m)	ferestande	فرستنده
destinataire (m)	girande	گیرنده
prénom (m)	esm	اسم
nom (m) de famille	nām-e xānevādegi	نام خانوادگی
tarif (m)	ta'refe	تعرفه
normal (adj)	ādi	عادی
économique (adj)	ādi	عادی
poids (m)	vazn	وزن
peser (~ les lettres)	vazn kardan	وزن کردن
enveloppe (f)	pākat	پاکت
timbre (m)	tambr	تمبر
timbrer (vt)	tamr zadan	تمبر زدن

Le logement. La maison. Le foyer

86. La maison. Le logis

maison (f)	xāne	خانه
chez soi	dar xāne	در خانه
cour (f)	hayāt	حياط
clôture (f)	hesār	حصار
brique (f)	ājor	آجر
en brique (adj)	ājori	آجرى
pierre (f)	sang	سنگ
en pierre (adj)	sangi	سنگى
béton (m)	boton	بتن
en béton (adj)	botoni	بتنى
neuf (adj)	jadid	جديد
vieux (adj)	qadimi	قديمى
délabré (adj)	maxrube	مخروبه
moderne (adj)	modern	مدرن
à plusieurs étages	čandtabaqe	چندطبقه
haut (adj)	boland	بلند
étage (m)	tabaqe	طبقه
sans étage (adj)	yek tabaqe	يک طبقه
rez-de-chaussée (m)	tabaqe-ye pāin	طبقة پائين
dernier étage (m)	tabaqe-ye bālā	طبقة بالا
toit (m)	bām	بام
cheminée (f)	dudkeš	دودكش
tuile (f)	saqf-e kazeb	سقف كاذب
en tuiles (adj)	sofāli	سفالى
grenier (m)	zir-širvāni	زيرشيروانى
fenêtre (f)	panjere	پنجره
vitre (f)	šiše	شيشه
rebord (m)	tāqče-ye panjare	طاقچة پنجره
volets (m pl)	kerkere	كركره
mur (m)	divār	ديوار
balcon (m)	bālkon	بالكن
gouttière (f)	nāvdān	ناودان
en haut (à l'étage)	bālā	بالا
monter (vi)	bālā raftan	بالا رفتن
descendre (vi)	pāyin āmadan	پايين آمدن
déménager (vi)	asbābkeši kardan	اسباب كشى كردن

82

87. La maison. L'entrée. L'ascenseur

entrée (f)	darb-e vorudi	درب ورودی
escalier (m)	pellekān	پلکان
marches (f pl)	pelle-hā	پله ها
rampe (f)	narde	نرده
hall (m)	lābi	لابی
boîte (f) à lettres	sanduq-e post	صندوق پست
poubelle (f) d'extérieur	zobāle dān	زباله دان
vide-ordures (m)	šuting zobale	شوتینگ زباله
ascenseur (m)	āsānsor	آسانسور
monte-charge (m)	bālābar	بالابر
cabine (f)	kābin-e āsānsor	کابین آسانسور
prendre l'ascenseur	āsānsor gereftan	آسانسور گرفتن
appartement (m)	āpārtemān	آپارتمان
locataires (m pl)	sākenān	ساکنان
voisin (m)	hamsāye	همسایه
voisine (f)	hamsāye	همسایه
voisins (m pl)	hamsāye-hā	همسایه ها

88. La maison. L'électricité

électricité (f)	barq	برق
ampoule (f)	lāmp	لامپ
interrupteur (m)	kelid	کلید
plomb, fusible (m)	fiyuz	فیوز
fil (m) (~ électrique)	sim	سیم
installation (f) électrique	sim keši	سیم کشی
compteur (m) électrique	kontor	کنتور
relevé (m)	dastgāh-e xaneš	دستگاه خوانش

89. La maison. La porte. La serrure

porte (f)	darb	درب
portail (m)	darvāze	دروازه
poignée (f)	dastgire-ye dar	دستگیرۀ در
déverrouiller (vt)	bāz kardan	باز کردن
ouvrir (vt)	bāz kardan	باز کردن
fermer (vt)	bastan	بستن
clé (f)	kelid	کلید
trousseau (m), jeu (m)	daste	دسته
grincer (la porte)	qežqež kardan	غژغژ کردن
grincement (m)	qež qež	غژ غژ
gond (m)	lowlā	لولا
paillasson (m)	pādari	پادری
serrure (f)	qofl	قفل

trou (m) de la serrure	surāx kelid	سوراخ کلید
verrou (m)	kolun-e dar	کلون در
loquet (m)	čeft	چفت
cadenas (m)	qofl	قفل

sonner (à la porte)	zang zadan	زنگ زدن
sonnerie (f)	zang	زنگ
sonnette (f)	zang-e dar	زنگ در
bouton (m)	zang	زنگ
coups (m pl) à la porte	dar zadan	درزدن
frapper (~ à la porte)	dar zadan	درزدن

code (m)	kod	کد
serrure (f) à combinaison	qofl-e ramz dār	قفل رمز دار
interphone (m)	āyfon	آیفون
numéro (m)	pelāk-e manzel	پلاک منزل
plaque (f) de porte	pelāk	پلاک
judas (m)	češmi	چشمی

90. La maison de campagne

village (m)	rustā	روستا
potager (m)	jāliz	جالیز
palissade (f)	parčin	پرچین
clôture (f)	hesār	حصار
portillon (m)	darvāze	دروازه

grange (f)	anbār	انبار
cave (f)	zirzamin	زیرزمین
abri (m) de jardin	ālonak	آلونک
puits (m)	čāh	چاه

poêle (m) (~ à bois)	boxāri	بخاری
chauffer le poêle	rowšan kardan-e boxāri	روشن کردن بخاری
bois (m) de chauffage	hizom	هیزم
bûche (f)	kande-ye čub	کندهٔ چوب

véranda (f)	eyvān-e sarpušide	ایوان سرپوشیده
terrasse (f)	terās	تراس
perron (m) d'entrée	vorudi-e xāne	ورودی خانه
balançoire (f)	tāb	تاب

91. La villa et le manoir

maison (f) de campagne	xāne-ye xārej-e šahr	خانهٔ خارج شهر
villa (f)	vilā	ویلا
aile (f) (~ ouest)	bāl	بال

jardin (m)	bāq	باغ
parc (m)	pārk	پارک
serre (f) tropicale	golxāne	گلخانه
s'occuper (~ du jardin)	negahdāri kardan	نگهداری کردن

piscine (f)	estaxr	استخر
salle (f) de gym	sālon-e varzeš	سالن ورزش
court (m) de tennis	zamin-e tenis	زمین تنیس
salle (f) de cinéma	sinamā	سینما
garage (m)	gārāž	گاراژ

| propriété (f) privée | melk-e xosusi | ملک خصوصی |
| terrain (m) privé | melk-e xosusi | ملک خصوصی |

| avertissement (m) | hošdār | هشدار |
| panneau d'avertissement | alāmat-e hošdār | علامت هشدار |

sécurité (f)	hefāzat	حفاظت
agent (m) de sécurité	negahbān	نگهبان
alarme (f) antivol	dozdgir	دزدگیر

92. Le château. Le palais

château (m)	qal'e	قلعه
palais (m)	kāx	کاخ
forteresse (f)	qal'e	قلعه
muraille (f)	divār	دیوار
tour (f)	borj	برج
donjon (m)	borj-e asli	برج اصلی

herse (f)	darb-e kešowyi	درب کشویی
souterrain (m)	rāh-e zirzamini	راه زیرزمینی
douve (f)	xandaq	خندق
chaîne (f)	zanjir	زنجیر
meurtrière (f)	mazqal	مزغل

magnifique (adj)	mojallal	مجلل
majestueux (adj)	bāšokuh	باشکوه
inaccessible (adj)	nofoz nāpazir	نفوذ ناپذیر
médiéval (adj)	qorun-e vasati	قرون وسطی

93. L'appartement

appartement (m)	āpārtemān	آپارتمان
chambre (f)	otāq	اتاق
chambre (f) à coucher	otāq-e xāb	اتاق خواب
salle (f) à manger	otāq-e qazāxori	اتاق غذاخوری
salon (m)	mehmānxāne	مهمانخانه
bureau (m)	daftar	دفتر

antichambre (f)	tālār-e vorudi	تالار ورودی
salle (f) de bains	hammām	حمام
toilettes (f pl)	tuālet	توالت

plafond (m)	saqf	سقف
plancher (m)	kaf	کف
coin (m)	guše	گوشه

94. L'appartement. Le ménage

faire le ménage	tamiz kardan	تمیز کردن
ranger (jouets, etc.)	morattab kardan	مرتب کردن
poussière (f)	gard	گرد
poussiéreux (adj)	gard ālud	گرد آلود
essuyer la poussière	gardgiri kardan	گردگیری کردن
aspirateur (m)	jāru barqi	جارو برقی
passer l'aspirateur	jāru barq-i kešidan	جارو برقی کشیدن
balayer (vt)	jāru kardan	جارو کردن
balayures (f pl)	āšqāl	آشغال
ordre (m)	nazm	نظم
désordre (m)	bi nazmi	بی نظمی
balai (m) à franges	jāru-ye dastedār	جاروی دسته دار
torchon (m)	kohne	کهنه
balayette (f) de sorgho	jārub	جاروب
pelle (f) à ordures	xāk andāz	خاک انداز

95. Les meubles. L'intérieur

meubles (m pl)	mobl	مبل
table (f)	miz	میز
chaise (f)	sandali	صندلی
lit (m)	taxt-e xāb	تخت خواب
canapé (m)	kānāpe	کاناپه
fauteuil (m)	mobl-e rāhati	مبل راحتی
bibliothèque (f) (meuble)	qafase-ye ketāb	قفسه کتاب
rayon (m)	qafase	قفسه
armoire (f)	komod	کمد
patère (f)	raxt āviz	رخت آویز
portemanteau (m)	čub lebāsi	چوب لباسی
commode (f)	komod	کمد
table (f) basse	miz-e pišdasti	میز پیشدستی
miroir (m)	āyene	آینه
tapis (m)	farš	فرش
petit tapis (m)	qāliče	قالیچه
cheminée (f)	šumine	شومینه
bougie (f)	šam'	شمع
chandelier (m)	šam'dān	شمعدان
rideaux (m pl)	parde	پرده
papier (m) peint	kāqaz-e divāri	کاغذ دیواری
jalousie (f)	kerkere	کرکره
lampe (f) de table	čerāq-e rumizi	چراغ رومیزی
applique (f)	čerāq-e divāri	چراغ دیواری

| lampadaire (m) | ābāžur | آباژور |
| lustre (m) | luster | لوستر |

pied (m) (~ de la table)	pāye	پایه
accoudoir (m)	daste-ye sandali	دستهٔ صندلی
dossier (m)	pošti	پشتی
tiroir (m)	kešow	کشو

96. La literie

linge (m) de lit	raxt-e xāb	رخت خواب
oreiller (m)	bālešt	بالشت
taie (f) d'oreiller	rubalešt	روبالشت
couverture (f)	patu	پتو
drap (m)	malāfe	ملافه
couvre-lit (m)	rutaxti	روتختی

97. La cuisine

cuisine (f)	āšpazxāne	آشپزخانه
gaz (m)	gāz	گاز
cuisinière (f) à gaz	ojāgh-e gāz	اجاق گاز
cuisinière (f) électrique	ojāgh-e barghi	اجاق برقی
four (m)	fer	فر
four (m) micro-ondes	māykrofer	مایکروفر

réfrigérateur (m)	yaxčāl	یخچال
congélateur (m)	fereyzer	فریزر
lave-vaisselle (m)	māšin-e zarfšuyi	ماشین ظرفشویی

hachoir (m) à viande	čarx-e gušt	چرخ گوشت
centrifugeuse (f)	ābmive giri	آبمیوه گیری
grille-pain (m)	towster	توستر
batteur (m)	maxlut kon	مخلوط کن

machine (f) à café	qahve sāz	قهوه ساز
cafetière (f)	qahve juš	قهوه جوش
moulin (m) à café	āsiyāb-e qahve	آسیاب قهوه

bouilloire (f)	ketri	کتری
théière (f)	quri	قوری
couvercle (m)	sarpuš	سرپوش
passoire (f) à thé	čāy sāf kon	چای صاف کن

cuillère (f)	qāšoq	قاشق
petite cuillère (f)	qāšoq čāy xori	قاشق چای خوری
cuillère (f) à soupe	qāšoq sup xori	قاشق سوپ خوری
fourchette (f)	čangāl	چنگال
couteau (m)	kārd	کارد

| vaisselle (f) | zoruf | ظروف |
| assiette (f) | bošqāb | بشقاب |

soucoupe (f)	na'lbeki	نعلبكى
verre (m) à shot	gilās-e vodkā	گيلاس ودكا
verre (m) (~ d'eau)	estekān	استكان
tasse (f)	fenjān	فنجان

sucrier (m)	qandān	قندان
salière (f)	namakdān	نمكدان
poivrière (f)	felfeldān	فلفلدان
beurrier (m)	zarf-e kare	ظرف كره

casserole (f)	qāblame	قابلمه
poêle (f)	tābe	تابه
louche (f)	malāqe	ملاقه
passoire (f)	ābkeš	آبكش
plateau (m)	sini	سينى

bouteille (f)	botri	بطرى
bocal (m) (à conserves)	šiše	شيشه
boîte (f) en fer-blanc	quti	قوطى

ouvre-bouteille (m)	dar bāz kon	در بازكن
ouvre-boîte (m)	dar bāz kon	در بازكن
tire-bouchon (m)	dar bāz kon	در بازكن
filtre (m)	filter	فيلتر
filtrer (vt)	filter kardan	فيلتر كردن

| ordures (f pl) | āšqāl | آشغال |
| poubelle (f) | satl-e zobāle | سطل زباله |

98. La salle de bains

salle (f) de bains	hammām	حمام
eau (f)	āb	آب
robinet (m)	šir	شير
eau (f) chaude	āb-e dāq	آب داغ
eau (f) froide	āb-e sard	آب سرد

dentifrice (m)	xamir-e dandān	خمير دندان
se brosser les dents	mesvāk zadan	مسواك زدن
brosse (f) à dents	mesvāk	مسواك

se raser (vp)	riš tarāšidan	ريش تراشيدن
mousse (f) à raser	xamir-e eslāh	خمير اصلاح
rasoir (m)	tiq	تيغ

laver (vt)	šostan	شستن
se laver (vp)	hamām kardan	حمام كردن
douche (f)	duš	دوش
prendre une douche	duš gereftan	دوش گرفتن

baignoire (f)	vān hammām	وان حمام
cuvette (f)	tuālet-e farangi	توالت فرنگى
lavabo (m)	sink	سينك
savon (m)	sābun	صابون

porte-savon (m)	jā sābun	جا صابون
éponge (f)	abr	ابر
shampooing (m)	šāmpu	شامپو
serviette (f)	howle	حوله
peignoir (m) de bain	howle-ye hamām	حوله حمام

lessive (f) (faire la ~)	raxčuyi	لباسشویی
machine (f) à laver	māšin-e lebas-šui	ماشین لباسشویی
faire la lessive	šostan-e lebās	شستن لباس
lessive (f) (poudre)	pudr-e lebas-šui	پودر لباسشویی

99. Les appareils électroménagers

téléviseur (m)	televiziyon	تلویزیون
magnétophone (m)	zabt-e sowt	ضبط صوت
magnétoscope (m)	video	ویدئو
radio (f)	rādiyo	رادیو
lecteur (m)	paxš konande	پخش کننده

vidéoprojecteur (m)	video porožektor	ویدئو پروژکتور
home cinéma (m)	sinamā-ye xānegi	سینمای خانگی
lecteur DVD (m)	paxš konande-ye di vi di	پخش کننده دی وی دی
amplificateur (m)	āmpli-fāyer	آمپلی فایر
console (f) de jeux	konsul-e bāzi	کنسول بازی

caméscope (m)	durbin-e filmbardāri	دوربین فیلمبرداری
appareil (m) photo	durbin-e akkāsi	دوربین عکاسی
appareil (m) photo numérique	durbin-e dijitāl	دوربین دیجیتال

aspirateur (m)	jāru barqi	جارو برقی
fer (m) à repasser	oto	اتو
planche (f) à repasser	miz-e otu	میز اتو

téléphone (m)	telefon	تلفن
portable (m)	telefon-e hamrāh	تلفن همراه
machine (f) à écrire	māšin-e tahrir	ماشین تحریر
machine (f) à coudre	čarx-e xayyāti	چرخ خیاطی

micro (m)	mikrofon	میکروفون
écouteurs (m pl)	guši	گوشی
télécommande (f)	kontorol az rāh-e dur	کنترل از راه دور

CD (m)	si-di	سیدی
cassette (f)	kāst	کاست
disque (m) (vinyle)	safhe-ye gerāmāfon	صفحه گرامافون

100. Les travaux de réparation et de rénovation

rénovation (f)	ta'mir	تعمیر
faire la rénovation	ta'mir kardan	تعمیر کردن
réparer (vt)	ta'mir kardan	تعمیر کردن
remettre en ordre	morattab kardan	مرتب کردن

refaire (vt)	dobāre anjām dādan	دوباره انجام دادن
peinture (f)	rang	رنگ
peindre (des murs)	rang kardan	رنگ کردن
peintre (m) en bâtiment	naqqāš	نقاش
pinceau (m)	qalam mu	قلم مو
chaux (f)	sefid kāri	سفید کاری
blanchir à la chaux	sefid kāri kardan	سفید کاری کردن
papier (m) peint	kāqaz-e divāri	کاغذ دیواری
tapisser (vt)	kāqaz-e divāri kardan	کاغذ دیواری کردن
vernis (m)	lāk	لاک
vernir (vt)	lāk zadan	لاک زدن

101. La plomberie

eau (f)	āb	آب
eau (f) chaude	āb-e dāq	آب داغ
eau (f) froide	āb-e sard	آب سرد
robinet (m)	šir	شیر
goutte (f)	qatre	قطره
goutter (vi)	čakidan	چکیدن
fuir (tuyau)	našt kardan	نشت کردن
fuite (f)	našt	نشت
flaque (f)	čāle	چاله
tuyau (m)	lule	لوله
valve (f)	šir-e falake	شیر فلکه
se boucher (vp)	masdud šodan	مسدود شدن
outils (m pl)	abzār	ابزار
clé (f) réglable	āčār-e farānse	آچار فرانسه
dévisser (vt)	bāz kardan	باز کردن
visser (vt)	pič kardan	پیچ کردن
déboucher (vt)	lule bāz kardan	لوله باز کردن
plombier (m)	lule keš	لوله کش
sous-sol (m)	zirzamin	زیرزمین
égouts (m pl)	fāzelāb	فاضلاب

102. L'incendie

feu (m)	ātaš suzi	آتش سوزی
flamme (f)	šo'le	شعله
étincelle (f)	jaraqqe	جرقه
fumée (f)	dud	دود
flambeau (m)	maš'al	مشعل
feu (m) de bois	ātaš	آتش
essence (f)	benzin	بنزین
kérosène (m)	naft-e sefid	نفت سفید

inflammable (adj)	sutani	سوختنی
explosif (adj)	mavādd-e monfajere	مواد منفجره
DÉFENSE DE FUMER	sigār kešidan mamnu'	سیگار کشیدن ممنوع
sécurité (f)	amniyat	امنیت
danger (m)	xatar	خطر
dangereux (adj)	xatarnāk	خطرناک
prendre feu	ātaš gereftan	آتش گرفتن
explosion (f)	enfejār	انفجار
mettre feu	ātaš zadan	آتش زدن
incendiaire (m)	ātaš afruz	آتش افروز
incendie (m) prémédité	ātaš zadan-e amdi	آتش زدن عمدی
flamboyer (vi)	šo'levar budan	شعله ور بودن
brûler (vi)	suxtan	سوختن
brûler complètement	suxtan	سوختن
appeler les pompiers	ātaš-e nešāni rā xabar kardan	آتش نشانی را خبر کردن
pompier (m)	ātaš nešān	آتش نشان
voiture (f) de pompiers	māšin-e ātašnešāni	ماشین آتش نشانی
sapeurs-pompiers (pl)	tim-e ātašnešāni	تیم آتش نشانی
échelle (f) des pompiers	nardebān-e ātašnešāni	نردبان آتش نشانی
tuyau (m) d'incendie	šelang-e ātaš-nešāni	شلنگ آتش نشانی
extincteur (m)	kapsul-e ātašnešāni	کپسول آتش نشانی
casque (m)	kolāh-e imeni	کلاه ایمنی
sirène (f)	āžir-e xatar	آژیر خطر
crier (vi)	faryād zadan	فریاد زدن
appeler au secours	be komak talabidan	به کمک طلبیدن
secouriste (m)	nejāt-e dahande	نجات دهنده
sauver (vt)	najāt dādan	نجات دادن
venir (vi)	residan	رسیدن
éteindre (feu)	xāmuš kardan	خاموش کردن
eau (f)	āb	آب
sable (m)	šen	شن
ruines (f pl)	xarābe	خرابه
tomber en ruine	foru rixtan	فرو ریختن
s'écrouler (vp)	rizeš kardan	ریزش کردن
s'effondrer (vp)	foru rixtan	فرو ریختن
morceau (m) (de mur, etc.)	qet'e	قطعه
cendre (f)	xākestar	خاکستر
mourir étouffé	xafe šodan	خفه شدن
périr (vi)	košte šodan	کشته شدن

LES ACTIVITÉS HUMAINS

Le travail. Les affaires. Partie 1

103. Le bureau. La vie de bureau

bureau (m) (établissement)	daftar	دفتر
bureau (m) (au travail)	daftar	دفتر
accueil (m)	pazir-aš	پذیرش
secrétaire (m)	monši	منشی
secrétaire (f)	monši	منشی
directeur (m)	modir	مدیر
manager (m)	modir	مدیر
comptable (m)	hesābdār	حسابدار
collaborateur (m)	kārmand	کارمند
meubles (m pl)	mobl	مبل
bureau (m)	miz	میز
fauteuil (m)	sandali dastedār	صندلی دسته دار
classeur (m) à tiroirs	kešow	کشو
portemanteau (m)	čub lebāsi	چوب لباسی
ordinateur (m)	kāmpiyuter	کامپیوتر
imprimante (f)	pirinter	پرینتر
fax (m)	faks	فکس
copieuse (f)	dastgāh-e kopi	دستگاه کپی
papier (m)	kāqaz	کاغذ
papeterie (f)	lavāzem-e tahrir	لوازم تحریر
tapis (m) de souris	māows pad	ماوس پد
feuille (f)	varaq	ورق
classeur (m)	puše	پوشه
catalogue (m)	kātālog	کاتالوگ
annuaire (m)	rāhnamā	راهنما
documents (m pl)	asnād	اسناد
brochure (f)	borušur	بروشور
prospectus (m)	borušur	بروشور
échantillon (m)	nemune	نمونه
formation (f)	āmuzeš	آموزش
réunion (f)	jalase	جلسه
pause (f) déjeuner	vaqt-e nāhār	وقت ناهار
faire une copie	kopi gereftan	کپی گرفتن
faire des copies	kopi gereftan	کپی گرفتن
recevoir un fax	faks gereftan	فکس گرفتن
envoyer un fax	faks ferestādan	فکس فرستادن

téléphoner, appeler	telefon zadan	تلفن زدن
répondre (vi, vt)	javāb dādan	جواب دادن
passer (au téléphone)	vasl šodan	وصل شدن
fixer (rendez-vous)	sāzmān dādan	سازمان دادن
montrer (un échantillon)	nemāyeš dādan	نمایش دادن
être absent	qāyeb budan	غایب بودن
absence (f)	qeybat	غیبت

104. Les processus d'affaires. Partie 1

métier (m)	šoql	شغل
firme (f), société (f)	šerkat	شرکت
compagnie (f)	kompāni	کمپانی
corporation (f)	šerkat-e sahami	شرکت سهامی
entreprise (f)	šerkat	شرکت
agence (f)	namāyandegi	نمایندگی
accord (m)	qarārdād	قرارداد
contrat (m)	qarārdād	قرارداد
marché (m) (accord)	mo'āmele	معامله
commande (f)	sefāreš	سفارش
terme (m) (~ du contrat)	šart	شرط
en gros (adv)	omde furuši	عمده فروشی
en gros (adj)	omde	عمده
vente (f) en gros	omde furuši	عمده فروشی
au détail (adj)	xorde-foruši	خرده فروشی
vente (f) au détail	xorde-foruši	خرده فروشی
concurrent (m)	raqib	رقیب
concurrence (f)	reqābat	رقابت
concurrencer (vt)	reqābat kardan	رقابت کردن
associé (m)	šarik	شریک
partenariat (m)	mošārek-at	مشارکت
crise (f)	bohrān	بحران
faillite (f)	varšekastegi	ورشکستگی
faire faillite	varšekast šodan	ورشکست شدن
difficulté (f)	saxti	سختی
problème (m)	moškel	مشکل
catastrophe (f)	fāje'e	فاجعه
économie (f)	eqtesād	اقتصاد
économique (adj)	eqtesādi	اقتصادی
baisse (f) économique	rokud-e eqtesādi	رکود اقتصادی
but (m)	hadaf	هدف
objectif (m)	hadaf	هدف
faire du commerce	tejārat kardan	تجارت کردن
réseau (m) (de distribution)	šabake-ye towzi'	شبکهٔ توزیع
inventaire (m) (stocks)	fehrest anbār	فهرست انبار

assortiment (m)	majmu'e	مجموعه
leader (m)	rahbar	رهبر
grande (~ entreprise)	bozorg	بزرگ
monopole (m)	enhesār	انحصار

théorie (f)	nazariye	نظریه
pratique (f)	amal	عمل
expérience (f)	tajrobe	تجربه
tendance (f)	gerāyeš	گرایش
développement (m)	pišraft	پیشرفت

105. Les processus d'affaires. Partie 2

| rentabilité (m) | sud | سود |
| rentable (adj) | sudāvar | سودآور |

délégation (f)	hey'at-e namāyandegān	هیئت نمایندگان
salaire (m)	hoquq	حقوق
corriger (une erreur)	eslāh kardan	اصلاح کردن
voyage (m) d'affaires	ma'muriyat	مأموریت
commission (f)	komisiyon	کمیسیون

contrôler (vt)	kontorol kardan	کنترل کردن
conférence (f)	konferāns	کنفرانس
licence (f)	parvāne	پروانه
fiable (partenaire ~)	motmaen	مطمئن

initiative (f)	ebtekār	ابتکار
norme (f)	me'yār	معیار
circonstance (f)	vaz'iyat	وضعیت
fonction (f)	vazife	وظیفه

entreprise (f)	šerkat	شرکت
organisation (f)	sāzmāndehi	سازماندهی
organisé (adj)	sāzmān yāfte	سازمان یافته
annulation (f)	laqv	لغو
annuler (vt)	laqv kardan	لغو کردن
rapport (m)	gozāreš	گزارش

brevet (m)	govāhi-ye sabt-e exterā'	گواهی ثبت اختراع
breveter (vt)	govāhi exterā' gereftan	گواهی اختراع گرفتن
planifier (vt)	barnāmerizi kardan	برنامه ریزی کردن

prime (f)	pādāš	پاداش
professionnel (adj)	herfe i	حرفه ای
procédure (f)	tašrifāt	تشریفات

examiner (vt)	barresi kardan	بررسی کردن
calcul (m)	mohāsebe	محاسبه
réputation (f)	e'tebār	اعتبار
risque (m)	risk	ریسک

| diriger (~ une usine) | edāre kardan | اداره کردن |
| renseignements (m pl) | ettelā'āt | اطلاعات |

| propriété (f) | dārāyi | دارایی |
| union (f) | ettehādiye | اتحادیه |

assurance vie (f)	bime-ye omr	بیمهٔ عمر
assurer (vt)	bime kardan	بیمه کردن
assurance (f)	bime	بیمه

enchères (f pl)	harāj	حراج
notifier (informer)	xabar dādan	خبر دادن
gestion (f)	edāre	اداره
service (m)	xedmat	خدمت

forum (m)	ham andiši	هم اندیشی
fonctionner (vi)	amal kardan	عمل کردن
étape (f)	marhale	مرحله
juridique (services ~s)	hoquqi	حقوقی
juriste (m)	hoquq dān	حقوق دان

106. L'usine. La production

usine (f)	kārxāne	کارخانه
fabrique (f)	kārxāne	کارخانه
atelier (m)	kārgāh	کارگاه
site (m) de production	towlidi	تولیدی

industrie (f)	san'at	صنعت
industriel (adj)	san'ati	صنعتی
industrie (f) lourde	sanāye-'e sangin	صنایع سنگین
industrie (f) légère	sanāye-'e sabok	صنایع سبک

produit (m)	towlidāt	تولیدات
produire (vt)	towlid kardan	تولید کردن
matières (f pl) premières	mavādd-e xām	مواد خام

chef (m) d'équipe	sarkāregar	سرکارگر
équipe (f) d'ouvriers	daste-ye kāregaran	دسته کارگران
ouvrier (m)	kārgar	کارگر

jour (m) ouvrable	ruz-e kāri	روز کاری
pause (f) (repos)	esterāhat	استراحت
réunion (f)	jalase	جلسه
discuter (vt)	bahs kardan	بحث کردن

plan (m)	barnāme	برنامه
accomplir le plan	barnāme rā ejrā kardan	برنامه را اجرا کردن
norme (f) de production	nerx-e tolid	نرخ تولید
qualité (f)	keyfiyat	کیفیت
contrôle (m)	kontorol	کنترل
contrôle (m) qualité	kontorol-e keyfi	کنترل کیفی

sécurité (f) de travail	amniyat-e kār	امنیت کار
discipline (f)	enzebāt	انضباط
infraction (f)	naqz	نقض
violer (les règles)	naqz kardan	نقض کردن

grève (f)	e'tesāb	اعتصاب
gréviste (m)	e'tesāb konande	اعتصاب کننده
faire grève	e'tesāb kardan	اعتصاب کردن
syndicat (m)	ettehādiye-ye kārgari	اتحادیهٔ کارگری

inventer (machine, etc.)	exterā' kardan	اختراع کردن
invention (f)	exterā'	اختراع
recherche (f)	tahqiq	تحقیق
améliorer (vt)	behtar kardan	بهتر کردن
technologie (f)	fanāvari	فناوری
dessin (m) technique	rasm-e fani	رسم فنی

charge (f) (~ de 3 tonnes)	bār	بار
chargeur (m)	bārbar	باربر
charger (véhicule, etc.)	bār kardan	بار کردن
chargement (m)	bārgiri	بارگیری
décharger (vt)	bārgiri	بارگیری
déchargement (m)	bārandāz-i	باراندازی

transport (m)	haml-o naql	حمل و نقل
compagnie (f) de transport	šerkat-e haml-o naql	شرکت حمل و نقل
transporter (vt)	haml kardan	حمل کردن

wagon (m) de marchandise	vāgon-e bari	واگن باری
citerne (f)	maxzan	مخزن
camion (m)	kāmiyon	کامیون

| machine-outil (f) | dastgāh | دستگاه |
| mécanisme (m) | mekānism | مکانیسم |

déchets (m pl)	zāye'āt-e san'ati	ضایعات صنعتی
emballage (m)	baste band-i	بسته بندی
emballer (vt)	baste bandi kardan	بسته بندی کردن

107. Le contrat. L'accord

contrat (m)	qarārdād	قرارداد
accord (m)	tavāfoq-e nāme	توافق نامه
annexe (f)	zamime	ضمیمه

signer un contrat	qarārdād bastan	قرارداد بستن
signature (f)	emzā'	امضاء
signer (vt)	emzā kardan	امضا کردن
cachet (m)	mehr	مهر

objet (m) du contrat	mowzu-'e qarārdād	موضوع قرارداد
clause (f)	mādde	ماده
côtés (m pl)	tarafeyn	طرفین
adresse (f) légale	ādres-e hoquqi	آدرس حقوقی

violer l'accord	naqz kardan-e qarārdād	نقض کردن قرارداد
obligation (f)	ta'ahhod	تعهد
responsabilité (f)	mas'uliyat	مسئولیت
force (f) majeure	šarāyet-e ezterāri	شرایط اضطراری

| litige (m) | xalāf | خلاف |
| pénalités (f pl) | eqdāmāt-e tanbihi | اقدامات تنبیهی |

108. L'importation. L'exportation

importation (f)	vāredāt	واردات
importateur (m)	vāred konande	وارد کننده
importer (vt)	vāred kardan	وارد کردن
d'importation	vāredāti	وارداتی

exportation (f)	sāderāt	صادرات
exportateur (m)	sāder konande	صادر کننده
exporter (vt)	sāder kardan	صادر کردن
d'exportation (adj)	sāderāti	صادراتی

| marchandise (f) | kālā | کالا |
| lot (m) de marchandises | mahmule | محموله |

poids (m)	vazn	وزن
volume (m)	hajm	حجم
mètre (m) cube	metr moka'ab	متر مکعب

producteur (m)	towlid konande	تولید کننده
compagnie (f) de transport	šerkat-e haml-o naql	شرکت حمل و نقل
container (m)	kāntiner	کانتینر

frontière (f)	marz	مرز
douane (f)	gomrok	گمرک
droit (m) de douane	avārez-e gomroki	عوارض گمرکی
douanier (m)	ma'mur-e gomrok	مأمور گمرک
contrebande (f) (trafic)	qāčāq	قاچاق
contrebande (f)	ajnās-e qāčāq	اجناس قاچاق

109. La finance

action (f)	sahām	سهام
obligation (f)	owrāq-e bahādār	اوراق بهادار
lettre (f) de change	safte	سفته

| bourse (f) | burs | بورس |
| cours (m) d'actions | nerx-e sahām | نرخ سهام |

| baisser (vi) | arzān šodan | ارزان شدن |
| augmenter (vi) (prix) | gerān šodan | گران شدن |

participation (f) de contrôle	manāfe-'e kontoroli	منافع کنترلی
investissements (m pl)	sarmāye gozāri	سرمایه گذاری
investir (vt)	sarmāye gozāri kardan	سرمایه گذاری کردن
pour-cent (m)	darsad	درصد
intérêts (m pl)	sud	سود
profit (m)	sud	سود
profitable (adj)	sudāvar	سودآور

impôt (m)	māliyāt	مالیات
devise (f)	arz	ارز
national (adj)	melli	ملی
échange (m)	tabādol	تبادل

| comptable (m) | hesābdār | حسابدار |
| comptabilité (f) | hesābdāri | حسابداری |

faillite (f)	varšekastegi	ورشکستگی
krach (m)	šekast	شکست
ruine (f)	varšekastegi	ورشکستگی
se ruiner (vp)	varšekast šodan	ورشکست شدن
inflation (f)	tavarrom	تورم
dévaluation (f)	taqlil-e arzeš-e pul	تقلیل ارزش پول

capital (m)	sarmāye	سرمایه
revenu (m)	darāmad	درآمد
chiffre (m) d'affaires	gardeš mo'āmelāt	گردش معاملات
ressources (f pl)	manābe'	منابع
moyens (m pl) financiers	manābe-'e puli	منابع پولی

| frais (m pl) généraux | maxārej-e kolli | مخارج کلی |
| réduire (vt) | kam kardan | کم کردن |

110. La commercialisation. Le marketing

marketing (m)	bāzāryābi	بازاریابی
marché (m)	bāzār	بازار
segment (m) du marché	baxše bāzār	بخش بازار

| produit (m) | mahsul | محصول |
| marchandise (f) | kālā | کالا |

| marque (f) de fabrique | barand | برند |
| marque (f) déposée | nešān tejāri | نشان تجاری |

| logotype (m) | logo | لوگو |
| logo (m) | logo | لوگو |

| demande (f) | taqāzā | تقاضا |
| offre (f) | arze | عرضه |

| besoin (m) | ehtiyāj | احتیاج |
| consommateur (m) | masraf-e konande | مصرف کننده |

| analyse (f) | tahlil | تحلیل |
| analyser (vt) | tahlil kardan | تحلیل کردن |

| positionnement (m) | mowze' giri | موضع گیری |
| positionner (vt) | mowze' giri kardan | موضع گیری کردن |

prix (m)	qeymat	قیمت
politique (f) des prix	siyāsat-e qeymat-e gozār-i	سیاست قیمت گذاری
formation (f) des prix	qeymat gozāri	قیمت گذاری

111. La publicité

publicité (f), pub (f)	āgahi	آگهی
faire de la publicité	tabliq kardan	تبلیغ کردن
budget (m)	budje	بودجه
annonce (f), pub (f)	āgahi	آگهی
publicité (f) à la télévision	tabliqāt-e televiziyoni	تبلیغات تلویزیونی
publicité (f) à la radio	tabliqāt-e rādiyoyi	تبلیغات رادیویی
publicité (f) extérieure	āgahi-ye biruni	آگهی بیرونی
mass média (m pl)	resāne-hay-e jam'i	رسانه های جمعی
périodique (m)	našriye-ye dowrei	نشریهٔ دوره ای
image (f)	temsāl	تمثال
slogan (m)	šo'ār	شعار
devise (f)	šo'ār	شعار
campagne (f)	kampeyn	کمپین
campagne (f) publicitaire	kampeyn-e tabliqāti	کمپین تبلیغاتی
public (m) cible	goruh-e hadaf	گروه هدف
carte (f) de visite	kārt-e vizit	کارت ویزیت
prospectus (m)	borušur	بروشور
brochure (f)	borušur	بروشور
dépliant (m)	ketābče	کتابچه
bulletin (m)	xabarnāme	خبرنامه
enseigne (f)	tāblo	تابلو
poster (m)	poster	پوستر
panneau-réclame (m)	bilbord	بیلبورد

112. Les opérations bancaires

banque (f)	bānk	بانک
agence (f) bancaire	šo'be	شعبه
conseiller (m)	mošāver	مشاور
gérant (m)	modir	مدیر
compte (m)	hesāb-e bānki	حساب بانکی
numéro (m) du compte	šomāre-ye hesāb	شمارهٔ حساب
compte (m) courant	hesāb-e jāri	حساب جاری
compte (m) sur livret	hesāb-e pasandāz	حساب پس انداز
ouvrir un compte	hesāb-e bāz kardan	حساب باز کردن
clôturer le compte	hesāb rā bastan	حساب را بستن
verser dans le compte	be hesāb rixtan	به حساب ریختن
retirer du compte	az hesāb bardāštan	از حساب برداشتن
dépôt (m)	seporde	سپرده
faire un dépôt	seporde gozāštan	سپرده گذاشتن
virement (m) bancaire	enteqāl	انتقال

faire un transfert	enteqãl dãdan	انتقال دادن
somme (f)	jam'-e kol	جمع کل
Combien?	čeqadr?	چقدر؟
signature (f)	emzã'	امضاء
signer (vt)	emzã kardan	امضا کردن
carte (f) de crédit	kãrt-e e'tebãri	کارت اعتباری
code (m)	kod	کد
numéro (m) de carte de crédit	šomãre-ye kãrt-e e'tebãri	شماره کارت اعتباری
distributeur (m)	xodpardãz	خودپرداز
chèque (m)	ček	چک
faire un chèque	ček neveštan	چک نوشتن
chéquier (m)	daste-ye ček	دسته چک
crédit (m)	e'tebãr	اعتبار
demander un crédit	darxãst-e vam kardan	درخواست وام کردن
prendre un crédit	vãm gereftan	وام گرفتن
accorder un crédit	vãm dãdan	وام دادن
gage (m)	zemãnat	ضمانت

113. Le téléphone. La conversation téléphonique

téléphone (m)	telefon	تلفن
portable (m)	telefon-e hamrãh	تلفن همراه
répondeur (m)	monši-ye telefoni	منشی تلفنی
téléphoner, appeler	telefon zadan	تلفن زدن
appel (m)	tamãs-e telefoni	تماس تلفنی
composer le numéro	šomãre gereftan	شماره گرفتن
Allô!	alo!	الو!
demander (~ l'heure)	porsidan	پرسیدن
répondre (vi, vt)	javãb dãdan	جواب دادن
entendre (bruit, etc.)	šenidan	شنیدن
bien (adv)	xub	خوب
mal (adv)	bad	بد
bruits (m pl)	sedã	صدا
récepteur (m)	guši	گوشی
décrocher (vt)	guši rã bar dãštan	گوشی را برداشتن
raccrocher (vi)	guši rã gozãštan	گوشی را گذاشتن
occupé (adj)	mašqul	مشغول
sonner (vi)	zang zadan	زنگ زدن
carnet (m) de téléphone	daftar-e telefon	دفتر تلفن
local (adj)	mahalli	محلی
appel (m) local	telefon-e dãxeli	تلفن داخلی
interurbain (adj)	beyn-e šahri	بین شهری
appel (m) interurbain	telefon-e beyn-e šahri	تلفن بین شهری
international (adj)	beynolmelali	بین المللی
appel (m) international	telefon-e beynolmelali	تلفن بین المللی

114. Le téléphone portable

portable (m)	telefon-e hamrāh	تلفن همراه
écran (m)	namāyešgar	نمایشگر
bouton (m)	dokme	دکمه
carte SIM (f)	sim-e kārt	سیم کارت
pile (f)	bātri	باطری
être déchargé	tamām šodan bātri	تمام شدن باتری
chargeur (m)	šāržer	شارژ
menu (m)	meno	منو
réglages (m pl)	tanzimāt	تنظیمات
mélodie (f)	āhang	آهنگ
sélectionner (vt)	entexāb kardan	انتخاب کردن
calculatrice (f)	māšin-e hesāb	ماشین حساب
répondeur (m)	monši-ye telefoni	منشی تلفنی
réveil (m)	sā'at-e zang dār	ساعت زنگ دار
contacts (m pl)	daftar-e telefon	دفتر تلفن
SMS (m)	payāmak	پیامک
abonné (m)	moštarek	مشترک

115. La papeterie

stylo (m) à bille	xodkār	خودکار
stylo (m) à plume	xodnevis	خودنویس
crayon (m)	medād	مداد
marqueur (m)	māžik	ماژیک
feutre (m)	māžik	ماژیک
bloc-notes (m)	daftar-e yāddāšt	دفتر یادداشت
agenda (m)	daftar-e yāddāšt	دفتر یادداشت
règle (f)	xat keš	خط کش
calculatrice (f)	māšin-e hesāb	ماشین حساب
gomme (f)	pāk kon	پاک کن
punaise (f)	punez	پونز
trombone (m)	gire	گیره
colle (f)	časb	چسب
agrafeuse (f)	mangane-ye zan	منگنه زن
perforateur (m)	pānč	پانچ
taille-crayon (m)	madād-e tarāš	مداد تراش

116. Les différents types de documents

rapport (m)	gozāreš	گزارش
accord (m)	tavāfoq-e nāme	توافق نامه

101

formulaire (m) d'inscription	form-e darxāst	فرم درخواست
authentique (adj)	asli	اصلی
badge (m)	kārt-e šenāsāyi	کارت شناسایی
carte (f) de visite	kārt-e vizit	کارت ویزیت

certificat (m)	govāhi	گواهی
chèque (m) de banque	ček	چک
addition (f) (restaurant)	surat hesāb	صورت حساب
constitution (f)	qānun-e asāsi	قانون اساسی

contrat (m)	qarārdād	قرارداد
copie (f)	nosxe	نسخه
exemplaire (m)	nosxe	نسخه

déclaration (f) de douane	ežhār-nāme	اظهارنامه
document (m)	sanad	سند
permis (m) de conduire	govāhi-nāme-ye rānandegi	گواهینامهٔ رانندگی
annexe (f)	zamime	ضمیمه
questionnaire (m)	porsešnāme	پرسشنامه

carte (f) d'identité	kārt-e šenāsāyi	کارت شناسایی
demande (f) de renseignements	este'lām	استعلام
lettre (f) d'invitation	da'vatnāme	دعوتنامه
facture (f)	surat hesāb	صورت حساب

loi (f)	qānun	قانون
lettre (f)	nāme	نامه
papier (m) à en-tête	sarnāme	سرنامه
liste (f) (~ des noms)	fehrest	فهرست
manuscrit (m)	dast nevis	دست نویس
bulletin (m)	xabarnāme	خبرنامه
mot (m) (message)	yāddāšt	یادداشت

laissez-passer (m)	javāz	جواز
passeport (m)	gozarnāme	گذرنامه
permis (m)	mojavvez	مجوز
C.V. (m)	rezume	رزومه
reconnaissance (f) de dette	resid	رسید
reçu (m)	resid	رسید
ticket (m) de caisse	resid	رسید
rapport (m)	gozāreš	گزارش

présenter (pièce d'identité)	erā'e kardan	ارائه کردن
signer (vt)	emzā kardan	امضا کردن
signature (f)	emzā'	امضاء
cachet (m)	mehr	مهر

| texte (m) | matn | متن |
| ticket (m) | belit | بلیط |

| rayer (vt) | xat zadan | خط زدن |
| remplir (vt) | por kardan | پر کردن |

| bordereau (m) de transport | bārnāme | بارنامه |
| testament (m) | vasiyat-nāme | وصیتنامه |

117. Les types d'activités économiques

agence (f) de recrutement	āžāns-e kāryābi	آژانس کاریابی
agence (f) de sécurité	āžāns-e amniyati	آژانس امنیتی
agence (f) d'information	xabar-gozari	خبرگزاری
agence (f) publicitaire	āžāns-e tabliqāti	آژانس تبلیغاتی
antiquités (f pl)	atiqe	عتیقه
assurance (f)	bime	بیمه
atelier (m) de couture	xayyāti	خیاطی
banques (f pl)	bānk-dāri	بانکداری
bar (m)	bār	بار
bâtiment (m)	sāxtemān	ساختمان
bijouterie (f)	javāherāt	جواهرات
bijoutier (m)	javāheri	جواهری
blanchisserie (f)	xošk-šuyi	خشکشویی
boissons (f pl) alcoolisées	mašrubāt-e alkoli	مشروبات الکلی
boîte (f) de nuit	kābāre	کاباره
bourse (f)	burs	بورس
brasserie (f) (fabrique)	ābe jow-sāzi	آب جوسازی
maison (f) funéraire	xadamat-e kafno dafn	خدمات کفن ودفن
casino (m)	kāzino	کازینو
centre (m) d'affaires	markaz-e tejāri	مرکز تجاری
cinéma (m)	sinamā	سینما
climatisation (m)	tahviye-ye matbu'	تهویه مطبوع
commerce (m)	tejārat	تجارت
compagnie (f) aérienne	šerkat-e havāpeymāyi	شرکت هواپیمایی
conseil (m)	mošavere	مشاوره
coursiers (m pl)	xadamāt-e post	خدمات پست
dentistes (pl)	dandān-e pezeški	دندان پزشکی
design (m)	tarrāhi	طراحی
école (f) de commerce	moassese-ye bāzargāni	موسسه بازرگانی
entrepôt (m)	anbār	انبار
galerie (f) d'art	gāleri-ye honari	گالری هنری
glace (f)	bastani	بستنی
hôtel (m)	hotel	هتل
immobilier (m)	amvāl-e qeyr-e manqul	اموال غیر منقول
imprimerie (f)	sahhāfi	صحافی
industrie (f)	san'at	صنعت
Internet (m)	internet	اینترنت
investissements (m pl)	sarmāye gozāri	سرمایه گذاری
journal (m)	ruznāme	روزنامه
librairie (f)	ketāb-foruši	کتاب فروشی
industrie (f) légère	sanāye-'e sabok	صنایع سبک
magasin (m)	maqāze	مغازه
maison (f) d'édition	entešārāt	انتشارات
médecine (f)	pezeški	پزشکی

103

meubles (m pl)	mobl	مبل
musée (m)	muze	موزه
pétrole (m)	naft	نفت
pharmacie (f)	dāruxāne	داروخانه
industrie (f) pharmaceutique	dārusāzi	داروسازی
piscine (f)	estaxr	استخر
pressing (m)	xošk-šuyi	خشکشویی
produits (m pl) alimentaires	mavādd-e qazāyi	مواد غذایی
publicité (f), pub (f)	āgahi	آگهی
radio (f)	rādiyo	رادیو
récupération (f) des déchets	jam āvari-ye zobāle	جمع آوری زباله
restaurant (m)	resturān	رستوران
revue (f)	majalle	مجله
salon (m) de beauté	sālon-e zibāyi	سالن زیبایی
service (m) financier	xadamāt-e māli	خدمات مالی
service (m) juridique	xadamāt-e hoquqi	خدمات حقوقی
services (m pl) comptables	xadamāt-e hesābdāri	خدمات حسابداری
services (m pl) d'audition	xadamāt-e momayyezi	خدمات ممیزی
sport (m)	varzeš	ورزش
supermarché (m)	supermārket	سوپرمارکت
télévision (f)	televiziyon	تلویزیون
théâtre (m)	teātr	تئاتر
tourisme (m)	turism	توریسم
sociétés de transport	haml-o naql	حمل و نقل
vente (f) par catalogue	foruš-e sefāreš-e posti	فروش سفارش پستی
vêtement (m)	lebās	لباس
vétérinaire (m)	dāmpezešk	دامپزشک

Le travail. Les affaires. Partie 2

118. Les foires et les salons

salon (m)	namāyešgāh	نمایشگاه
salon (m) commercial	namāyešgāh-e tejāri	نمایشگاه تجاری
participation (f)	šerkat	شرکت
participer à …	šerkat kardan	شرکت کردن
participant (m)	šerkat konande	شرکت کننده
directeur (m)	ra'is	رئیس
direction (f)	daftar-e modiriyat	دفتر مدیریت
organisateur (m)	sāzmān dahande	سازمان دهنده
organiser (vt)	sāzmān dādan	سازمان دادن
demande (f) de participation	darxāst-e šerkat	درخواست شرکت
remplir (vt)	por kardan	پر کردن
détails (m pl)	joz'iyāt	جزئیات
information (f)	ettelā'āt	اطلاعات
prix (m)	arzeš	ارزش
y compris	šāmel	شامل
inclure (~ les taxes)	šāmel šodan	شامل شدن
payer (régler)	pardāxtan	پرداختن
droits (m pl) d'inscription	haqq-e sabt	حق ثبت
entrée (f)	vorud	ورود
pavillon (m)	qorfe	غرفه
enregistrer (vt)	sabt kardan	ثبت کردن
badge (m)	kārt-e šenāsāyi	کارت شناسایی
stand (m)	qorfe	غرفه
réserver (vt)	rezerv kardan	رزرو کردن
vitrine (f)	vitrin	ویترین
lampe (f)	nurafkan	نورافکن
design (m)	tarh	طرح
mettre (placer)	qarār dādan	قرار دادن
être placé	qarār gereftan	قرار گرفتن
distributeur (m)	towzi' konande	توزیع کننده
fournisseur (m)	arze konande	عرضه کننده
fournir (vt)	arze kardan	عرضه کردن
pays (m)	kešvar	کشور
étranger (adj)	xāreji	خارجی
produit (m)	mahsul	محصول
association (f)	anjoman	انجمن
salle (f) de conférences	tālār-e konferāns	تالار کنفرانس

| congrès (m) | kongere | کنگره |
| concours (m) | mosābeqe | مسابقه |

visiteur (m)	bāzdid konande	بازدید کننده
visiter (vt)	bāzdid kardan	بازدید کردن
client (m)	moštari	مشتری

119. Les médias de masse

journal (m)	ruznāme	روزنامه
revue (f)	majalle	مجله
presse (f)	matbuāt	مطبوعات
radio (f)	rādiyo	رادیو
station (f) de radio	istgāh-e rādiyoyi	ایستگاه رادیویی
télévision (f)	televiziyon	تلویزیون

animateur (m)	mojri	مجری
présentateur (m) de journaux télévisés	guyande-ye axbār	گوینده اخبار
commentateur (m)	mofasser	مفسر

journaliste (m)	ruznāme negār	روزنامه نگار
correspondant (m)	xabarnegār	خبرنگار
reporter photographe (m)	akkās-e matbuāti	عکاس مطبوعاتی
reporter (m)	gozārešgar	گزارشگر

| rédacteur (m) | virāstār | ویراستار |
| rédacteur (m) en chef | sardabir | سردبیر |

s'abonner (vp)	moštarak šodan	مشترک شدن
abonnement (m)	ešterāk	اشتراک
abonné (m)	moštarek	مشترک
lire (vi, vt)	xāndan	خواندن
lecteur (m)	xānande	خواننده

tirage (m)	tirāž	تیراژ
mensuel (adj)	māhāne	ماهانه
hebdomadaire (adj)	haftegi	هفتگی
numéro (m)	šomāre	شماره
nouveau (~ numéro)	tāze	تازه

titre (m)	sar xat-e xabar	سرخط خبر
entrefilet (m)	maqāle-ye kutāh	مقاله کوتاه
rubrique (f)	sotun	ستون
article (m)	maqāle	مقاله
page (f)	safhe	صفحه

reportage (m)	gozāreš	گزارش
événement (m)	vāqe'e	واقعه
sensation (f)	hayajān	هیجان
scandale (m)	janjāl	جنجال
scandaleux	janjāl āvar	جنجال آور
grand (~ scandale)	bozorg	بزرگ
émission (f)	barnāme	برنامه

interview (f)	mosāhebe	مصاحبه
émission (f) en direct	paxš-e mostaqim	پخش مستقیم
chaîne (f) (~ payante)	kānāl	کانال

120. L'agriculture

agriculture (f)	kešāvarzi	کشاورزی
paysan (m)	dehqān	دهقان
paysanne (f)	dehqān	دهقان
fermier (m)	kešāvarz	کشاورز

| tracteur (m) | terāktor | تراکتور |
| moissonneuse-batteuse (f) | kombāyn | کمباین |

charrue (f)	gāvāhan	گاوآهن
labourer (vt)	šoxm zadan	شخم زدن
champ (m) labouré	zamin āmāde kešt	زمین آماده کشت
sillon (m)	šiyār	شیار

semer (vt)	kāštan	کاشتن
semeuse (f)	bazrpāš	بذرپاش
semailles (f pl)	košt	کشت

| faux (f) | dās | داس |
| faucher (vt) | dero kardan | درو کردن |

| pelle (f) | bil | بیل |
| bêcher (vt) | kandan | کندن |

couperet (m)	kaj bil	کج بیل
sarcler (vt)	vajin kardan	وجین کردن
mauvaise herbe (f)	alaf-e harz	علف هرز

arrosoir (m)	āb pāš	آب پاش
arroser (plantes)	āb dādan	آب دادن
arrosage (m)	ābyāri	آبیاری

| fourche (f) | čangak | چنگک |
| râteau (m) | šen keš | شن کش |

engrais (m)	kud	کود
engraisser (vt)	kud dādan	کود دادن
fumier (m)	kud-e heyvāni	کود حیوانی

champ (m)	sahrā	صحرا
pré (m)	čaman	چمن
potager (m)	jāliz	جالیز
jardin (m)	bāq	باغ

faire paître	čerāndan	چراندن
berger (m)	čupān	چوپان
pâturage (m)	čerā-gāh	چراگاه
élevage (m)	dāmparvari	دامپروری
élevage (m) de moutons	gusfand dāri	گوسفند داری

plantation (f)	mazrae	مزرعه
plate-bande (f)	radif	ردیف
serre (f)	golxāne	گلخانه

| sécheresse (f) | xošksāli | خشکسالی |
| sec (l'été ~) | xošk | خشک |

grains (m pl)	dāne	دانه
céréales (f pl)	qallāt	غلات
récolter (vt)	mahsul-e jam' kardan	محصول جمع کردن

meunier (m)	āsiyābān	آسیابان
moulin (m)	āsiyāb	آسیاب
moudre (vt)	qalle kubidan	غله کوبیدن
farine (f)	ārd	آرد
paille (f)	kāh	کاه

121. Le BTP et la construction

chantier (m)	mahal-e sāxt-o sāz	محل ساخت و ساز
construire (vt)	sāxtan	ساختن
ouvrier (m) du bâtiment	kārgar-e sāxtemāni	کارگر ساختمانی

projet (m)	porože	پروژه
architecte (m)	me'mār	معمار
ouvrier (m)	kārgar	کارگر

fondations (f pl)	šālude	شالوده
toit (m)	bām	بام
pieu (m) de fondation	pāye	پایه
mur (m)	divār	دیوار

| ferraillage (m) | milgerd | میلگرد |
| échafaudage (m) | dārbast | داربست |

béton (m)	boton	بتن
granit (m)	sang-e gerānit	سنگ گرانیت
pierre (f)	sang	سنگ
brique (f)	ājor	آجر

sable (m)	šen	شن
ciment (m)	simān	سیمان
plâtre (m)	gač kāri	گچ کاری
plâtrer (vt)	gačkār-i kardan	گچکاری کردن

peinture (f)	rang	رنگ
peindre (des murs)	rang kardan	رنگ کردن
tonneau (m)	boške	بشکه

grue (f)	jarsaqil	جرثقیل
monter (vt)	boland kardan	بلند کردن
abaisser (vt)	pāin āvardan	پائین آوردن
bulldozer (m)	buldozer	بولدوزر
excavateur (m)	dastgāh-e haffāri	دستگاه حفاری

godet (m)	bil	بيل
creuser (vt)	kandan	كندن
casque (m)	kolāh-e imeni	كلاه ايمنى

122. La recherche scientifique et les chercheurs

science (f)	elm	علم
scientifique (adj)	elmi	علمى
savant (m)	dānešmand	دانشمند
théorie (f)	nazariye	نظريه

axiome (m)	qā'ede-ye kolli	قاعده كلى
analyse (f)	tahlil	تحليل
analyser (vt)	tahlil kardan	تحليل كردن
argument (m)	dalil	دليل
substance (f) (matière)	mādde	ماده

hypothèse (f)	farziye	فرضيه
dilemme (m)	dorāhi	دوراهى
thèse (f)	pāyān nāme	پايان نامه
dogme (m)	aqide	عقيده

doctrine (f)	doktorin	دكترين
recherche (f)	tahqiq	تحقيق
rechercher (vt)	tahghigh kardan	تحقيق كردن
test (m)	āzmāyeš	آزمايش
laboratoire (m)	āzmāyešgāh	آزمايشگاه

méthode (f)	raveš	روش
molécule (f)	molekul	مولكول
monitoring (m)	nozzār-at	نظارت
découverte (f)	kašf	كشف

postulat (m)	engāre	انگاره
principe (m)	asl	اصل
prévision (f)	piš bini	پيش بينى
prévoir (vt)	pišbini kardan	پيش بينى كردن

synthèse (f)	santez	سنتز
tendance (f)	gerāyeš	گرايش
théorème (m)	qaziye	قضيه

| enseignements (m pl) | āmuzeš | آموزش |
| fait (m) | haqiqat | حقيقت |

| expédition (f) | safar | سفر |
| expérience (f) | āzmāyeš | آزمايش |

académicien (m)	ozv-e ākādemi	عضو آكادمى
bachelier (m)	lisāns	ليسانس
docteur (m)	pezešk	پزشك
chargé (m) de cours	dānešyār	دانشيار
magistère (m)	foqe lisāns	فوق ليسانس
professeur (m)	porofosor	پروفسور

Les professions. Les mètiers

123. La recherche d'emploi. Le licenciement

travail (m)	kār	کار
employés (pl)	kārmandān	کارمندان
personnel (m)	kādr	کادر
carrière (f)	šoql	شغل
perspective (f)	durnamā	دورنما
maîtrise (f)	mahārat	مهارت
sélection (f)	entexāb	انتخاب
agence (f) de recrutement	āžāns-e kāryābi	آژانس کاریابی
C.V. (m)	rezume	رزومه
entretien (m)	mosāhabe-ye kari	مصاحبه کاری
emploi (m) vacant	post-e xāli	پست خالی
salaire (m)	hoquq	حقوق
salaire (m) fixe	darāmad-e s ābet	درآمد ثابت
rémunération (f)	pardāxt	پرداخت
poste (m) (~ évolutif)	šoql	شغل
fonction (f)	vazife	وظیفه
liste (f) des fonctions	šarh-e vazāyef	شرح وظایف
occupé (adj)	mašqul	مشغول
licencier (vt)	exrāj kardan	اخراج کردن
licenciement (m)	exrāj	اخراج
chômage (m)	bikāri	بیکاری
chômeur (m)	bikār	بیکار
retraite (f)	mostamerri	مستمری
prendre sa retraite	bāznešaste šodan	بازنشسته شدن

124. Les hommes d'affaires

directeur (m)	modir	مدیر
gérant (m)	modir	مدیر
patron (m)	ra'is	رئیس
supérieur (m)	māfowq	مافوق
supérieurs (m pl)	roasā	رؤسا
président (m)	ra'is jomhur	رئیس جمهور
président (m) (d'entreprise)	ra'is	رئیس
adjoint (m)	mo'āven	معاون
assistant (m)	mo'āven	معاون

| secrétaire (m, f) | monši | منشی |
| secrétaire (m, f) personnel | dastyār-e šaxsi | دستیار شخصی |

homme (m) d'affaires	bāzargān	بازرگان
entrepreneur (m)	kārāfarin	کارآفرین
fondateur (m)	moasses	مؤسس
fonder (vt)	ta'sis kardan	تأسیس کردن

fondateur (m)	hamkār	همکار
partenaire (m)	šarik	شریک
actionnaire (m)	sahāmdār	سهامدار

millionnaire (m)	milyuner	میلیونر
milliardaire (m)	milyārder	میلیاردر
propriétaire (m)	sāheb	صاحب
propriétaire (m) foncier	zamin-dār	زمین دار

client (m)	xaridār	خریدار
client (m) régulier	xaridār-e dāemi	خریدار دائمی
acheteur (m)	xaridār	خریدار
visiteur (m)	bāzdid konande	بازدید کننده

professionnel (m)	herfe i	حرفه ای
expert (m)	kāršenās	کارشناس
spécialiste (m)	motexasses	متخصص

| banquier (m) | kārmand-e bānk | کارمند بانک |
| courtier (m) | dallāl-e kārgozār | دلال کارگزار |

caissier (m)	sanduqdār	صندوقدار
comptable (m)	hesābdār	حسابدار
agent (m) de sécurité	negahbān	نگهبان

investisseur (m)	sarmāye gozār	سرمایه گذار
débiteur (m)	bedehkār	بدهکار
créancier (m)	talabkār	طلبکار
emprunteur (m)	vām girande	وام گیرنده

| importateur (m) | vāred konande | وارد کننده |
| exportateur (m) | sāder konande | صادر کننده |

producteur (m)	towlid konande	تولید کننده
distributeur (m)	towzi' konande	توزیع کننده
intermédiaire (m)	vāsete	واسطه

conseiller (m)	mošāver	مشاور
représentant (m)	namāyande	نماینده
agent (m)	namāyande	نماینده
agent (m) d'assurances	namāyande-ye bime	نمایندۀ بیمه

125. Les mètiers des services

| cuisinier (m) | āšpaz | آشپز |
| cuisinier (m) en chef | sarāšpaz | سرآشپز |

boulanger (m)	nānvā	نانوا
barman (m)	motesaddi-ye bār	متصدی بار
serveur (m)	pišxedmat	پیشخدمت
serveuse (f)	pišxedmat	پیشخدمت

avocat (m)	vakil	وکیل
juriste (m)	hoquq dān	حقوق دان
notaire (m)	daftardār	دفتردار

électricien (m)	barq-e kār	برق کار
plombier (m)	lule keš	لوله کش
charpentier (m)	najjār	نجار

masseur (m)	māsāž dahande	ماساژ دهنده
masseuse (f)	māsāž dahande	ماساژ دهنده
médecin (m)	pezešk	پزشک

chauffeur (m) de taxi	rānande-ye tāksi	راننده تاکسی
chauffeur (m)	rānande	راننده
livreur (m)	peyk	پیک

femme (f) de chambre	mostaxdem	مستخدم
agent (m) de sécurité	negahbān	نگهبان
hôtesse (f) de l'air	mehmāndār-e havāpeymā	مهماندار هواپیما

professeur (m)	mo'allem	معلم
bibliothécaire (m)	ketābdār	کتابدار
traducteur (m)	motarjem	مترجم
interprète (m)	motarjem-e šafāhi	مترجم شفاهی
guide (m)	rāhnamā-ye tur	راهنمای تور

coiffeur (m)	ārāyešgar	آرایشگر
facteur (m)	nāme resān	نامه رسان
vendeur (m)	forušande	فروشنده

jardinier (m)	bāqbān	باغبان
serviteur (m)	nowkar	نوکر
servante (f)	xedmatkār	خدمتکار
femme (f) de ménage	zan-e nezāfatči	زن نظافتچی

126. Les professions militaires et leurs grades

soldat (m) (grade)	sarbāz	سرباز
sergent (m)	goruhbān	گروهبان
lieutenant (m)	sotvān	ستوان
capitaine (m)	kāpitān	کاپیتان

commandant (m)	sargord	سرگرد
colonel (m)	sarhang	سرهنگ
général (m)	ženerāl	ژنرال
maréchal (m)	māršāl	مارشال
amiral (m)	daryāsālār	دریاسالار
militaire (m)	nezāmi	نظامی
soldat (m)	sarbāz	سرباز

| officier (m) | afsar | افسر |
| commandant (m) | farmändeh | فرمانده |

garde-frontière (m)	marzbän	مرزبان
opérateur (m) radio	bisim či	بیسیم چی
éclaireur (m)	ettelä'äti	اطلاعاتی
démineur (m)	mohandes estehkämät	مهندس استحکامات
tireur (m)	tirandäz	تیرانداز
navigateur (m)	nävbar	ناوبر

127. Les fonctionnaires. Les prétres

| roi (m) | šäh | شاه |
| reine (f) | maleke | ملکه |

| prince (m) | šähzäde | شاهزاده |
| princesse (f) | pranses | پرنسس |

| tsar (m) | tezär | تزار |
| tsarine (f) | maleke | ملکه |

président (m)	ra'is jomhur	رئیس جمهور
ministre (m)	vazir	وزیر
premier ministre (m)	noxost vazir	نخست وزیر
sénateur (m)	senätor	سناتور

diplomate (m)	diplomät	دیپلمات
consul (m)	konsul	کنسول
ambassadeur (m)	safir	سفیر
conseiller (m)	mošäver	مشاور

fonctionnaire (m)	kärmand	کارمند
préfet (m)	baxšdär	بخشدار
maire (m)	šahrdär	شهردار

| juge (m) | qäzi | قاضی |
| procureur (m) | dädsetän | دادستان |

missionnaire (m)	misiyoner	میسیونر
moine (m)	räheb	راهب
abbé (m)	räheb-e bozorg	راهب بزرگ
rabbin (m)	xäxäm	خاخام

vizir (m)	vazir	وزیر
shah (m)	šäh	شاه
cheik (m)	šeyx	شیخ

128. Les professions agricoles

apiculteur (m)	zanburdär	زنبوردار
berger (m)	čupän	چوپان
agronome (m)	motexasses-e kešävarzi	متخصص کشاورزی

| éleveur (m) | dāmparvar | دامپرور |
| vétérinaire (m) | dāmpezešk | دامپزشک |

fermier (m)	kešāvarz	کشاورز
vinificateur (m)	šarāb sāz	شراب ساز
zoologiste (m)	jānevar-šenās	جانور شناس
cow-boy (m)	gāvčerān	گاوچران

129. Les professions artistiques

| acteur (m) | bāzigar | بازیگر |
| actrice (f) | bāzigar | بازیگر |

| chanteur (m) | xānande | خواننده |
| cantatrice (f) | xānande | خواننده |

| danseur (m) | raqqās | رقاص |
| danseuse (f) | raqqāse | رقاصه |

| artiste (m) | honarpiše | هنرپیشه |
| artiste (f) | honarpiše | هنرپیشه |

musicien (m)	muzisiyan	موزیسین
pianiste (m)	piyānist	پیانیست
guitariste (m)	gitārist	گیتاریست

chef (m) d'orchestre	rahbar-e orkestr	رهبر ارکستر
compositeur (m)	āhangsāz	آهنگساز
imprésario (m)	modir-e operā	مدیر اپرا

metteur (m) en scène	kārgardān	کارگردان
producteur (m)	tahiye konande	تهیه کننده
scénariste (m)	senārist	سناریست
critique (m)	montaqed	منتقد

écrivain (m)	nevisande	نویسنده
poète (m)	šā'er	شاعر
sculpteur (m)	mojassame sāz	مجسمه ساز
peintre (m)	naqqāš	نقاش

jongleur (m)	tardast	تردست
clown (m)	dalqak	دلقک
acrobate (m)	ākrobāt	آکروبات
magicien (m)	šo'bade bāz	شعبده باز

130. Les différents mètiers

médecin (m)	pezešk	پزشک
infirmière (f)	parastār	پرستار
psychiatre (m)	ravānpezešk	روانپزشک
stomatologue (m)	dandān pezešk	دندان پزشک
chirurgien (m)	jarrāh	جراح

astronaute (m)	fazānavard	فضانورد
astronome (m)	setāre-šenās	ستاره شناس
pilote (m)	xalabān	خلبان
chauffeur (m)	rānande	راننده
conducteur (m) de train	rānande	راننده
mécanicien (m)	mekānik	مکانیک
mineur (m)	ma'danči	معدنچی
ouvrier (m)	kārgar	کارگر
serrurier (m)	qofl sāz	قفل ساز
menuisier (m)	najjār	نجار
tourneur (m)	tarrāš kār	تراش کار
ouvrier (m) du bâtiment	kārgar-e sāxtemāni	کارگر ساختمانی
soudeur (m)	juš kār	جوش کار
professeur (m) (titre)	porofosor	پروفسور
architecte (m)	me'mār	معمار
historien (m)	movarrex	مورخ
savant (m)	dānešmand	دانشمند
physicien (m)	fizikdān	فیزیکدان
chimiste (m)	šimi dān	شیمی دان
archéologue (m)	bāstān-šenās	باستان شناس
géologue (m)	zamin-šenās	زمین شناس
chercheur (m)	pažuhešgar	پژوهشگر
baby-sitter (m, f)	parastār bače	پرستار بچه
pédagogue (m, f)	āmuzgār	آموزگار
rédacteur (m)	virāstār	ویراستار
rédacteur (m) en chef	sardabir	سردبیر
correspondant (m)	xabarnegār	خبرنگار
dactylographe (f)	māšin nevis	ماشین نویس
designer (m)	tarāh	طراح
informaticien (m)	kāršenās kāmpiyuter	کارشناس کامپیوتر
programmeur (m)	barnāme-ye nevis	برنامه نویس
ingénieur (m)	mohandes	مهندس
marin (m)	malavān	ملوان
matelot (m)	malavān	ملوان
secouriste (m)	nejāt-e dahande	نجات دهنده
pompier (m)	ātaš nešān	آتش نشان
policier (m)	polis	پلیس
veilleur (m) de nuit	mohāfez	محافظ
détective (m)	kārāgāh	کارآگاه
douanier (m)	ma'mur-e gomrok	مامور گمرک
garde (m) du corps	mohāfez-e šaxsi	محافظ شخصی
gardien (m) de prison	negahbān zendān	نگهبان زندان
inspecteur (m)	bāzres	بازرس
sportif (m)	varzeškār	ورزشکار
entraîneur (m)	morabbi	مربی

boucher (m)	qassāb	قصاب
cordonnier (m)	kaffāš	کفاش
commerçant (m)	bāzargān	بازرگان
chargeur (m)	bārbar	باربر

| couturier (m) | tarrāh-e lebas | طراح لباس |
| modèle (f) | model-e zan | مدل زن |

131. Les occupations. Le statut social

| écolier (m) | dāneš-āmuz | دانش آموز |
| étudiant (m) | dānešju | دانشجو |

philosophe (m)	filsuf	فیلسوف
économiste (m)	eqtesāddān	اقتصاددان
inventeur (m)	moxtare'	مخترع

chômeur (m)	bikār	بیکار
retraité (m)	bāznešaste	بازنشسته
espion (m)	jāsus	جاسوس

prisonnier (m)	zendāni	زندانی
gréviste (m)	e'tesāb konande	اعتصاب کننده
bureaucrate (m)	ma'mur-e edāri	مأمور اداری
voyageur (m)	mosāfer	مسافر

homosexuel (m)	hamjens-e bāz	همجنس باز
hacker (m)	haker	هکر
hippie (m, f)	hipi	هیپی

bandit (m)	rāhzan	راهزن
tueur (m) à gages	ādamkoš	آدمکش
drogué (m)	mo'tād	معتاد
trafiquant (m) de drogue	forušande-ye mavādd-e moxadder	فروشندهٔ مواد مخدر

| prostituée (f) | fāheše | فاحشه |
| souteneur (m) | jākeš | جاکش |

sorcier (m)	jādugar	جادوگر
sorcière (f)	jādugar	جادوگر
pirate (m)	dozd-e daryāyi	دزد دریایی
esclave (m)	borde	برده
samouraï (m)	sāmurāyi	سامورایی
sauvage (m)	vahši	وحشی

Le sport

132. Les types de sports. Les sportifs

sportif (m)	varzeškār	ورزشکار
type (m) de sport	anvā-e varzeš	انواع ورزش
basket-ball (m)	basketbāl	بسکتبال
basketteur (m)	basketbālist	بسکتبالیست
base-ball (m)	beysbāl	بیسبال
joueur (m) de base-ball	beysbālist	بیسبالیست
football (m)	futbāl	فوتبال
joueur (m) de football	futbālist	فوتبالیست
gardien (m) de but	darvāze bān	دروازه بان
hockey (m)	hāki	هاکی
hockeyeur (m)	hāki-ye bāz	هاکی باز
volley-ball (m)	vālibāl	والیبال
joueur (m) de volley-ball	vālibālist	والیبالیست
boxe (f)	boks	بوکس
boxeur (m)	boksor	بوکسور
lutte (f)	kešti	کشتی
lutteur (m)	košti gir	کشتی گیر
karaté (m)	kārāte	کاراته
karatéka (m)	kārāte-e bāz	کاراته باز
judo (m)	jodo	جودو
judoka (m)	jodo bāz	جودو باز
tennis (m)	tenis	تنیس
joueur (m) de tennis	tenis bāz	تنیس باز
natation (f)	šenā	شنا
nageur (m)	šenāgar	شناگر
escrime (f)	šamširbāzi	شمشیربازی
escrimeur (m)	šamširbāz	شمشیرباز
échecs (m pl)	šatranj	شطرنج
joueur (m) d'échecs	šatranj bāz	شطرنج باز
alpinisme (m)	kuhnavardi	کوهنوردی
alpiniste (m)	kuhnavard	کوهنورد
course (f)	do	دو

coureur (m)	davande	دونده
athlétisme (m)	varzeš	ورزش
athlète (m)	varzeškār	ورزشکار

| équitation (f) | asb savāri | اسب سواری |
| cavalier (m) | savārkār | سوارکار |

patinage (m) artistique	raqs ruy yax	رقص روی یخ
patineur (m)	eskeyt bāz	اسکیت باز
patineuse (f)	eskeyt bāz	اسکیت باز

| haltérophilie (f) | vazne bardār-i | وزنه برداری |
| haltérophile (m) | vazne bardār | وزنه بردار |

| course (f) automobile | mosābeqe-ye otomobilrāni | مسابقة اتومبیلرانی |
| pilote (m) | otomobilrān | اتومبیلران |

| cyclisme (m) | dočarxe savāri | دوچرخه سواری |
| cycliste (m) | dočarxe savār | دوچرخه سوار |

sauts (m pl) en longueur	pareš-e tul	پرش طول
sauts (m pl) à la perche	pareš bā neyze	پرش با نیزه
sauteur (m)	pareš konande	پرش کننده

133. Les types de sports. Divers

football (m) américain	futbāl-e āmrikāyi	فوتبال آمریکایی
badminton (m)	badminton	بدمینتون
biathlon (m)	biatlon	بیاتلون
billard (m)	bilyārd	بیلیارد

bobsleigh (m)	surtme	سورتمه
bodybuilding (m)	badansāzi	بدنسازی
water-polo (m)	vāterpolo	واترپولو
handball (m)	handbāl	هندبال
golf (m)	golf	گلف

aviron (m)	qāyeq rāni	قایق رانی
plongée (f)	dāyving	دایوینگ
course (f) à skis	eski-ye sahrānavardi	اسکی صحرانوردی
tennis (m) de table	ping pong	پینگ پونگ

voile (f)	qāyeq-rāni bādbani	قایق رانی بادبانی
rallye (m)	rāli	رالی
rugby (m)	rāgbi	راگبی
snowboard (m)	snowbord	اسنوبورد
tir (m) à l'arc	tirandāzi bā kamān	تیراندازی با کمان

134. La salle de sport

| barre (f) à disques | hālter | هالتر |
| haltères (m pl) | dambel | دمبل |

appareil (m) d'entraînement	māšin-e tamrin	ماشین تمرین
vélo (m) d'exercice	dočarxe-ye tamrin	دوچرخه تمرین
tapis (m) roulant	pist-e do	پیست دو

barre (f) fixe	bārfiks	بارفیکس
barres (pl) parallèles	pārālel	پارالل
cheval (m) d'Arçons	xarak	خرک
tapis (m) gymnastique	tošak	تشک

corde (f) à sauter	tanāb	طناب
aérobic (m)	āirobik	ایروبیک
yoga (m)	yugā	یوگا

135. Le hockey sur glace

hockey (m)	hāki	هاکی
hockeyeur (m)	hāki-ye bāz	هاکی باز
jouer au hockey	hākey bāzi kardan	هاکی بازی کردن
glace (f)	yax	یخ

palet (m)	mohre	مهره
crosse (f)	čub-e hāki	چوب هاکی
patins (m pl)	eskeyt ruy yax	اسکیت روی یخ

| rebord (m) | taxte | تخته |
| tir (m) | šut | شوت |

gardien (m) de but	darvāze bān	دروازه بان
but (m)	gol	گل
marquer un but	gol zadan	گل زدن

période (f)	dowre	دوره
deuxième période (f)	dowre-ye dovvom	دورهٔ دوم
banc (m) des remplaçants	nimkat-e zaxire	نیمکت ذخیره

136. Le football

football (m)	futbāl	فوتبال
joueur (m) de football	futbālist	فوتبالیست
jouer au football	futbāl bāzi kardan	فوتبال بازی کردن

ligue (f) supérieure	lig-e bartar	لیگ برتر
club (m) de football	bāšgāh-e futbāl	باشگاه فوتبال
entraîneur (m)	morabbi	مربی
propriétaire (m)	sāheb	صاحب

équipe (f)	tim	تیم
capitaine (m) de l'équipe	kāpitān-e tim	کاپیتان تیم
joueur (m)	bāzikon	بازیکن
remplaçant (m)	bāzikon-e zaxire	بازیکن ذخیره
attaquant (m)	forvārd	فوروارد
avant-centre (m)	forvārd vasat	فوروارد وسط

butteur (m)	golzan	گلزن
arrière (m)	defā'	دفاع
demi (m)	hāfbak	هافبک
match (m)	mosābeqe	مسابقه
se rencontrer (vp)	molāqāt kardan	ملاقات کردن
finale (f)	fināl	فینال
demi-finale (f)	nime nahāyi	نیمه نهایی
championnat (m)	mosābeqe-ye qahremāni	مسابقه قهرمانی
mi-temps (f)	nime	نیمه
première mi-temps (f)	nime-ye avval	نیمه اول
mi-temps (f) (pause)	hāf tāym	هاف تایم
but (m)	darvāze	دروازه
gardien (m) de but	darvāze bān	دروازه بان
poteau (m)	tir-e darvāze	تیر دروازه
barre (f)	tir-e ofoqi	تیر افقی
filet (m)	tur	تور
encaisser un but	gol xordan	گل خوردن
ballon (m)	tup	توپ
passe (f)	pās	پاس
coup (m)	zarbe	ضربه
porter un coup	zarbe zadan	ضربه زدن
coup (m) franc	zarbe-ye xatā	ضربهٔ خطا
corner (m)	korner	کرنر
attaque (f)	hamle	حمله
contre-attaque (f)	zedd-e hamle	ضد حمله
combinaison (f)	mānovr	مانور
arbitre (m)	dāvar	داور
siffler (vi)	sut zadan	سوت زدن
sifflet (m)	sut	سوت
faute (f)	xatā	خطا
commettre un foul	xatā kardan	خطا کردن
expulser du terrain	az zamin exrāj kardan	از زمین اخراج کردن
carton (m) jaune	kārt-e zard	کارت زرد
carton (m) rouge	kārt-e qermez	کارت قرمز
disqualification (f)	rad-e salāhiyat	رد صلاحیت
disqualifier (vt)	rad-e salāhiyat kardan	رد صلاحیت کردن
penalty (m)	penālti	پنالتی
mur (m)	divār-e defā'i	دیوار دفاعی
marquer (vt)	gol zadan	گل زدن
but (m)	gol	گل
marquer un but	gol zadan	گل زدن
remplacement (m)	ta'viz	تعویض
remplacer (vt)	ta'viz kardan	تعویض کردن
règles (f pl)	qavā'ed	قواعد
tactique (f)	tāktik	تاکتیک
stade (m)	varzešgāh	ورزشگاه
tribune (f)	teribun	تریبون

| supporteur (m) | tarafdār | طرفدار |
| crier (vi) | faryād zadan | فریاد زدن |

| tableau (m) | skorbord | اسکوربورد |
| score (m) | emtiyāz | امتیاز |

défaite (f)	šekast	شکست
perdre (vi)	bāxtan	باختن
match (m) nul	mosāvi	مساوی
faire match nul	bāzi rā mosāvi kardan	بازی رامساوی کردن

victoire (f)	piruzi	پیروزی
gagner (vi, vt)	piruz šodan	پیروز شدن
champion (m)	qahremān	قهرمان
meilleur (adj)	behtarin	بهترین
féliciter (vt)	tabrik goftan	تبریک گفتن

commentateur (m)	mofasser	مفسر
commenter (vt)	tafsir kardan	تفسیر کردن
retransmission (f)	paxš	پخش

137. Le ski alpin

skis (m pl)	eski	اسکی
faire du ski	eski kardan	اسکی کردن
station (f) de ski	pist-e eski	پیست اسکی
remontée (f) mécanique	telesk-i	تلسکی

bâtons (m pl)	čub-e eski	چوب اسکی
pente (f)	šib	شیب
slalom (m)	eslālom	اسلالوم

138. Le tennis. Le golf

golf (m)	golf	گلف
club (m) de golf	bāšgāh-e golf	باشگاه گلف
joueur (m) au golf	bāzikon-e golf	بازیکن گلف

trou (m)	gowdāl	گودال
club (m)	čub-e golf	چوب گلف
chariot (m) de golf	čarx-e hāmele golf	چرخ حامل گلف

| tennis (m) | tenis | تنیس |
| court (m) de tennis | zamin-e tenis | زمین تنیس |

| service (m) | servis | سرویس |
| servir (vi) | servis zadan | سرویس زدن |

raquette (f)	rāket	راکت
filet (m)	tur	تور
balle (f)	tup	توپ

139. Les échecs

échecs (m pl)	šatranj	شطرنج
pièces (f pl)	mohrehā-ye šatranj	مهره های شطرنج
joueur (m) d'échecs	šatranj bāz	شطرنج باز
échiquier (m)	taxte-ye šatranj	تختۀ شطرنج
pièce (f)	mohre-ye šatranj	مهره شطرنج
blancs (m pl)	sefid	سفید
noirs (m pl)	siyāh	سیاه
pion (m)	piyāde	پیاده
fou (m)	fil	فیل
cavalier (m)	asb	اسب
tour (f)	rox	رخ
reine (f)	vazir	وزیر
roi (m)	šāh	شاه
coup (m)	harekat	حرکت
jouer (déplacer une pièce)	harekat kardan	حرکت کردن
sacrifier (vt)	qorbāni kardan	قربانی کردن
roque (m)	mohreye qal'e	مهرۀ قلعه
échec (m)	kiš	کیش
tapis (m)	māt	مات
tournoi (m) d'échecs	mosābeqe-ye šatranj	مسابقۀ شطرنج
grand maître (m)	ostād-e bozorg	استاد بزرگ
combinaison (f)	tarkib	ترکیب
partie (f)	dor-e bazi	دوربازی
dames (f pl)	bāzi-ye čekerz	بازی چکرز

140. La boxe

boxe (f)	boks	بوکس
combat (m)	mobāreze	مبارزه
match (m)	mosābeqe-ye boks	مسابقه بوکس
round (m)	rānd	راند
ring (m)	ring	رینگ
gong (m)	nāqus	ناقوس
coup (m)	zarbe	ضربه
knock-down (m)	nāk dān	ناک داون
knock-out (m)	nāk owt	ناک اوت
mettre KO	nākowt kardan	ناک اوت کردن
gant (m) de boxe	dastkeš-e boks	دستکش بوکس
arbitre (m)	dāvar	داور
poids (m) léger	vazn-e sabok	وزن سبک
poids (m) moyen	vazn-e motevasset	وزن متوسط
poids (m) lourd	vazn-e sangin	وزن سنگین

141. Le sport. Divers

Jeux (m pl) olympiques	bāzihā-ye olampik	بازی‌های المپیک
gagnant (m)	barande	برنده
remporter (vt)	piruz šodan	پیروز شدن
gagner (vi)	piruz šodan	پیروز شدن
leader (m)	rahbar	رهبر
prendre la tête	lider budan	لیدر بودن
première place (f)	rotbe-ye avval	رتبه اول
deuxième place (f)	rotbe-ye dovvom	رتبه دوم
troisième place (f)	rotbe-ye sevvom	رتبه سوم
médaille (f)	medāl	مدال
trophée (m)	kāp	کاپ
coupe (f) (trophée)	jām	جام
prix (m)	jāyeze	جایزه
prix (m) principal	jāyeze-ye asli	جایزهٔ اصلی
record (m)	rekord	رکورد
établir un record	rekord gozāštan	رکورد گذاشتن
finale (f)	fināl	فینال
final (adj)	pāyāni	پایانی
champion (m)	qahremān	قهرمان
championnat (m)	mosābeqe-ye qahremāni	مسابقه قهرمانی
stade (m)	varzešgāh	ورزشگاه
tribune (f)	teribun	تریبون
supporteur (m)	tarafdār	طرفدار
adversaire (m)	raqib	رقیب
départ (m)	šoru‘	شروع
ligne (f) d'arrivée	entehā	انتها
défaite (f)	šekast	شکست
perdre (vi)	bāxtan	باختن
arbitre (m)	dāvar	داور
jury (m)	hey‘at-e dāvarān	هیئت داوران
score (m)	emtiyāz	امتیاز
match (m) nul	mosāvi	مساوی
faire match nul	bāzi rā mosāvi kardan	بازی را مساوی کردن
point (m)	emtiyāz	امتیاز
résultat (m)	natije	نتیجه
période (f)	dowre	دوره
mi-temps (f) (pause)	hāf tāym	هاف تایم
dopage (m)	doping	دوپینگ
pénaliser (vt)	jarime kardan	جریمه کردن
disqualifier (vt)	rad-e salāhiyat kardan	رد صلاحیت کردن
agrès (m)	asbāb	اسباب

lance (f)	neyze	نیزه
poids (m) (boule de métal)	vazne	وزنه
bille (f) (de billard, etc.)	tup	توپ
but (cible)	hadaf	هدف
cible (~ en papier)	nešangah	نشانگاه
tirer (vi)	tirandāzi kardan	تیراندازی کردن
précis (un tir ~)	dorost	درست
entraîneur (m)	morabbi	مربی
entraîner (vt)	tamrin dādan	تمرین دادن
s'entraîner (vp)	tamrin kardan	تمرین کردن
entraînement (m)	tamrin	تمرین
salle (f) de gym	sālon-e varzeš	سالن ورزش
exercice (m)	tamrin	تمرین
échauffement (m)	garm kardan	گرم کردن

L'éducation

142. L'éducation

école (f)	madrese	مدرسه
directeur (m) d'école	modir-e madrese	مدیر مدرسه
élève (m)	dāneš-āmuz	دانش آموز
élève (f)	dāneš-āmuz	دانش آموز
écolier (m)	dāneš-āmuz	دانش آموز
écolière (f)	dāneš-āmuz	دانش آموز
enseigner (vt)	āmuxtan	آموختن
apprendre (~ l'arabe)	yād gereftan	یاد گرفتن
apprendre par cœur	az hefz kardan	از حفظ کردن
apprendre (à faire qch)	yād gereftan	یاد گرفتن
être étudiant, -e	tahsil kardan	تحصیل کردن
aller à l'école	madrese raftan	مدرسه رفتن
alphabet (m)	alefbā	الفبا
matière (f)	mabhas	مبحث
salle (f) de classe	kelās	کلاس
leçon (f)	dars	درس
récréation (f)	zang-e tafrih	زنگ تفریح
sonnerie (f)	zang	زنگ
pupitre (m)	miz-e tahrir	میز تحریر
tableau (m) noir	taxte-ye siyāh	تخته سیاه
note (f)	nomre	نمره
bonne note (f)	nomre-ye xub	نمرۀ خوب
mauvaise note (f)	nomre-ye bad	نمرۀ بد
donner une note	nomre gozāštan	نمره گذاشتن
faute (f)	eštebāh	اشتباه
faire des fautes	eštebāh kardan	اشتباه کردن
corriger (une erreur)	eslāh kardan	اصلاح کردن
antisèche (f)	taqallob	تقلب
devoir (m)	taklif manzel	تکلیف منزل
exercice (m)	tamrin	تمرین
être présent	hozur dāštan	حضور داشتن
être absent	qāyeb budan	غایب بودن
manquer l'école	az madrese qāyeb budan	ازمدرسه غایب بودن
punir (vt)	tanbih kardan	تنبیه کردن
punition (f)	tanbih	تنبیه
conduite (f)	raftār	رفتار

carnet (m) de notes	gozāreš-e ruzāne	گزارش روزانه
crayon (m)	medād	مداد
gomme (f)	pāk kon	پاک کن
craie (f)	gač	گچ
plumier (m)	qalamdān	قلمدان

cartable (m)	kif madrese	کیف مدرسه
stylo (m)	xodkār	خودکار
cahier (m)	daftar	دفتر
manuel (m)	ketāb-e darsi	کتاب درسی
compas (m)	pargār	پرگار

| dessiner (~ un plan) | rasm kardan | رسم کردن |
| dessin (m) technique | rasm-e fani | رسم فنی |

poésie (f)	še'r	شعر
par cœur (adv)	az hefz	از حفظ
apprendre par cœur	az hefz kardan	از حفظ کردن

vacances (f pl)	ta'tilāt	تعطیلات
être en vacances	dar ta'tilāt budan	در تعطیلات بودن
passer les vacances	ta'tilāt rā gozarāndan	تعطیلات را گذراندن

interrogation (f) écrite	emtehān	امتحان
composition (f)	enšā'	انشاء
dictée (f)	dikte	دیکته
examen (m)	emtehān	امتحان
passer les examens	emtehān dādan	امتحان دادن
expérience (f) (~ de chimie)	āzmāyeš	آزمایش

143. L'enseignement supérieur

académie (f)	farhangestān	فرهنگستان
université (f)	dānešgāh	دانشگاه
faculté (f)	dāneškade	دانشکده

étudiant (m)	dānešju	دانشجو
étudiante (f)	dānešju	دانشجو
enseignant (m)	ostād	استاد

| salle (f) | kelās | کلاس |
| licencié (m) | fāreqottahsil | فارغ التحصیل |

| diplôme (m) | diplom | دیپلم |
| thèse (f) | pāyān nāme | پایان نامه |

| étude (f) | tahqiqe elmi | تحقیق علمی |
| laboratoire (m) | āzmāyešgāh | آزمایشگاه |

| cours (m) | soxanrāni | سخنرانی |
| camarade (m) de cours | ha mdowre i | هم دوره ای |

| bourse (f) | burse tahsili | بورس تحصیلی |
| grade (m) universitaire | daraje-ye elmi | درجهٔ علمی |

144. Les disciplines scientifiques

mathématiques (f pl)	riyāziyāt	ریاضیات
algèbre (f)	jabr	جبر
géométrie (f)	hendese	هندسه
astronomie (f)	setāre-šenāsi	ستاره شناسی
biologie (f)	zist-šenāsi	زیست شناسی
géographie (f)	joqrāfiyā	جغرافیا
géologie (f)	zamin-šenāsi	زمین شناسی
histoire (f)	tārix	تاریخ
médecine (f)	pezeški	پزشکی
pédagogie (f)	olume tarbiyati	علوم تربیتی
droit (m)	hoquq	حقوق
physique (f)	fizik	فیزیک
chimie (f)	šimi	شیمی
philosophie (f)	falsafe	فلسفه
psychologie (f)	ravānšenāsi	روانشناسی

145. Le système d'écriture et l'orthographe

grammaire (f)	gerāmer	گرامر
vocabulaire (m)	vājegān	واژگان
phonétique (f)	sadā-šenāsi	صداشناسی
nom (m)	esm	اسم
adjectif (m)	sefat	صفت
verbe (m)	fe'l	فعل
adverbe (m)	qeyd	قید
pronom (m)	zamir	ضمیر
interjection (f)	harf-e nedā	حرف ندا
préposition (f)	harf-e ezāfe	حرف اضافه
racine (f)	riše-ye kalame	ریشه کلمه
terminaison (f)	pasvand	پسوند
préfixe (m)	pišvand	پیشوند
syllabe (f)	hejā	هجا
suffixe (m)	pasvand	پسوند
accent (m) tonique	fešar-e hejā	فشار هجا
apostrophe (f)	āpostrof	آپوستروف
point (m)	noqte	نقطه
virgule (f)	virgul	ویرگول
point (m) virgule	noqte virgul	نقطه ویرگول
deux-points (m)	donoqte	دونقطه
points (m pl) de suspension	čand noqte	چند نقطه
point (m) d'interrogation	alāmat-e soāl	علامت سؤال
point (m) d'exclamation	alāmat-e taajjob	علامت تعجب

guillemets (m pl)	giyume	گیومه
entre guillemets	dar giyume	در گیومه
parenthèses (f pl)	parāntez	پرانتز
entre parenthèses	dar parāntez	در پرانتز
trait (m) d'union	xatt-e vāsel	خط واصل
tiret (m)	xatt-e tire	خط تیره
blanc (m)	fāsele	فاصله
lettre (f)	harf	حرف
majuscule (f)	harf-e bozorg	حرف بزرگ
voyelle (f)	sedādār	صدادار
consonne (f)	sāmet	صامت
proposition (f)	jomle	جمله
sujet (m)	nahād	نهاد
prédicat (m)	gozāre	گزاره
ligne (f)	satr	سطر
à la ligne	sar-e satr	سر سطر
paragraphe (m)	band	بند
mot (m)	kalame	کلمه
groupe (m) de mots	ebārat	عبارت
expression (f)	bayān	بیان
synonyme (m)	moterādef	مترادف
antonyme (m)	motezād	متضاد
règle (f)	qā'ede	قاعده
exception (f)	estesnā	استثنا
correct (adj)	sahih	صحیح
conjugaison (f)	sarf	صرف
déclinaison (f)	sarf-e kalemāt	صرف کلمات
cas (m)	hālat	حالت
question (f)	soāl	سؤال
souligner (vt)	xatt kešidan	خط کشیدن
pointillé (m)	noqte čin	نقطه چین

146. Les langues étrangères

langue (f)	zabān	زبان
étranger (adj)	xāreji	خارجی
langue (f) étrangère	zabān-e xāreji	زبان خارجی
étudier (vt)	dars xāndan	درس خواندن
apprendre (~ l'arabe)	yād gereftan	یاد گرفتن
lire (vi, vt)	xāndan	خواندن
parler (vi, vt)	harf zadan	حرف زدن
comprendre (vt)	fahmidan	فهمیدن
écrire (vt)	neveštan	نوشتن
vite (adv)	sari'	سریع
lentement (adv)	āheste	آهسته

couramment (adv)	ravān	روان
règles (f pl)	qavā'ed	قواعد
grammaire (f)	gerāmer	گرامر
vocabulaire (m)	vājegān	واژگان
phonétique (f)	āvā-šenāsi	آواشناسی

manuel (m)	ketāb-e darsi	کتاب درسی
dictionnaire (m)	farhang-e loqat	فرهنگ لغت
manuel (m) autodidacte	xod-āmuz	خودآموز
guide (m) de conversation	ketāb-e mokāleme	کتاب مکالمه

cassette (f)	kāst	کاست
cassette (f) vidéo	kāst-e video	کاست ویدئو
CD (m)	si-di	سیدی
DVD (m)	dey vey dey	دی وی دی

alphabet (m)	alefbā	الفبا
épeler (vt)	heji kardan	هجی کردن
prononciation (f)	talaffoz	تلفظ

accent (m)	lahje	لهجه
avec un accent	bā lahje	با لهجه
sans accent	bi lahje	بی لهجه

| mot (m) | kalame | کلمه |
| sens (m) | ma'ni | معنی |

cours (m pl)	dowre	دوره
s'inscrire (vp)	nām-nevisi kardan	نام نویسی کردن
professeur (m) (~ d'anglais)	ostād	استاد

traduction (f) (action)	tarjome	ترجمه
traduction (f) (texte)	tarjome	ترجمه
traducteur (m)	motarjem	مترجم
interprète (m)	motarjem-e šafāhi	مترجم شفاهی

| polyglotte (m) | čand zabāni | چند زبانی |
| mémoire (f) | hāfeze | حافظه |

147. Les personnages de contes de fées

Père Noël (m)	bābā noel	بابا نوئل
Cendrillon (f)	sinderelā	سیندرلا
sirène (f)	pari-ye daryāyi	پری دریایی
Neptune (m)	nepton	نپتون

magicien (m)	sāher	ساحر
fée (f)	sāher	ساحر
magique (adj)	jāduyi	جادویی
baguette (f) magique	asā-ye sehrāmiz	عصای سحرآمیز

conte (m) de fées	afsāne	افسانه
miracle (m)	mo'jeze	معجزه
gnome (m)	kutule	کوتوله

se transformer en …	tabdil šodan	تبدیل شدن
esprit (m) (revenant)	šabah	شبح
fantôme (m)	šabah	شبح
monstre (m)	qul	غول
dragon (m)	eždehã	اژدها
géant (m)	qul	غول

148. Les signes du zodiaque

Bélier (m)	borj-e haml	برج حمل
Taureau (m)	borj-e sowr	برج ثور
Gémeaux (m pl)	borj-e jowzã	برج جوزا
Cancer (m)	saratãn	سرطان
Lion (m)	šir	شیر
Vierge (f)	borj-e sonbole	برج سنبله

Balance (f)	borj-e mizãn	برج میزان
Scorpion (m)	borj-e aqrab	برج عقرب
Sagittaire (m)	borj-e qows	برج قوس
Capricorne (m)	borj-e jeddi	برج جدی
Verseau (m)	borj-e dalow	برج دلو
Poissons (m pl)	borj-e hut	برج حوت

caractère (m)	šaxsiyat	شخصیت
traits (m pl) du caractère	xosusiyãt-e axlãqi	خصوصیات اخلاقی
conduite (f)	raftãr	رفتار
dire la bonne aventure	fãl gereftan	فال گرفتن
diseuse (f) de bonne aventure	fãlgir	فالگیر
horoscope (m)	tãle' bini	طالع بینی

L'art

149. Le théâtre

théâtre (m)	teātr	تئاتر
opéra (m)	operā	اپرا
opérette (f)	operā-ye kučak	اپرای کوچک
ballet (m)	bāle	باله
affiche (f)	e'lān-e namāyeš	اعلان نمایش
troupe (f) de théâtre	hey'at honarpišegān	هیئت هنرپیشگان
tournée (f)	safar	سفر
être en tournée	dar tur budan	در تور بودن
répéter (vt)	tamrin kardan	تمرین کردن
répétition (f)	tamrin	تمرین
répertoire (m)	roperator	رپراتور
représentation (f)	namāyeš	نمایش
spectacle (m)	namāyeš	نمایش
pièce (f) de théâtre	namāyeš nāme	نمایش نامه
billet (m)	belit	بلیط
billetterie (f pl)	belit-foruši	بلیت فروشی
hall (m)	lābi	لابی
vestiaire (m)	komod-e lebās	کمد لباس
jeton (m) de vestiaire	žeton	ژتون
jumelles (f pl)	durbin	دوربین
placeur (m)	rāhnamā	راهنما
parterre (m)	sandali-ye orkestr	صندلی ارکستر
balcon (m)	bālkon	بالکن
premier (m) balcon	bālkon-e avval	بالکن اول
loge (f)	jāygāh-e vižhe	جایگاه ویژه
rang (m)	radif	ردیف
place (f)	jā	جا
public (m)	hozzār	حضار
spectateur (m)	tamāšāči	تماشاچی
applaudir (vi)	kaf zadan	کف زدن
applaudissements (m pl)	tašviq	تشویق
ovation (f)	šādi-va sorur	شادی و سرور
scène (f) (monter sur ~)	sahne	صحنه
rideau (m)	parde	پرده
décor (m)	sahne	صحنه
coulisses (f pl)	pošt-e sahne	پشت صحنه
scène (f) (la dernière ~)	sahne	صحنه
acte (m)	parde	پرده
entracte (m)	ānterākt	آنتراکت

150. Le cinéma

acteur (m)	bāzigar	بازیگر
actrice (f)	bāzigar	بازیگر
cinéma (m) (industrie)	sinamā	سینما
film (m)	film	فیلم
épisode (m)	qesmat	قسمت
film (m) policier	film-e polisi	فیلم پلیسی
film (m) d'action	film-e akšen	فیلم اکشن
film (m) d'aventures	film-e mājarāyi	فیلم ماجرایی
film (m) de science-fiction	film-e elmi-ye taxayyoli	فیلم علمی تخیلی
film (m) d'horreur	film-e tarsnāk	فیلم ترسناک
comédie (f)	komedi	کمدی
mélodrame (m)	meloderām	ملودرام
drame (m)	derām	درام
film (m) de fiction	film-e honari	فیلم هنری
documentaire (m)	film-e mostanad	فیلم مستند
dessin (m) animé	kārton	کارتون
cinéma (m) muet	film-e sāmet	فیلم صامت
rôle (m)	naqš	نقش
rôle (m) principal	naqš-e asli	نقش اصلی
jouer (vt)	bāzi kardan	بازی کردن
vedette (f)	setāre-ye sinamā	ستارهٔ سینما
connu (adj)	mašhur	مشهور
célèbre (adj)	mašhur	مشهور
populaire (adj)	saršenās	سرشناس
scénario (m)	senāriyo	سناریو
scénariste (m)	senārist	سناریست
metteur (m) en scène	kārgardān	کارگردان
producteur (m)	tahiye konande	تهیه کننده
assistant (m)	dastyār	دستیار
opérateur (m)	filmbardār	فیلمبردار
cascadeur (m)	badalkār	بدلکار
doublure (f)	dublur	دوبلور
tourner un film	film gereftan	فیلم گرفتن
audition (f)	test	تست
tournage (m)	film bardār-i	فیلم برداری
équipe (f) de tournage	goruh film bar dār-i	گروه فیلم برداری
plateau (m) de tournage	mahal film bar dār-i	محل فیلم برداری
caméra (f)	durbin	دوربین
cinéma (m)	sinamā	سینما
écran (m)	parde	پرده
donner un film	film-e nešān dādan	فیلم نشان دادن
piste (f) sonore	musiqi-ye matn	موسیقی متن
effets (m pl) spéciaux	jelvehā-ye vizhe	جلوه های ویژه

sous-titres (m pl)	zirnevis	زیرنویس
générique (m)	titrāj	تیتراژ
traduction (f)	tarjome	ترجمه

151. La peinture

art (m)	honar	هنر
beaux-arts (m pl)	honarhā-ye zibā	هنرهای زیبا
galerie (f) d'art	gāleri-ye honari	گالری هنری
exposition (f) d'art	namāyešgāh-e honari	نمایشگاه هنری

peinture (f)	naqqāši	نقاشی
graphique (f)	honar-e gerāfik	هنر گرافیک
art (m) abstrait	honar-e ābestre	هنر آبستره
impressionnisme (m)	ampersiyonism	امپرسیونیسم

tableau (m)	tasvir	تصویر
dessin (m)	naqqāši	نقاشی
poster (m)	poster	پوستر

illustration (f)	tasvir	تصویر
miniature (f)	minyātor	مینیاتور
copie (f)	nosxe	نسخه
reproduction (f)	taksir	تکثیر

mosaïque (f)	muzāik	موزائیک
vitrail (m)	naqqāši ruy šiše	نقاشی روی شیشه
fresque (f)	naqqāši ruy gač	نقاشی روی گچ
gravure (f)	gerāvur	گراور

buste (m)	mojassame-ye nimtane	مجسمهٔ نیم تنه
sculpture (f)	mojassame sāz-i	مجسمه سازی
statue (f)	mojassame	مجسمه
plâtre (m)	gač	گچ
en plâtre	gači	گچی

portrait (m)	temsāl	تمثال
autoportrait (m)	tasvir-e naqqāš	تصویر نقاش
paysage (m)	manzare	منظره
nature (f) morte	tabi'at-e bijān	طبیعت بیجان
caricature (f)	kārikātor	کاریکاتور
croquis (m)	tarh-e moqaddamāti	طرح مقدماتی

peinture (f)	rang	رنگ
aquarelle (f)	āb-o rang	آب و رنگ
huile (f)	rowqan	روغن
crayon (m)	medād	مداد
encre (f) de Chine	morakkab	مرکب
fusain (m)	zoqāl	زغال

dessiner (vi, vt)	naqqāši kardan	نقاشی کردن
peindre (vi, vt)	naqqāši kardan	نقاشی کردن
poser (vi)	žest gereftan	ژست گرفتن
modèle (m)	model-e naqqāši	مدل نقاشی

133

modèle (f)	model-e naqqāši	مدل نقاشی
peintre (m)	naqqāš	نقاش
œuvre (f) d'art	asar-e honari	اثر هنری
chef (m) d'œuvre	šāhkār	شاهكار
atelier (m) d'artiste	kārgāh	كارگاه

toile (f)	bum-e naqāši	بوم نقاشی
chevalet (m)	sepāye-ye naqqāši	سه پایة نقاشی
palette (f)	taxte-ye rang	تختة رنگ

encadrement (m)	qāb	قاب
restauration (f)	maremmat	مرمت
restaurer (vt)	marammat kardan	مرمت كردن

152. La littérature et la poésie

littérature (f)	adabiyāt	ادبيات
auteur (m) (écrivain)	moallef	مؤلف
pseudonyme (m)	taxallos	تخلص

livre (m)	ketāb	كتاب
volume (m)	jeld	جلد
table (f) des matières	fehrest	فهرست
page (f)	safhe	صفحه
protagoniste (m)	qahremān-e asli	قهرمان اصلی
autographe (m)	dast-e xat	دست خط

récit (m)	hekāyat	حكايت
nouvelle (f)	dāstān	داستان
roman (m)	ramān	رمان
œuvre (f) littéraire	ta'lif	تأليف
fable (f)	afsāne	افسانه
roman (m) policier	dastane jenai	داستان جنايی

vers (m)	še'r	شعر
poésie (f)	še'r	شعر
poème (m)	še'r	شعر
poète (m)	šā'er	شاعر

belles-lettres (f pl)	dāstān	داستان
science-fiction (f)	elmi-ye taxayyoli	علمی تخيلی
aventures (f pl)	sargozašt	سرگذشت
littérature (f) didactique	adabiyāt-e āmuzeši	ادبيات آموزشی
littérature (f) pour enfants	adabiyāt-e kudak	ادبيات كودک

153. Le cirque

cirque (m)	sirak	سيرك
chapiteau (m)	sirak-e sayār	سيرك سيار
programme (m)	barnāme	برنامه
représentation (f)	namāyeš	نمايش
numéro (m)	parde	پرده

arène (f)	sahne-ye sirak	صحنه سیرک
pantomime (f)	pāntomim	پانتومیم
clown (m)	dalqak	دلقک
acrobate (m)	ākrobāt	آکروبات
acrobatie (f)	band-e bāzi	بند بازی
gymnaste (m)	žimināstik kār	ژیمناستیک کار
gymnastique (f)	žimināstik	ژیمناستیک
salto (m)	salto	سالتو
hercule (m)	qavi heykal	قوی هیکل
dompteur (m)	rām konande	رام کننده
écuyer (m)	savārkār	سوارکار
assistant (m)	dastyār	دستیار
truc (m)	širin kāri	شیرین کاری
tour (m) de passe-passe	šo'bade bāzi	شعبده بازی
magicien (m)	šo'bade bāz	شعبده باز
jongleur (m)	tardast	تردست
jongler (vi)	tardasti kardan	تردستی کردن
dresseur (m)	morabbi-ye heyvānāt	مربی حیوانات
dressage (m)	ta'lim heyvānāt	تعلیم حیوانات
dresser (vt)	tarbiyat kardan	تربیت کردن

154. La musique

musique (f)	musiqi	موسیقی
musicien (m)	muzisiyan	موزیسین
instrument (m) de musique	abzār-e musiqi	ابزار موسیقی
jouer de …	navāxtan	نواختن
guitare (f)	gitār	گیتار
violon (m)	viyolon	ویولون
violoncelle (m)	viyolonsel	ویولون سل
contrebasse (f)	konterbās	کونترباس
harpe (f)	čang	چنگ
piano (m)	piyāno	پیانو
piano (m) à queue	piyāno-e bozorg	پیانوی بزرگ
orgue (m)	arg	ارگ
instruments (m pl) à vent	sāzhā-ye bādi	سازهای بادی
hautbois (m)	abva	ابوا
saxophone (m)	saksofon	ساکسوفون
clarinette (f)	qare ney	قره نی
flûte (f)	folut	فلوت
trompette (f)	šeypur	شیپور
accordéon (m)	ākordeon	آکوردئون
tambour (m)	tabl	طبل
duo (m)	daste-ye do nafare	دسته دو نفره
trio (m)	daste-ye se nafar-i	دستۀ سه نفری

quartette (m)	daste-ye čāhārnafari	دستهٔ چهارنفری
chœur (m)	kar	کر
orchestre (m)	orkesr	ارکستر
musique (f) pop	musiqi-ye pāp	موسیقی پاپ
musique (f) rock	musiqi-ye rāk	موسیقی راک
groupe (m) de rock	goruh-e rāk	گروه راک
jazz (m)	jāz	جاز
idole (f)	mahbub	محبوب
admirateur (m)	havādār	هوادار
concert (m)	konsert	کنسرت
symphonie (f)	samfoni	سمفونی
œuvre (f) musicale	tasnif	تصنیف
composer (vt)	tasnif kardan	تصنیف کردن
chant (m) (~ d'oiseau)	āvāz	آواز
chanson (f)	tarāne	ترانه
mélodie (f)	āhang	آهنگ
rythme (m)	ritm	ریتم
blues (m)	musiqi-ye boluz	موسیقی بلوز
notes (f pl)	daftar-e not	دفتر نت
baguette (f)	čub-e rahbari	چوب رهبری
archet (m)	ārše	آرشه
corde (f)	sim	سیم
étui (m)	qalāf	غلاف

Les loisirs. Les voyages

155. Les voyages. Les excursions

tourisme (m)	gardešgari	گردشگری
touriste (m)	turist	توریست
voyage (m) (à l'étranger)	mosāferat	مسافرت
aventure (f)	mājarā	ماجرا
voyage (m)	safar	سفر
vacances (f pl)	moraxxasi	مرخصی
être en vacances	dar moraxassi budan	در مرخصی بودن
repos (m) (jours de ~)	esterāhat	استراحت
train (m)	qatār	قطار
en train	bā qatār	با قطار
avion (m)	havāpeymā	هواپیما
en avion	bā havāpeymā	با هواپیما
en voiture	bā otomobil	با اتومبیل
en bateau	dar kešti	با کشتی
bagage (m)	bār	بار
malle (f)	čamedān	چمدان
chariot (m)	čarx-e hamle bar	چرخ حمل بار
passeport (m)	gozarnāme	گذرنامه
visa (m)	ravādid	روادید
ticket (m)	belit	بلیط
billet (m) d'avion	belit-e havāpeymā	بلیط هواپیما
guide (m) (livre)	ketāb-e rāhnamā	کتاب راهنما
carte (f)	naqše	نقشه
région (f) (~ rurale)	mahal	محل
endroit (m)	jā	جا
exotisme (m)	qarāyeb	غرایب
exotique (adj)	qarib	غریب
étonnant (adj)	heyrat angiz	حیرت انگیز
groupe (m)	goruh	گروه
excursion (f)	gardeš	گردش
guide (m) (personne)	rāhnamā-ye tur	راهنمای تور

156. L'hôtel

hôtel (m)	hotel	هتل
motel (m)	motel	متل
3 étoiles	se setāre	سه ستاره

5 étoiles	panj setāre	پنج ستاره
descendre (à l'hôtel)	māndan	ماندن
chambre (f)	otāq	اتاق
chambre (f) simple	otāq-e yeknafare	اتاق یک نفره
chambre (f) double	otāq-e do nafare	اتاق دو نفره
réserver une chambre	otāq rezerv kardan	اتاق رزرو کردن
demi-pension (f)	nim pānsiyon	نیم پانسیون
pension (f) complète	pānsiyon	پانسیون
avec une salle de bain	bā vān	با وان
avec une douche	bā duš	با دوش
télévision (f) par satellite	televiziyon-e māhvārei	تلویزیون ماهواره ای
climatiseur (m)	tahviye-ye matbu'	تهویه مطبوع
serviette (f)	howle	حوله
clé (f)	kelid	کلید
administrateur (m)	edāre-ye konande	اداره کننده
femme (f) de chambre	mostaxdem	مستخدم
porteur (m)	bārbar	باربر
portier (m)	darbān	دربان
restaurant (m)	resturān	رستوران
bar (m)	bār	بار
petit déjeuner (m)	sobhāne	صبحانه
dîner (m)	šām	شام
buffet (m)	bufe	بوفه
hall (m)	lābi	لابی
ascenseur (m)	āsānsor	آسانسور
PRIÈRE DE NE PAS DÉRANGER	mozāhem našavid	مزاحم نشوید
DÉFENSE DE FUMER	sigār kešidan mamnu'	سیگار کشیدن ممنوع

157. Le livre. La lecture

livre (m)	ketāb	کتاب
auteur (m)	moallef	مؤلف
écrivain (m)	nevisande	نویسنده
écrire (~ un livre)	neveštan	نوشتن
lecteur (m)	xānande	خواننده
lire (vi, vt)	xāndan	خواندن
lecture (f)	motāle'e	مطالعه
à part soi	be ārāmi	به آرامی
à haute voix	boland	بلند
éditer (vt)	montašer kardan	منتشر کردن
édition (f) (~ des livres)	entešār	انتشار
éditeur (m)	nāšer	ناشر
maison (f) d'édition	entešārāt	انتشارات

paraître (livre)	montašer šodan	منتشر شدن
sortie (f) (~ d'un livre)	našr	نشر
tirage (m)	tirāž	تیراژ
librairie (f)	ketāb-foruši	کتاب فروشی
bibliothèque (f)	ketābxāne	کتابخانه
nouvelle (f)	dāstān	داستان
récit (m)	hekāyat	حکایت
roman (m)	ramān	رمان
roman (m) policier	dastane jenai	داستان جنایی
mémoires (m pl)	xāterāt	خاطرات
légende (f)	afsāne	افسانه
mythe (m)	osture	اسطوره
vers (m pl)	še'r	شعر
autobiographie (f)	zendegināme	زندگینامه
les œuvres choisies	āsār-e montaxab	آثار منتخب
science-fiction (f)	elmi-ye taxayyoli	علمی تخیلی
titre (m)	onvān	عنوان
introduction (f)	moqaddame	مقدمه
page (f) de titre	safhe-ye onvān	صفحه عنوان
chapitre (m)	fasl	فصل
extrait (m)	gozide	گزیده
épisode (m)	qesmat	قسمت
sujet (m)	suže	سوژه
sommaire (m)	mazmun	مضمون
table (f) des matières	fehrest	فهرست
protagoniste (m)	qahremān-e asli	قهرمان اصلی
volume (m)	jeld	جلد
couverture (f)	jeld	جلد
reliure (f)	sahhāfi	صحافی
marque-page (m)	čub-e alef	چوب الف
page (f)	safhe	صفحه
feuilleter (vt)	varaq zadan	ورق زدن
marges (f pl)	hāšiye	حاشیه
annotation (f)	hāšiye nevisi	حاشیه نویسی
note (f) de bas de page	pāvaraqi	پاورقی
texte (m)	matn	متن
police (f)	font	فونت
faute (f) d'impression	qalat čāpi	غلط چاپی
traduction (f)	tarjome	ترجمه
traduire (vt)	tarjome kardan	ترجمه کردن
original (m)	nosxe-ye asli	نسخهٔ اصلی
célèbre (adj)	mašhur	مشهور
inconnu (adj)	nāšenāxte	ناشناخته
intéressant (adj)	jāleb	جالب

best-seller (m)	por foruš	پر فروش
dictionnaire (m)	farhang-e loqat	فرهنگ لغت
manuel (m)	ketāb-e darsi	کتاب درسی
encyclopédie (f)	dāyeratolma'āref	دایره المعارف

158. La chasse. La pêche

chasse (f)	šekār	شکار
chasser (vi, vt)	šekār kardan	شکار کردن
chasseur (m)	šekārči	شکارچی

tirer (vi)	tirandāzi kardan	تیراندازی کردن
fusil (m)	tofang	تفنگ
cartouche (f)	fešang	فشنگ
grains (m pl) de plomb	sāčme	ساچمه

piège (m) à mâchoires	tale	تله
piège (m)	dām	دام
être pris dans un piège	dar tale oftādan	در تله افتادن
mettre un piège	tale gozāštan	تله گذاشتن

braconnier (m)	šekārči-ye qeyr-e qānuni	شکارچی غیر قانونی
gibier (m)	šekār	شکار
chien (m) de chasse	sag-e šekāri	سگ شکاری
safari (m)	safar-e ektešāfi āfriqā	سفر اکتشافی آفریقا
animal (m) empaillé	heyvān-e model	حیوان مدل

pêcheur (m)	māhigir	ماهیگیر
pêche (f)	māhigiri	ماهیگیری
pêcher (vi)	māhi gereftan	ماهی گرفتن

canne (f) à pêche	čub māhi gir-i	چوب ماهی گیری
ligne (f) de pêche	nax-e māhigiri	نخ ماهیگیری
hameçon (m)	qollāb	قلاب
flotteur (m)	šenāvar	شناور
amorce (f)	to'me	طعمه

| lancer la ligne | qollāb andāxtan | قلاب انداختن |
| mordre (vt) | gāz gereftan | گاز گرفتن |

| pêche (f) (poisson capturé) | seyd | صید |
| trou (m) dans la glace | surāx dar yax | سوراخ دریخ |

| filet (m) | tur | تور |
| barque (f) | qāyeq | قایق |

pêcher au filet	bā tur-e māhi gereftan	با تورماهی گرفتن
jeter un filet	tur andāxtan	تور انداختن
retirer le filet	tur rā birun āvardan	تور را بیرون آوردن
tomber dans le filet	be tur oftādan	به تور افتادن

baleinier (m)	seyād-e nahang	صیاد نهنگ
baleinière (f)	kešti-ye seyd-e nahang	کشتی صید نهنگ
harpon (m)	neyze	نیزه

159. Les jeux. Le billard

billard (m)	bilyārd	بیلیارد
salle (f) de billard	otāq-e bilyārd	اتاق بیلیارد
bille (f) de billard	tup	توپ
empocher une bille	tup vāred-e pākat kardan	توپ وارد پاکت کردن
queue (f)	čub-e bilyārd	چوب بیلیارد
poche (f)	pākat	پاکت

160. Les jeux de cartes

carreau (m)	xešt	خشت
pique (m)	peyk	پیک
cœur (m)	del	دل
trèfle (m)	xāj	خاج
as (m)	tak xāl	تک خال
roi (m)	šāh	شاه
dame (f)	bi bi	بی بی
valet (m)	sarbāz	سرباز
carte (f)	varaq	ورق
jeu (m) de cartes	varaq	ورق
atout (m)	xāl-e hokm	خال حکم
paquet (m) de cartes	daste-ye varaq	دستۀ ورق
point (m)	xāl	خال
distribuer (les cartes)	varaq dādan	ورق دادن
battre les cartes	bar zadan	بر زدن
tour (m) de jouer	harekat	حرکت
tricheur (m)	moteqalleb	متقلب

161. Le casino. La roulette

casino (m)	kāzino	کازینو
roulette (f)	rolet	رولت
mise (f)	šart bandi	شرط بندی
miser (vt)	šart bandi kardan	شرط بندی کردن
rouge (m)	sorx	سرخ
noir (m)	siyāh	سیاه
miser sur le rouge	ru-ye sorx-e šart-bandi kardan	روی سرخ شرط بندی کردن
miser sur le noir	ru-ye siyāh-e šart-bandi kardan	روی سیاه شرط بندی کردن
croupier (m)	mas'ul-e bāzi	مسئول بازی
faire tourner la roue	gardāndan-e čarx	گرداندن چرخ
règles (f pl) du jeu	qavā'ede bāzi	قواعد بازی
fiche (f)	žeton	ژتون

gagner (vi, vt)	piruz šodan	پیروز شدن
gain (m)	bord	برد
perdre (vi)	bāxtan	باختن
perte (f)	bāxt	باخت
joueur (m)	bāzikon	بازیکن
black-jack (m)	balak jak	بلک جک
jeu (m) de dés	tās bāzi	تاس بازی
dés (m pl)	tās	تاس
machine (f) à sous	māšin asal-at	ماشین اسلات

162. Les loisirs. Les jeux

se promener (vp)	gardeš kardan	گردش کردن
promenade (f)	gardeš	گردش
promenade (f) (en voiture)	siyāhat	سیاحت
aventure (f)	mājarā	ماجرا
pique-nique (m)	pik nik	پیک نیک
jeu (m)	bāzi	بازی
joueur (m)	bāzikon	بازیکن
partie (f) (~ de cartes, etc.)	dor-e bazi	دوربازی
collectionneur (m)	kolleksiyoner	کلکسیونر
collectionner (vt)	jam'-e āvari kardan	جمع آوری کردن
collection (f)	koleksiyon	کلکسیون
mots (m pl) croisés	kalamāt-e moteqāte'	کلمات متقاطع
hippodrome (m)	meydān-e asb-e davāni	میدان اسب دوانی
discothèque (f)	disko	دیسکو
sauna (m)	sonā	سونا
loterie (f)	baxt-e āzmāyi	بخت آزمایی
trekking (m)	rāh peymāyi	راه پیمایی
camp (m)	ordugāh	اردوگاه
tente (f)	čādor	چادر
boussole (f)	qotb namā	قطب نما
campeur (m)	kamp nešin	کمپ نشین
regarder (la télé)	tamāšā kardan	تماشا کردن
téléspectateur (m)	tamāšāči	تماشاچی
émission (f) de télé	barnāme-ye televiziyoni	برنامه تلویزیونی

163. La photographie

appareil (m) photo	durbin-e akkāsi	دوربین عکاسی
photo (f)	aks	عکس
photographe (m)	akkās	عکاس
studio (m) de photo	ātolye-ye akkāsi	آتلیهٔ عکاسی

album (m) de photos	ālbom-e aks	آلبوم عکس
objectif (m)	lenz-e durbin	لنز دوربین
téléobjectif (m)	lenz-e tale-ye foto	لنز تله فوتو
filtre (m)	filter	فیلتر
lentille (f)	lenz	لنز
optique (f)	optik	اپتیک
diaphragme (m)	diyāfrāgm	دیافراگم
temps (m) de pose	sor'at-e bāz šodan-e lenz	سرعت بازشدن لنز
viseur (m)	namā yāb	نما یاب
appareil (m) photo numérique	durbin-e dijitāl	دوربین دیجیتال
trépied (m)	se pāye	سه پایه
flash (m)	feleš	فلش
photographier (vt)	akkāsi kardan	عکاسی کردن
prendre en photo	aks gereftan	عکس گرفتن
se faire prendre en photo	aks gereftan	عکس گرفتن
mise (f) au point	noqte-ye kānuni	نقطه کانونی
mettre au point	motemarkez kardan	متمرکز کردن
net (adj)	vāzeh	واضح
netteté (f)	vozuh	وضوح
contraste (m)	konterāst	کنتراست
contrasté (adj)	konterāst	کنتراست
épreuve (f)	aks	عکس
négatif (m)	film-e negātiv	فیلم نگاتیو
pellicule (f)	film	فیلم
image (f)	čārcub	چارچوب
tirer (des photos)	čāp kardan	چاپ کردن

164. La plage. La baignade

plage (f)	pelāž	پلاژ
sable (m)	šen	شن
désert (plage ~e)	xāli	خالی
bronzage (m)	hammām-e āftāb	حمام آفتاب
se bronzer (vp)	hammām-e āftāb gereftan	حمام آفتاب گرفتن
bronzé (adj)	boronze	برنزه
crème (f) solaire	kerem-e zedd-e āftāb	کرم ضد آفتاب
bikini (m)	māyo-ye do tekke	مایوی دو تکه
maillot (m) de bain	māyo	مایو
slip (m) de bain	māyo	مایو
piscine (f)	estaxr	استخر
nager (vi)	šenā kardan	شنا کردن
douche (f)	duš	دوش
se changer (vp)	lebās avaz kardan	لباس عوض کردن
serviette (f)	howle	حوله
barque (f)	qāyeq	قایق

canot (m) à moteur	qāyeq-e motori	قایق موتوری
ski (m) nautique	eski-ye ruy-ye āb	اسکی روی آب
pédalo (m)	qāyeq-e pedāli	قایق پدالی
surf (m)	mowj savāri	موج سواری
surfeur (m)	mowj savār	موج سوار
scaphandre (m) autonome	eskowba	اسکوبا
palmes (f pl)	bālehā-ye qavvāsi	باله های غواصی
masque (m)	māsk	ماسک
plongeur (m)	qavvās	غواص
plonger (vi)	širje raftan	شیرجه رفتن
sous l'eau (adv)	zir-e ābi	زیر آبی
parasol (m)	čatr	چتر
chaise (f) longue	sandali-ye rāhati	صندلی راحتی
lunettes (f pl) de soleil	eynak āftābi	عینک آفتابی
matelas (m) pneumatique	tošak-e ābi	تشک آبی
jouer (s'amuser)	bāzi kardan	بازی کردن
se baigner (vp)	ābtani kardan	آبتنی کردن
ballon (m) de plage	tup	توپ
gonfler (vt)	bād kardan	باد کردن
gonflable (adj)	bādi	بادی
vague (f)	mowj	موج
bouée (f)	šenāvar	شناور
se noyer (vp)	qarq šodan	غرق شدن
sauver (vt)	najāt dādan	نجات دادن
gilet (m) de sauvetage	jeliqe-ye nejāt	جلیقهٔ نجات
observer (vt)	mošāhede kardan	مشاهده کردن
maître nageur (m)	nejāt-e dahande	نجات دهنده

LE MATÉRIEL TECHNIQUE. LES TRANSPORTS

Le matériel technique

165. L'informatique

ordinateur (m)	kāmpiyuter	کامپیوتر
PC (m) portable	lap tāp	لپ تاپ
allumer (vt)	rowšan kardan	روشن کردن
éteindre (vt)	xāmuš kardan	خاموش کردن
clavier (m)	sahfe kelid	صفحه کلید
touche (f)	kelid	کلید
souris (f)	māows	ماوس
tapis (m) de souris	māows pad	ماوس پد
bouton (m)	dokme	دکمه
curseur (m)	makān namā	مکان نما
moniteur (m)	monitor	مونیتور
écran (m)	safhe	صفحه
disque (m) dur	hārd disk	هارد دیسک
capacité (f) du disque dur	hajm-e hard	حجم هارد
mémoire (f)	hāfeze	حافظه
mémoire (f) vive	hāfeze-ye ram	حافظه رم
fichier (m)	parvande	پرونده
dossier (m)	puše	پوشه
ouvrir (vt)	bāz kardan	باز کردن
fermer (vt)	bastan	بستن
sauvegarder (vt)	zaxire kardan	ذخیره کردن
supprimer (vt)	hazf kardan	حذف کردن
copier (vt)	kopi kardan	کپی کردن
trier (vt)	tabaqe bandi kardan	طبقه بندی کردن
copier (vt)	kopi kardan	کپی کردن
programme (m)	barnāme	برنامه
logiciel (m)	narm afzār	نرم افزار
programmeur (m)	barnāme-ye nevis	برنامه نویس
programmer (vt)	barnāme-nevisi kardan	برنامه نویسی کردن
hacker (m)	haker	هکر
mot (m) de passe	kalame-ye obur	کلمه عبور
virus (m)	virus	ویروس
découvrir (détecter)	peydā kardan	پیدا کردن
bit (m)	bāyt	بایت

mégabit (m)	megābāyt	مگابایت
données (f pl)	dāde-hā	داده ها
base (f) de données	pāygāh dāde-hā	پایگاه داده ها

câble (m)	kābl	کابل
déconnecter (vt)	jodā kardan	جدا کردن
connecter (vt)	vasl kardan	وصل کردن

166. L'Internet. Le courrier électronique

Internet (m)	internet	اینترنت
navigateur (m)	morurgar	مرورگر
moteur (m) de recherche	motor-e jostoju	موتور جستجو
fournisseur (m) d'accès	erāe-ye dehande	ارائه دهنده

administrateur (m) de site	tarrāh-e vebsāyt	طراح وب سایت
site (m) web	veb-sāyt	وب سایت
page (f) web	safhe-ye veb	صفحه وب

| adresse (f) | nešāni | نشانی |
| carnet (m) d'adresses | daftarče-ye nešāni | دفترچه نشانی |

boîte (f) de réception	sanduq-e post	صندوق پست
courrier (m)	post	پست
pleine (adj)	por	پر

message (m)	payām	پیام
messages (pl) entrants	payāmhā-ye vorudi	پیامهای ورودی
messages (pl) sortants	payāmhā-ye xoruji	پیامهای خروجی

expéditeur (m)	ferestande	فرستنده
envoyer (vt)	ferestādan	فرستادن
envoi (m)	ersāl	ارسال

| destinataire (m) | girande | گیرنده |
| recevoir (vt) | gereftan | گرفتن |

| correspondance (f) | mokātebe | مکاتبه |
| être en correspondance | mokātebe kardan | مکاتبه کردن |

fichier (m)	parvande	پرونده
télécharger (vt)	dānlod kardan	دانلود کردن
créer (vt)	ijād kardan	ایجاد کردن
supprimer (vt)	hazf kardan	حذف کردن
supprimé (adj)	hazf šode	حذف شده

connexion (f) (ADSL, etc.)	ertebāt	ارتباط
vitesse (f)	sor'at	سرعت
modem (m)	modem	مودم
accès (m)	dastyābi	دستیابی
port (m)	dargāh	درگاه

| connexion (f) (établir la ~) | ertebāt | ارتباط |
| se connecter à ... | vasl šodan | وصل شدن |

| sélectionner (vt) | entexāb kardan | انتخاب کردن |
| rechercher (vt) | jostoju kardan | جستجو کردن |

167. L'électricité

électricité (f)	barq	برق
électrique (adj)	barqi	برقی
centrale (f) électrique	nirugāh	نیروگاه
énergie (f)	enerži	انرژی
énergie (f) électrique	niru-ye barq	نیروی برق

ampoule (f)	lāmp	لامپ
torche (f)	čerāq-e dasti	چراغ دستی
réverbère (m)	čerāq-e barq	چراغ برق

lumière (f)	nur	نور
allumer (vt)	rowšan kardan	روشن کردن
éteindre (vt)	xāmuš kardan	خاموش کردن
éteindre la lumière	čerāq rā xāmuš kardan	چراغ را خاموش کردن

être grillé	suxtan	سوختن
court-circuit (m)	ettesāli	اتصالی
rupture (f)	sim qatʿ šode	سیم قطع شده
contact (m)	tamās	تماس

interrupteur (m)	kelid	کلید
prise (f)	periz	پریز
fiche (f)	došāxe	دوشاخه
rallonge (f)	sim-e sayār	سیم سیار

fusible (m)	fiyuz	فیوز
fil (m)	sim	سیم
installation (f) électrique	sim keši	سیم کشی

ampère (m)	āmper	آمپر
intensité (f) du courant	šeddat-e jaryān	شدت جریان
volt (m)	volt	ولت
tension (f)	voltāž	ولتاژ

| appareil (m) électrique | vasile-ye barqi | وسیله برقی |
| indicateur (m) | šāxes | شاخص |

électricien (m)	barq-e kār	برق کار
souder (vt)	lahim kardan	لحیم کردن
fer (m) à souder	hoviye	هویه
courant (m)	jaryān-e barq	جریان برق

168. Les outils

outil (m)	abzār	ابزار
outils (m pl)	abzār	ابزار
équipement (m)	tajhizāt	تجهیزات

marteau (m)	čakoš	چکش
tournevis (m)	pič gušti	پیچ گوشتی
hache (f)	tabar	تبر
scie (f)	arre	اره
scier (vt)	arre kardan	اره کردن
rabot (m)	rande	رنده
raboter (vt)	rande kardan	رنده کردن
fer (m) à souder	hoviye	هویه
souder (vt)	lahim kardan	لحیم کردن
lime (f)	sowhān	سوهان
tenailles (f pl)	gāzanbor	گازانبر
pince (f) plate	anbordast	انبردست
ciseau (m)	eskene	اسکنه
foret (m)	sar-matte	سرمته
perceuse (f)	matte barqi	مته برقی
percer (vt)	surāx kardan	سوراخ کردن
couteau (m)	kārd	کارد
canif (m)	čāqu-ye jibi	چاقوی جیبی
lame (f)	tiqe	تیغه
bien affilé (adj)	tiz	تیز
émoussé (adj)	konad	کند
s'émousser (vp)	konad šodan	کند شدن
affiler (vt)	tiz kardan	تیز کردن
boulon (m)	pič	پیچ
écrou (m)	mohre	مهره
filetage (m)	šiyār	شیار
vis (f) à bois	pič	پیچ
clou (m)	mix	میخ
tête (f) de clou	sar-e mix	سر میخ
règle (f)	xat keš	خط کش
mètre (m) à ruban	metr	متر
niveau (m) à bulle	tarāz	تراز
loupe (f)	zarre bin	ذره بین
appareil (m) de mesure	abzār-e andāzegir-i	ابزاراندازه گیری
mesurer (vt)	andāze gereftan	اندازه گرفتن
échelle (f) (~ métrique)	safhe-ye modarraj	صفحهٔ مدرج
relevé (m)	dastgāh-e xaneš	دستگاه خوانش
compresseur (m)	komperesor	کمپرسور
microscope (m)	mikroskop	میکروسکوپ
pompe (f)	pomp	پمپ
robot (m)	robāt	روبات
laser (m)	leyzer	لیزر
clé (f) de serrage	āčār	آچار
ruban (m) adhésif	navār-e časb	نوار چسب

colle (f)	časb	چسب
papier (m) d'émeri	kāqaz-e sonbāde	کاغذ سنباده
ressort (m)	fanar	فنر
aimant (m)	āhan-e robā	آهن ربا
gants (m pl)	dastkeš	دستکش

corde (f)	tanāb	طناب
cordon (m)	band	بند
fil (m) (~ électrique)	sim	سیم
câble (m)	kābl	کابل

masse (f)	potk	پتک
pic (m)	deylam	دیلم
escabeau (m)	nardebān	نردبان
échelle (f) double	nardebān-e sabok	نردبان سبک

visser (vt)	pič kardan	پیچ کردن
dévisser (vt)	bāz kardan	باز کردن
serrer (vt)	fešordan	فشردن
coller (vt)	časbāndan	چسباندن
couper (vt)	boridan	بریدن

défaut (m)	xarābi	خرابی
réparation (f)	ta'mir	تعمیر
réparer (vt)	ta'mir kardan	تعمیر کردن
régler (vt)	tanzim kardan	تنظیم کردن

vérifier (vt)	barresi kardan	بررسی کردن
vérification (f)	barresi	بررسی
relevé (m)	dastgāh-e xaneš	دستگاه خوانش

| fiable (machine ~) | motmaen | مطمئن |
| complexe (adj) | pičide | پیچیده |

rouiller (vi)	zang zadan	زنگ زدن
rouillé (adj)	zang zade	زنگ زده
rouille (f)	zang	زنگ

Les transports

169. L'avion

avion (m)	havāpeymā	هواپیما
billet (m) d'avion	belit-e havāpeymā	بلیط هواپیما
compagnie (f) aérienne	šerkat-e havāpeymāyi	شرکت هواپیمایی
aéroport (m)	forudgāh	فرودگاه
supersonique (adj)	māvarā sowt	ماوراء صوت

commandant (m) de bord	kāpitān	کاپیتان
équipage (m)	xadame	خدمه
pilote (m)	xalabān	خلبان
hôtesse (f) de l'air	mehmāndār-e havāpeymā	مهماندار هواپیما
navigateur (m)	nāvbar	ناوبر

ailes (f pl)	bāl-hā	بال ها
queue (f)	dam	دم
cabine (f)	kābin	کابین
moteur (m)	motor	موتور
train (m) d'atterrissage	šāssi	شاسی
turbine (f)	turbin	توربین

hélice (f)	parvāne	پروانه
boîte (f) noire	ja'be-ye siyāh	جعبه سیاه
gouvernail (m)	farmān	فرمان
carburant (m)	suxt	سوخت

consigne (f) de sécurité	dasturol'amal	دستورالعمل
masque (m) à oxygène	māsk-e oksižen	ماسک اکسیژن
uniforme (m)	oniform	اونیفورم

| gilet (m) de sauvetage | jeliqe-ye nejāt | جلیقة نجات |
| parachute (m) | čatr-e nejāt | چترنجات |

décollage (m)	parvāz	پرواز
décoller (vi)	parvāz kardan	پرواز کردن
piste (f) de décollage	bānd-e forudgāh	باند فرودگاه

| visibilité (f) | meydān did | میدان دید |
| vol (m) (~ d'oiseau) | parvāz | پرواز |

| altitude (f) | ertefā' | ارتفاع |
| trou (m) d'air | čāle-ye havāyi | چاله هوایی |

place (f)	jā	جا
écouteurs (m pl)	guši	گوشی
tablette (f)	sini-ye tāšow	سینی تاشو
hublot (m)	panjere	پنجره
couloir (m)	rāhrow	راهرو

170. Le train

train (m)	qatâr	قطار
train (m) de banlieue	qatâr-e barqi	قطار برقی
TGV (m)	qatâr-e sari'osseyr	قطارسریع السیر
locomotive (f) diesel	lokomotiv-e dizel	لوکوموتیو دیزل
locomotive (f) à vapeur	lokomotiv-e boxar	لوکوموتیو بخار
wagon (m)	vâgon	واگن
wagon-restaurant (m)	vâgon-e resturân	واگن رستوران
rails (m pl)	reyl-hâ	ریل ها
chemin (m) de fer	râh âhan	راه آهن
traverse (f)	reyl-e band	ریل بند
quai (m)	sakku-ye râh-âhan	سکوی راه آهن
voie (f)	masir	مسیر
sémaphore (m)	nešanar	نشانبر
station (f)	istgâh	ایستگاه
conducteur (m) de train	rânande	راننده
porteur (m)	bârbar	باربر
steward (m)	râhnamâ-ye qatâr	راهنمای قطار
passager (m)	mosâfer	مسافر
contrôleur (m) de billets	kontorol či	کنترل چی
couloir (m)	râhrow	راهرو
frein (m) d'urgence	tormoz-e ezterâri	ترمز اضطراری
compartiment (m)	kupe	کوپه
couchette (f)	taxt-e kupe	تخت کوپه
couchette (f) d'en haut	taxt-e bâlâ	تخت بالا
couchette (f) d'en bas	taxt-e pâyin	تخت پایین
linge (m) de lit	raxt-e xâb	رخت خواب
ticket (m)	belit	بلیط
horaire (m)	barnâme	برنامه
tableau (m) d'informations	barnâme-ye zamâni	برنامه زمانی
partir (vi)	tark kardan	ترک کردن
départ (m) (du train)	harekat	حرکت
arriver (le train)	residan	رسیدن
arrivée (f)	vorud	ورود
arriver en train	bâ qatâr âmadan	با قطار آمدن
prendre le train	savâr-e qatâr šodan	سوار قطار شدن
descendre du train	az qatâr piyâde šodan	از قطار پیاده شدن
accident (m) ferroviaire	sânehe	سانحه
dérailler (vi)	az xat xârej šodan	از خط خارج شدن
locomotive (f) à vapeur	lokomotiv-e boxar	لوکوموتیو بخار
chauffeur (m)	âtaškâr	آتشکار
chauffe (f)	âtašdân	آتشدان
charbon (m)	zoqâl sang	زغال سنگ

171. Le bateau

bateau (m)	kešti	کشتی
navire (m)	kešti	کشتی
bateau (m) à vapeur	kešti-ye boxāri	کشتی بخاری
paquebot (m)	qāyeq-e rudxāne	قایق رودخانه
bateau (m) de croisière	kešti-ye tafrihi	کشتی تفریحی
croiseur (m)	razm nāv	رزم ناو
yacht (m)	qāyeq-e tafrihi	قایق تفریحی
remorqueur (m)	yadak keš	یدک کش
péniche (f)	kešti-ye bārkeše yadaki	کشتی بارکش یدکی
ferry (m)	kešti-ye farābar	کشتی فرابر
voilier (m)	kešti-ye bādbāni	کشتی بادبانی
brigantin (m)	košti dozdān daryā-yi	کشتی دزدان دریایی
brise-glace (m)	kešti-ye yaxšekan	کشتی یخ شکن
sous-marin (m)	zirdaryāyi	زیردریایی
canot (m) à rames	qāyeq	قایق
dinghy (m)	qāyeq-e tafrihi	قایق تفریحی
canot (m) de sauvetage	qāyeq-e nejāt	قایق نجات
canot (m) à moteur	qāyeq-e motori	قایق موتوری
capitaine (m)	kāpitān	کاپیتان
matelot (m)	malavān	ملوان
marin (m)	malavān	ملوان
équipage (m)	xadame	خدمه
maître (m) d'équipage	sar malavān	سر ملوان
mousse (m)	šāgerd-e malavān	شاگرد ملوان
cuisinier (m) du bord	āšpaz-e kešti	آشپز کشتی
médecin (m) de bord	pezešk-e kešti	پزشک کشتی
pont (m)	arše-ye kešti	عرشهٔ کشتی
mât (m)	dakal	دکل
voile (f)	bādbān	بادبان
cale (f)	anbār	انبار
proue (f)	sine-ye kešti	سینه کشتی
poupe (f)	aqab kešti	عقب کشتی
rame (f)	pāru	پارو
hélice (f)	parvāne	پروانه
cabine (f)	otāq-e kešti	اتاق کشتی
carré (m) des officiers	otāq-e afsarān	اتاق افسران
salle (f) des machines	motor xāne	موتور خانه
passerelle (f)	pol-e farmāndehi	پل فرماندهی
cabine (f) de T.S.F.	kābin-e bisim	کابین بی سیم
onde (f)	mowj	موج
journal (m) de bord	roxdād nāme	رخداد نامه
longue-vue (f)	teleskop	تلسکوپ
cloche (f)	nāqus	ناقوس

pavillon (m)	parčam	پرچم
grosse corde (f) tressée	tanāb	طناب
nœud (m) marin	gereh	گره
rampe (f)	narde	نرده
passerelle (f)	pol	پل
ancre (f)	langar	لنگر
lever l'ancre	langar kešidan	لنگر کشیدن
jeter l'ancre	langar andāxtan	لنگر انداختن
chaîne (f) d'ancrage	zanjir-e langar	زنجیر لنگر
port (m)	bandar	بندر
embarcadère (m)	eskele	اسکله
accoster (vi)	pahlu gereftan	پهلو گرفتن
larguer les amarres	tark kardan	ترک کردن
voyage (m) (à l'étranger)	mosāferat	مسافرت
croisière (f)	safar-e daryāyi	سفر دریایی
cap (m) (suivre un ~)	masir	مسیر
itinéraire (m)	masir	مسیر
chenal (m)	kešti-ye ru	کشتی رو
bas-fond (m)	mahall-e kam omq	محل کم عمق
échouer sur un bas-fond	be gel nešastan	به گل نشستن
tempête (f)	tufān	طوفان
signal (m)	alāmat	علامت
sombrer (vi)	qarq šodan	غرق شدن
Un homme à la mer!	kas-i dar hāl-e qarq šodan-ast!	کسی در حال غرق شدن است!
SOS (m)	sos	SOS
bouée (f) de sauvetage	kamarband-e nejāt	کمربند نجات

172. L'aéroport

aéroport (m)	forudgāh	فرودگاه
avion (m)	havāpeymā	هواپیما
compagnie (f) aérienne	šerkat-e havāpeymāyi	شرکت هواپیمایی
contrôleur (m) aérien	ma'mur-e kontorol-e terāfik-e havāyi	مأمور کنترل ترافیک هوایی
départ (m)	azimat	عزیمت
arrivée (f)	vorud	ورود
arriver (par avion)	residan	رسیدن
temps (m) de départ	zamān-e parvāz	زمان پرواز
temps (m) d'arrivée	zamān-e vorud	زمان ورود
être retardé	ta'xir kardan	تأخیر کردن
retard (m) de l'avion	ta'xir-e parvāz	تأخیر پرواز
tableau (m) d'informations	tāblo-ye ettelā'āt	تابلوی اطلاعات
information (f)	ettelā'āt	اطلاعات

annoncer (vt)	e'lām kardan	اعلام کردن
vol (m)	parvāz	پرواز
douane (f)	gomrok	گمرک
douanier (m)	ma'mur-e gomrok	مأمور گمرک
déclaration (f) de douane	ežhār-nāme	اظهارنامه
remplir (vt)	por kardan	پر کردن
remplir la déclaration	ezhār-nāme rā por kardan	اظهارنامه را پر کردن
contrôle (m) de passeport	kontorol-e gozarnāme	کنترل گذرنامه
bagage (m)	bār	بار
bagage (m) à main	bār-e dasti	بار دستی
chariot (m)	čarx-e hamle bar	چرخ حمل بار
atterrissage (m)	forud	فرود
piste (f) d'atterrissage	bānd-e forudgāh	باند فرودگاه
atterrir (vi)	nešastan	نشستن
escalier (m) d'avion	pellekān	پلکان
enregistrement (m)	ček in	چک این
comptoir (m) d'enregistrement	bāje-ye kontorol	باجه کنترل
s'enregistrer (vp)	čekin kardan	چکاین کردن
carte (f) d'embarquement	kārt-e parvāz	کارت پرواز
porte (f) d'embarquement	gi-yat xoruj	گیت خروج
transit (m)	terānzit	ترانزیت
attendre (vt)	montazer budan	منتظر بودن
salle (f) d'attente	tālār-e entezār	تالار انتظار
raccompagner (à l'aéroport, etc.)	badraqe kardan	بدرقه کردن
dire au revoir	xodāhāfezi kardan	خداحافظی کردن

173. Le vélo. La moto

vélo (m)	dočarxe	دوچرخه
scooter (m)	eskuter	اسکوتر
moto (f)	motorsiklet	موتورسیکلت
faire du vélo	bā dočarxe raftan	با دوچرخه رفتن
guidon (m)	farmān-e dočarxe	فرمان دوچرخه
pédale (f)	pedāl	پدال
freins (m pl)	tormoz	ترمز
selle (f)	zin	زین
pompe (f)	pomp	پمپ
porte-bagages (m)	tarakband	ترکبند
phare (m)	čerāq-e jelo	چراغ جلو
casque (m)	kolāh-e imeni	کلاه ایمنی
roue (f)	čarx	چرخ
garde-boue (m)	golgir	گلگیر
jante (f)	towqe	طوقه
rayon (m)	parre	پره

La voiture

174. Les différents types de voiture

automobile (f)	otomobil	اتومبیل
voiture (f) de sport	otomobil-e varzeši	اتومبیل ورزشی
limousine (f)	limozin	لیموزین
tout-terrain (m)	jip	جیپ
cabriolet (m)	kābriyole	کابریوله
minibus (m)	mini bus	مینی بوس
ambulance (f)	āmbolāns	آمبولانس
chasse-neige (m)	māšin-e barfrub	ماشین برف روب
camion (m)	kāmiyon	کامیون
camion-citerne (m)	tānker	تانکر
fourgon (m)	kāmiyon	کامیون
tracteur (m) routier	tereyler	تریلر
remorque (f)	yadak	یدک
confortable (adj)	rāhat	راحت
d'occasion (adj)	dast-e dovvom	دست دوم

175. La voiture. La carrosserie

capot (m)	kāput	کاپوت
aile (f)	golgir	گلگیر
toit (m)	saqf	سقف
pare-brise (m)	šiše-ye jelo	شیشه جلو
rétroviseur (m)	āyene-ye did-e aqab	آینه دید عقب
lave-glace (m)	pak konande	پاک کننده
essuie-glace (m)	barf pāk kon	برف پاک کن
fenêtre (f) latéral	šiše-ye baqal	شیشهٔ بغل
lève-glace (m)	šiše bālābar	شیشه بالابر
antenne (f)	ānten	آنتن
toit (m) ouvrant	sanrof	سانروف
pare-chocs (m)	separ	سپر
coffre (m)	sanduq-e aqab	صندوق عقب
galerie (f) de toit	bārband	باربند
portière (f)	darb	درب
poignée (f)	dastgire-ye dar	دستگیرهٔ در
serrure (f)	qofl	قفل
plaque (f) d'immatriculation	pelāk	پلاک
silencieux (m)	xafe kon	خفه کن

réservoir (m) d'essence	bāk-e benzin	باک بنزین
pot (m) d'échappement	lule-ye egzoz	لولۀ اگزوز
accélérateur (m)	gāz	گاز
pédale (f)	pedāl	پدال
pédale (f) d'accélérateur	pedāl-e gāz	پدال گاز
frein (m)	tormoz	ترمز
pédale (f) de frein	pedāl-e tormoz	پدال ترمز
freiner (vi)	tormoz kardan	ترمز کردن
frein (m) à main	tormoz-e dasti	ترمز دستی
embrayage (m)	kelāč	کلاچ
pédale (f) d'embrayage	pedāl-e kelāč	پدال کلاچ
disque (m) d'embrayage	disk-e kelāč	دیسک کلاچ
amortisseur (m)	komak-e fanar	کمک فنر
roue (f)	čarx	چرخ
roue (f) de rechange	zāpās	زاپاس
enjoliveur (m)	qālpāq	قالپاق
roues (f pl) motrices	čarxhā-ye moharrek	چرخ های محرک
à traction avant	mehvarhā-ye jelo	محورهای جلو
à traction arrière	mehvarhā-ye aqab	محورهای عقب
à traction intégrale	tamām-e čarx	تمام چرخ
boîte (f) de vitesses	ja'be-ye dande	جعبۀ دنده
automatique (adj)	otumātik	اتوماتیک
mécanique (adj)	mekāniki	مکانیکی
levier (m) de vitesse	ahrom-e ja'be dande	اهرم جعبه دنده
phare (m)	čerāq-e jelo	چراغ جلو
feux (m pl)	čerāq-hā	چراغ ها
feux (m pl) de croisement	nur-e pāin	نور پائین
feux (m pl) de route	nur-e bālā	نور بالا
feux (m pl) stop	čerāq-e tormoz	چراغ ترمز
feux (m pl) de position	čerāqhā-ye pārk	چراغ های پارک
feux (m pl) de détresse	čerāqha-ye xatar	چراغ های خطر
feux (m pl) de brouillard	čerāqhā-ye meh-e šekan	چراغ های مه شکن
clignotant (m)	čerāq-e rāhnamā	چراغ راهنما
feux (m pl) de recul	čerāq-e dande-ye aqab	چراغ دنده عقب

176. La voiture. L'habitacle

habitacle (m)	dāxel-e xodrow	داخل خودرو
en cuir (adj)	čarmi	چرمی
en velours (adj)	maxmali	مخملی
revêtement (m)	tuduzi	تودوزی
instrument (m)	abzār	ابزار
tableau (m) de bord	safhe-ye dāšbord	صفحه داشبورد
indicateur (m) de vitesse	sor'at sanj	سرعت سنج

aiguille (f)	aqrabe	عقربه
compteur (m) de kilomètres	kilumetr-e šomār	کیلومتر شمار
indicateur (m)	nešāngar	نشانگر
niveau (m)	sath	سطح
témoin (m)	lāmp	لامپ
volant (m)	farmān	فرمان
klaxon (m)	buq	بوق
bouton (m)	dokme	دکمه
interrupteur (m)	kelid	کلید
siège (m)	sandali	صندلی
dossier (m)	pošti-ye sandali	پشتی صندلی
appui-tête (m)	zir-e seri	زیر سری
ceinture (f) de sécurité	kamarband-e imeni	کمربند ایمنی
mettre la ceinture	kamarband rā bastan	کمربند را بستن
réglage (m)	tanzim	تنظیم
airbag (m)	kise-ye havā	کیسه هوا
climatiseur (m)	tahviye-ye matbu'	تهویه مطبوع
radio (f)	rādiyo	رادیو
lecteur (m) de CD	paxš konande-ye si di	پخش کننده سی دی
allumer (vt)	rowšan kardan	روشن کردن
antenne (f)	ānten	آنتن
boîte (f) à gants	dāšbord	داشبورد
cendrier (m)	zir-sigāri	زیرسیگاری

177. La voiture. Le moteur

moteur (m)	motor	موتور
diesel (adj)	dizel	دیزل
à essence (adj)	benzin	بنزین
capacité (f) du moteur	hajm-e motor	حجم موتور
puissance (f)	niru	نیرو
cheval-vapeur (m)	asb-e boxār	اسب بخار
piston (m)	pistun	پیستون
cylindre (m)	silandr	سیلندر
soupape (f)	supāp	سوپاپ
injecteur (m)	anžektor	انژکتور
générateur (m)	ženerātor	ژنراتور
carburateur (m)	kārborātor	کاربراتور
huile (f) moteur	rowqan-e motor	روغن موتور
radiateur (m)	rādiyātor	رادیاتور
liquide (m) de refroidissement	māye-'e sard konande	مایع سرد کننده
ventilateur (m)	fan-e xonak konande	فن خنک کننده
batterie (f)	bātri-ye māšin	باتری ماشین
starter (m)	estārt	استارت
allumage (m)	ehterāq	احتراق
bougie (f) d'allumage	šam'-e motor	شمع موتور

borne (f)	pāyāne	پایانه
borne (f) positive	mosbat	مثبت
borne (f) négative	manfi	منفی
fusible (m)	fiyuz	فیوز

filtre (m) à air	filter-e havā	فیلتر هوا
filtre (m) à huile	filter-e rowqan	فیلتر روغن
filtre (m) à essence	filter-e suxt	فیلتر سوخت

178. La voiture. La réparation

accident (m) de voiture	tasādof	تصادف
accident (m) de route	tasādof	تصادف
percuter contre ...	barxord kardan	برخورد کردن
s'écraser (vp)	tasādof kardan	تصادف کردن
dégât (m)	āsib	آسیب
intact (adj)	sālem	سالم

panne (f)	xarābi	خرابی
tomber en panne	xarāb šodan	خراب شدن
corde (f) de remorquage	sim-e boksel	سیم بکسل

crevaison (f)	pančar	پنجر
crever (vi) (pneu)	pančar šodan	پنجر شدن
gonfler (vt)	bād kardan	باد کردن
pression (f)	fešār	فشار
vérifier (vt)	barresi kardan	بررسی کردن

réparation (f)	ta'mir	تعمیر
garage (m) (atelier)	ta'mirgāh-e xodro	تعمیرگاه خودرو
pièce (f) détachée	qet'e-ye yadaki	قطعه یدکی
pièce (f)	qet'e	قطعه

boulon (m)	pič	پیچ
vis (f)	pič	پیچ
écrou (m)	mohre	مهره
rondelle (f)	vāšer	واشر
palier (m)	yātāqān	یاتاقان

tuyau (m)	lule	لوله
joint (m)	vāšer	واشر
fil (m)	sim	سیم

cric (m)	jak	جک
clé (f) de serrage	āčār	آچار
marteau (m)	čakoš	چکش
pompe (f)	pomp	پمپ
tournevis (m)	pič gušti	پیچ گوشتی

extincteur (m)	kapsul-e ātašnešāni	کپسول آتش نشانی
triangle (m) de signalisation	alāmat-e ehtiyāt	علامت احتیاط

caler (vi)	xāmuš šodan	خاموش شدن
calage (m)	tavaqqof	توقف

être en panne	xarāb budan	خراب بودن
surchauffer (vi)	juš āvardan	جوش آوردن
se boucher (vp)	masdud šodan	مسدود شدن
geler (vi)	yax bastan	یخ بستن
éclater (tuyau, etc.)	tarakidan	ترکیدن

pression (f)	fešār	فشار
niveau (m)	sath	سطح
lâche (courroie ~)	za'if	ضعیف

fosse (f)	foruraftegi	فرورفتگی
bruit (m) anormal	sedā	صدا
fissure (f)	tarak	ترک
égratignure (f)	xarāš	خراش

179. La voiture. La route

route (f)	rāh	راه
grande route (autoroute)	bozorgrāh	بزرگراه
autoroute (f)	āzād-e rāh	آزاد راه
direction (f)	samt	سمت
distance (f)	masāfat	مسافت

pont (m)	pol	پل
parking (m)	pārking	پارکینگ
place (f)	meydān	میدان
échangeur (m)	dowr bargardān	دوربرگردان
tunnel (m)	tunel	تونل

station-service (f)	pomp-e benzin	پمپ بنزین
parking (m)	pārking	پارکینگ
poste (m) d'essence	pomp-e benzin	پمپ بنزین
garage (m) (atelier)	ta'mirgāh-e xodro	تعمیرگاه خودرو
se ravitailler (vp)	benzin zadan	بنزین زدن
carburant (m)	suxt	سوخت
jerrycan (m)	dabbe	دبه

asphalte (m)	āsfālt	آسفالت
marquage (m)	alāmat-e gozari	علامت گذاری
bordure (f)	labe-ye jadval	لبه جدول
barrière (f) de sécurité	narde	نرده
fossé (m)	juy	جوی
bas-côté (m)	kenār rāh	کنار راه
réverbère (m)	tir-e barq	تیر برق

conduire (une voiture)	rāndan	راندن
tourner (~ à gauche)	pičidan	پیچیدن
faire un demi-tour	dowr zadan	دور زدن
marche (f) arrière	dande aqab	دنده عقب

klaxonner (vi)	buq zadan	بوق زدن
coup (m) de klaxon	buq	بوق
s'embourber (vp)	gir kardan	گیر کردن
déraper (vi)	sor xordan	سر خوردن

couper (le moteur)	xāmuš kardan	خاموش کردن
vitesse (f)	sor'at	سرعت
dépasser la vitesse	az sor'at-e mojāz gozāštan	ازسرعت مجاز گذشتن
mettre une amende	jarime kardan	جریمه کردن
feux (m pl) de circulation	čerāq-e rāhnamā	چراغ راهنما
permis (m) de conduire	govāhi-nāme-ye rānandegi	گواهینامهٔ رانندگی

passage (m) à niveau	taqāto'	تقاطع
carrefour (m)	čahārrāh	چهارراه
passage (m) piéton	xatt-e āber-e piyāde	خط عابرپیاده
virage (m)	pič	پیچ
zone (f) piétonne	mantaqe-ye āber-e piyāde	منطقهٔ عابر پیاده

180. Les panneaux de signalisation

| code (m) de la route | āyinnāme-ye rāhnamāyi va rānandegi | آیین نامهٔ راهنمایی ورانندگی |
| signe (m) | alāem-e rāhnamāyi-yo rānandegi | علائم راهنمایی ورانندگی |

dépassement (m)	sebqat	سبقت
virage (m)	pič	پیچ
demi-tour (m)	dowr	دور
sens (m) giratoire	harekat dar meydān	حرکت درمیدان

| sens interdit | vorud-e mamnu' | ورود ممنوع |
| circulation interdite | obur-e vasāyel-e naqliye mamnu' | عبور وسایل نقلیه ممنوع |

interdiction de dépasser	sebqat mamnu'	سبقت ممنوع
stationnement interdit	pārk-e mamnu'	پارک ممنوع
arrêt interdit	tavaqqof mamnu'	توقف ممنوع

virage dangereux	pič-e xatarnāk	پیچ خطرناک
descente dangereuse	sarāšibi-ye tond	سراشیبی تند
sens unique	masir-e yektarafe	مسیر یک طرفه
passage (m) piéton	xatt-e āber-e piyāde	خط عابرپیاده
chaussée glissante	jādde-ye laqzande	جاده لغزنده
cédez le passage	re'āyat-e haq-e taqaddom	رعایت حق تقدم

LES GENS. LES ÉVÉNEMENTS

Les grands événements de la vie

181. Les fêtes et les événements

fête (f)	jašn	جشن
fête (f) nationale	eyd-e melli	عید ملی
jour (m) férié	ruz-e jašn	روز جشن
fêter (vt)	jašn gereftan	جشن گرفتن
événement (m) (~ du jour)	vāqe'e	واقعه
événement (m) (soirée, etc.)	ruydād	رویداد
banquet (m)	ziyāfat	ضیافت
réception (f)	ziyāfat	ضیافت
festin (m)	jašn	جشن
anniversaire (m)	sālgard	سالگرد
jubilé (m)	sālgard	سالگرد
célébrer (vt)	jašn gereftan	جشن گرفتن
Nouvel An (m)	sāl-e now	سال نو
Bonne année!	sāl-e now mobārak	سال نو مبارک
Père Noël (m)	bābā noel	بابا نوئل
Noël (m)	kerismas	کریسمس
Joyeux Noël!	kerismas mobārak!	کریسمس مبارک!
arbre (m) de Noël	kāj kerismas	کاج کریسمس
feux (m pl) d'artifice	ātaš-e bāzi	آتش بازی
mariage (m)	arusi	عروسی
fiancé (m)	dāmād	داماد
fiancée (f)	arus	عروس
inviter (vt)	da'vat kardan	دعوت کردن
lettre (f) d'invitation	da'vatnāme	دعوتنامه
invité (m)	mehmān	مهمان
visiter (~ les amis)	be mehmāni raftan	به مهمانی رفتن
accueillir les invités	az mehmānān esteqbāl kardan	از مهمانان استقبال کردن
cadeau (m)	hedye	هدیه
offrir (un cadeau)	hadye dādan	هدیه دادن
recevoir des cadeaux	hediye gereftan	هدیه گرفتن
bouquet (m)	daste-ye gol	دسته گل
félicitations (f pl)	tabrik	تبریک
féliciter (vt)	tabrik goftan	تبریک گفتن

carte (f) de veux	kārt-e tabrik	کارت تبریک
envoyer une carte	kārt-e tabrik ferestādan	کارت تبریک فرستادن
recevoir une carte	kārt-e tabrik gereftan	کارت تبریک گرفتن

toast (m)	be salāmati-ye kas-i nušidan	به سلامتی کسی نوشیدن
offrir (un verre, etc.)	pazirāyi kardan	پذیرایی کردن
champagne (m)	šāmpāyn	شامپاین

s'amuser (vp)	šādi kardan	شادی کردن
gaieté (f)	šādi	شادی
joie (f) (émotion)	maserrat	مسرت

| danse (f) | raqs | رقص |
| danser (vi, vt) | raqsidan | رقصیدن |

| valse (f) | raqs-e vāls | رقص والس |
| tango (m) | raqs tāngo | رقص تانگو |

182. L'enterrement. Le deuil

cimetière (m)	qabrestān	قبرستان
tombe (f)	qabr	قبر
croix (f)	salib	صلیب
pierre (f) tombale	sang-e qabr	سنگ قبر
clôture (f)	hesār	حصار
chapelle (f)	kelisā-ye kučak	کلیسای کوچک

mort (f)	marg	مرگ
mourir (vi)	mordan	مردن
défunt (m)	marhum	مرحوم
deuil (m)	azā	عزا

enterrer (vt)	dafn kardan	دفن کردن
maison (f) funéraire	xadamat-e kafno dafn	خدمات کفن ودفن
enterrement (m)	tašyi-'e jenāze	تشییع جنازه
couronne (f)	tāj-e gol	تاج گل
cercueil (m)	tābut	تابوت
corbillard (m)	na'š keš	نعش کش
linceul (m)	kafan	کفن

cortège (m) funèbre	tašyi-'e jenāze	تشییع جنازه
urne (f) funéraire	zarf-e xākestar-e morde	ظرف خاکستر مرده
crématoire (m)	morde suz xāne	مرده سوز خانه

nécrologue (m)	āgahi-ye tarhim	آگهی ترحیم
pleurer (vi)	gerye kardan	گریه کردن
sangloter (vi)	zār zār gerye kardan	زار زارگریه کردن

183. La guerre. Les soldats

| section (f) | daste | دسته |
| compagnie (f) | goruhān | گروهان |

régiment (m)	hang	هنگ
armée (f)	arteš	ارتش
division (f)	laškar	لشكر
détachement (m)	daste	دسته
armée (f) (Moyen Âge)	laškar	لشكر
soldat (m) (un militaire)	sarbāz	سرباز
officier (m)	afsar	افسر
soldat (m) (grade)	sarbāz	سرباز
sergent (m)	goruhbān	گروهبان
lieutenant (m)	sotvān	ستوان
capitaine (m)	kāpitān	كاپيتان
commandant (m)	sargord	سرگرد
colonel (m)	sarhang	سرهنگ
général (m)	ženerāl	ژنرال
marin (m)	malavān	ملوان
capitaine (m)	kāpitān	كاپيتان
maître (m) d'équipage	sar malavān	سر ملوان
artilleur (m)	tupči	توپچی
parachutiste (m)	sarbāz-e čatrbāz	سرباز چترباز
pilote (m)	xalabān	خلبان
navigateur (m)	nāvbar	ناوبر
mécanicien (m)	mekānik	مكانيك
démineur (m)	mohandes estehkāmāt	مهندس استحكامات
parachutiste (m)	čatr bāz	چترباز
éclaireur (m)	ettelā'āti	اطلاعاتی
tireur (m) d'élite	tak tir andāz	تك تير انداز
patrouille (f)	gašt	گشت
patrouiller (vi)	gašt zadan	گشت زدن
sentinelle (f)	negahbān	نگهبان
guerrier (m)	jangju	جنگجو
patriote (m)	mihan parast	ميهن پرست
héros (m)	qahremān	قهرمان
héroïne (f)	qahremān-e zan	قهرمان زن
traître (m)	xāen	خائن
trahir (vt)	xiyānat kardan	خيانت كردن
déserteur (m)	farāri	فراری
déserter (vt)	farāri budan	فراری بودن
mercenaire (m)	mozdur	مزدور
recrue (f)	sarbāz-e jadid	سرباز جديد
volontaire (m)	dāvtalab	داوطلب
mort (m)	morde	مرده
blessé (m)	zaxmi	زخمی
prisonnier (m) de guerre	asir	اسير

184. La guerre. Partie 1

guerre (f)	jang	جنگ
faire la guerre	jangidan	جنگیدن
guerre (f) civile	jang-e dāxeli	جنگ داخلی
perfidement (adv)	xāenāne	خائنانه
déclaration (f) de guerre	e'lān-e jang	اعلان جنگ
déclarer (la guerre)	e'lān kardan	اعلان کردن
agression (f)	tajāvoz	تجاوز
attaquer (~ un pays)	hamle kardan	حمله کردن
envahir (vt)	tajāvoz kardan	تجاوز کردن
envahisseur (m)	tajāvozgar	تجاوزگر
conquérant (m)	fāteh	فاتح
défense (f)	defā'	دفاع
défendre (vt)	defā' kardan	دفاع کردن
se défendre (vp)	az xod defā' kardan	از خود دفاع کردن
ennemi (m)	došman	دشمن
adversaire (m)	moxālef	مخالف
ennemi (adj) (territoire ~)	došman	دشمن
stratégie (f)	rāhbord	راهبرد
tactique (f)	tāktik	تاکتیک
ordre (m)	farmān	فرمان
commande (f)	dastur	دستور
ordonner (vt)	farmān dādan	فرمان دادن
mission (f)	ma'muriyat	مأموریت
secret (adj)	mahramāne	محرمانه
bataille (f)	jang	جنگ
combat (m)	nabard	نبرد
attaque (f)	hamle	حمله
assaut (m)	yureš	یورش
prendre d'assaut	yureš bordan	یورش بردن
siège (m)	mohāsere	محاصره
offensive (f)	hamle	حمله
passer à l'offensive	hamle kardan	حمله کردن
retraite (f)	aqab nešini	عقب نشینی
faire retraite	aqab nešini kardan	عقب نشینی کردن
encerclement (m)	mohāsere	محاصره
encercler (vt)	mohāsere kardan	محاصره کردن
bombardement (m)	bombārān-e havāyi	بمباران هوایی
lancer une bombe	bomb āndaxtan	بمب انداختن
bombarder (vt)	bombārān kardan	بمباران کردن
explosion (f)	enfejār	انفجار
coup (m) de feu	tirandāzi	تیراندازی

| tirer un coup de feu | tirandāzi kardan | تیراندازی کردن |
| fusillade (f) | tirandāzi | تیراندازی |

viser ... (cible)	nešāne raftan	نشانه رفتن
pointer (sur ...)	šhellik kardan	شلیک کردن
atteindre (cible)	residan	رسیدن

faire sombrer	qarq šodan	غرق شدن
trou (m) (dans un bateau)	surāx	سوراخ
sombrer (navire)	qarq šodan	غرق شدن

front (m)	jebhe	جبهه
évacuation (f)	taxliye	تخلیه
évacuer (vt)	taxliye kardan	تخلیه کردن

tranchée (f)	sangar	سنگر
barbelés (m pl)	sim-e xārdār	سیم خاردار
barrage (m) (~ antichar)	hesār	حصار
tour (f) de guet	borj	برج

hôpital (m)	bimārestān-e nezāmi	بیمارستان نظامی
blesser (vt)	majruh kardan	مجروح کردن
blessure (f)	zaxm	زخم
blessé (m)	zaxmi	زخمی
être blessé	zaxmi šodan	زخمی شدن
grave (blessure)	zaxm-e saxt	زخم سخت

185. La guerre. Partie 2

captivité (f)	esārat	اسارت
captiver (vt)	be esārat gereftan	به اسارت گرفتن
être prisonnier	dar esārat budan	در اسارت بودن
être fait prisonnier	be esārat oftādan	به اسارت افتادن

camp (m) de concentration	ordugāh-e kār-e ejbāri	اردوگاه کار اجباری
prisonnier (m) de guerre	asir	اسیر
s'enfuir (vp)	farār kardan	فرار کردن

trahir (vt)	xiyānat kardan	خیانت کردن
traître (m)	xāen	خائن
trahison (f)	xiyānat	خیانت

| fusiller (vt) | tirbārān kardan | تیرباران کردن |
| fusillade (f) (exécution) | tirbārān | تیرباران |

équipement (m) (uniforme, etc.)	uniform	یونیفرم
épaulette (f)	daraje-ye sarduši	درجه سردوشی
masque (m) à gaz	māsk-e zedd-e gāz	ماسک ضد گاز

émetteur (m) radio	dastgāh-e bisim	دستگاه بی سیم
chiffre (m) (code)	ramz	رمز
conspiration (f)	mahramāne budan	محرمانه بودن
mot (m) de passe	ramz	رمز

mine (f) terrestre	min	مین
miner (poser des mines)	min gozāštan	مین گذاشتن
champ (m) de mines	meydān-e min	میدان مین
alerte (f) aérienne	āžir-e havāyi	آژیر هوایی
signal (m) d'alarme	āžir	آژیر
signal (m)	alāmat	علامت
fusée signal (f)	monavvar	منور
état-major (m)	setād	ستاد
reconnaissance (f)	šenāsāyi	شناسایی
situation (f)	vaz'iyat	وضعیت
rapport (m)	gozāreš	گزارش
embuscade (f)	kamin	کمین
renfort (m)	taqviyat	تقویت
cible (f)	hadaf giri	هدف گیری
polygone (m)	meydān-e tir	میدان تیر
manœuvres (f pl)	mānovr	مانور
panique (f)	vahšat	وحشت
dévastation (f)	xarābi	خرابی
destructions (f pl) (ruines)	xarābi-hā	خرابی ها
détruire (vt)	xarāb kardan	خراب کردن
survivre (vi)	zende māndan	زنده ماندن
désarmer (vt)	xal'-e selāh kardan	خلع سلاح کردن
manier (une arme)	be kār bordan	به کار بردن
Garde-à-vous! Fixe!	xabardār!	خبردار!
Repos!	āzād!	آزاد!
exploit (m)	delāvari	دلاوری
serment (m)	sowgand	سوگند
jurer (de faire qch)	sowgand xordan	سوگند خوردن
décoration (f)	pādāš	پاداش
décorer (de la médaille)	medāl dādan	مدال دادن
médaille (f)	medāl	مدال
ordre (m) (~ du Mérite)	nešān	نشان
victoire (f)	piruzi	پیروزی
défaite (f)	šekast	شکست
armistice (m)	ātaš bas	آتش بس
drapeau (m)	parčam	پرچم
gloire (f)	eftexār	افتخار
défilé (m)	reže	رژه
marcher (défiler)	reže raftan	رژه رفتن

186. Les armes

arme (f)	selāh	سلاح
armes (f pl) à feu	aslahe-ye garm	اسلحهٔ گرم

armes (f pl) blanches	aslahe-ye sard	اسلحهٔ سرد
arme (f) chimique	taslihāt-e šimiyāyi	تسلیحات شیمیایی
nucléaire (adj)	haste i	هسته ای
arme (f) nucléaire	taslihāt-e hastei	تسلیحات هسته ای
bombe (f)	bomb	بمب
bombe (f) atomique	bomb-e atomi	بمب اتمی
pistolet (m)	kolt	کلت
fusil (m)	tofang	تفنگ
mitraillette (f)	mosalsal-e xodkār	مسلسل خودکار
mitrailleuse (f)	mosalsal	مسلسل
bouche (f)	sar-e lule-ye tofang	سر لولهٔ تفنگ
canon (m)	lule-ye tofang	لولهٔ تفنگ
calibre (m)	kālibr	کالیبر
gâchette (f)	māše	ماشه
mire (f)	nešāne ravi	نشانه روی
magasin (m)	xešāb	خشاب
crosse (f)	qondāq	قنداق
grenade (f) à main	nārenjak	نارنجک
explosif (m)	mādde-ye monfajere	مادهٔ منفجره
balle (f)	golule	گلوله
cartouche (f)	fešang	فشنگ
charge (f)	mohemmāt	مهمات
munitions (f pl)	mohemmāt	مهمات
bombardier (m)	bomb-afkan	بمب‌افکن
avion (m) de chasse	jangande	جنگنده
hélicoptère (m)	helikopter	هلیکوپتر
pièce (f) de D.C.A.	tup-e zedd-e havāyi	توپ ضد هوایی
char (m)	tānk	تانک
canon (m) d'un char	tup	توپ
artillerie (f)	tupxāne	توپخانه
canon (m)	tofang	تفنگ
pointer (~ l'arme)	šellik kardan	شلیک کردن
obus (m)	xompāre	خمپاره
obus (m) de mortier	xompāre	خمپاره
mortier (m)	xompāre andāz	خمپاره انداز
éclat (m) d'obus	tarkeš	ترکش
sous-marin (m)	zirdaryāyi	زیردریایی
torpille (f)	eždar	اژدر
missile (m)	mušak	موشک
charger (arme)	por kardan	پر کردن
tirer (vi)	tirandāzi kardan	تیراندازی کردن
viser ... (cible)	nešāne raftan	نشانه رفتن
baïonnette (f)	sarneyze	سرنیزه
épée (f)	šamšir	شمشیر

167

sabre (m)	šamšir	شمشیر
lance (f)	neyze	نیزه
arc (m)	kamān	کمان
flèche (f)	tir	تیر
mousquet (m)	tofang fetile-i	تفنگ فتیله‌ای
arbalète (f)	kamān zanburak-i	کمان زنبورکی

187. Les hommes préhistoriques

primitif (adj)	avvaliye	اولیه
préhistorique (adj)	piš az tārix	پیش از تاریخ
ancien (adj)	qadimi	قدیمی

Âge (m) de pierre	asr-e hajar	عصر حجر
Âge (m) de bronze	asr-e mafraq	عصر مفرغ
période (f) glaciaire	dowre-ye yaxbandān	دورۀ یخبندان

tribu (f)	qabile	قبیله
cannibale (m)	ādam xār	آدم خوار
chasseur (m)	šekārči	شکارچی
chasser (vi, vt)	šekār kardan	شکار کردن
mammouth (m)	māmut	ماموت

caverne (f)	qār	غار
feu (m)	ātaš	آتش
feu (m) de bois	ātaš	آتش
dessin (m) rupestre	qār negāre	غار نگاره

outil (m)	abzār-e kār	ابزار کار
lance (f)	neyze	نیزه
hache (f) en pierre	tabar-e sangi	تبر سنگی
faire la guerre	jangidan	جنگیدن
domestiquer (vt)	rām kardan	رام کردن

| idole (f) | bot | بت |
| adorer, vénérer (vt) | parastidan | پرستیدن |

| superstition (f) | xorāfe | خرافه |
| rite (m) | marāsem | مراسم |

| évolution (f) | takāmol | تکامل |
| développement (m) | pišraft | پیشرفت |

| disparition (f) | enqerāz | انقراض |
| s'adapter (vp) | sāzgār šodan | سازگار شدن |

archéologie (f)	bāstān-šenāsi	باستان شناسی
archéologue (m)	bāstān-šenās	باستان شناس
archéologique (adj)	bāstān-šenāsi	باستان شناسی

site (m) d'excavation	mahall-e haffārihā	محل حفاری ها
fouilles (f pl)	haffāri-hā	حفاری ها
trouvaille (f)	yāfteh	یافته
fragment (m)	qet'e	قطعه

188. Le Moyen Âge

peuple (m)	mellat	ملت
peuples (m pl)	mellat-hā	ملت ها
tribu (f)	qabile	قبیله
tribus (f pl)	qabāyel	قبایل
Barbares (m pl)	barbar-hā	بربر ها
Gaulois (m pl)	gul-hā	گول ها
Goths (m pl)	gat-hā	گت ها
Slaves (m pl)	eslāv-hā	اسلاو ها
Vikings (m pl)	vāyking-hā	وایکینگ ها
Romains (m pl)	rumi-hā	رومی ها
romain (adj)	rumi	رومی
byzantins (m pl)	bizānsi-hā	بیزانسی ها
Byzance (f)	bizāns	بیزانس
byzantin (adj)	bizānsi	بیزانسی
empereur (m)	emperātur	امپراطور
chef (m)	rahbar	رهبر
puissant (adj)	moqtader	مقتدر
roi (m)	šāh	شاه
gouverneur (m)	hākem	حاکم
chevalier (m)	šovālie	شوالیه
féodal (m)	feodāl	فئودال
féodal (adj)	feodāli	فئودالی
vassal (m)	ra'yat	رعیت
duc (m)	duk	دوک
comte (m)	kont	کنت
baron (m)	bāron	بارون
évêque (m)	osqof	اسقف
armure (f)	zereh	زره
bouclier (m)	separ	سپر
glaive (m)	šamšir	شمشیر
visière (f)	labe-ye kolāh	لبه کلاه
cotte (f) de mailles	jowšan	جوشن
croisade (f)	jang-e salibi	جنگ صلیبی
croisé (m)	jangju-ye salibi	جنگجوی صلیبی
territoire (m)	qalamrow	قلمرو
attaquer (~ un pays)	hamle kardan	حمله کردن
conquérir (vt)	fath kardan	فتح کردن
occuper (envahir)	ešqāl kardan	اشغال کردن
siège (m)	mohāsere	محاصره
assiégé (adj)	mahsur	محصور
assiéger (vt)	mohāsere kardan	محاصره کردن
inquisition (f)	taftiš-e aqāyed	تفتیش عقاید
inquisiteur (m)	mofatteš	مفتش

torture (f)	šekanje	شکنجه
cruel (adj)	bi rahm	بی رحم
hérétique (m)	molhed	ملحد
hérésie (f)	ertedād	ارتداد

navigation (f) en mer	daryānavardi	دریانوردی
pirate (m)	dozd-e daryāyi	دزد دریایی
piraterie (f)	dozdi-ye daryāyi	دزدی دریایی
abordage (m)	hamle ruye arše	حمله روی عرشه
butin (m)	qanimat	غنیمت
trésor (m)	ganj	گنج

découverte (f)	kašf	کشف
découvrir (vt)	kašf kardan	کشف کردن
expédition (f)	safar	سفر

mousquetaire (m)	tofangdār	تفنگدار
cardinal (m)	kārdināl	کاردینال
héraldique (f)	nešān-šenāsi	نشان شناسی
héraldique (adj)	manquš	منقوش

189. Les dirigeants. Les responsables. Les autorités

roi (m)	šāh	شاه
reine (f)	maleke	ملکه
royal (adj)	šāhi	شاهی
royaume (m)	pādšāhi	پادشاهی

| prince (m) | šāhzāde | شاهزاده |
| princesse (f) | pranses | پرنسس |

président (m)	ra'is jomhur	رئیس جمهور
vice-président (m)	mo'āven-e rais-e jomhur	معاون رئیس جمهور
sénateur (m)	senātor	سناتور

monarque (m)	pādšāh	پادشاه
gouverneur (m)	hākem	حاکم
dictateur (m)	diktātor	دیکتاتور
tyran (m)	zālem	ظالم
magnat (m)	najib zāde	نجیب زاده

directeur (m)	modir	مدیر
chef (m)	ra'is	رئیس
gérant (m)	modir	مدیر
boss (m)	ra'is	رئیس
patron (m)	sāheb	صاحب

leader (m)	rahbar	رهبر
chef (m) (~ d'une délégation)	ra'is	رئیس
autorités (f pl)	maqāmāt	مقامات
supérieurs (m pl)	roasā	رؤسا

| gouverneur (m) | farmāndār | فرماندار |
| consul (m) | konsul | کنسول |

diplomate (m)	diplomāt	دیپلمات
maire (m)	šahrdār	شهردار
shérif (m)	kalāntar	کلانتر

empereur (m)	emperātur	امپراطور
tsar (m)	tezār	تزار
pharaon (m)	fer'own	فرعون
khan (m)	xān	خان

190. L'itinéraire. La direction. Le chemin

route (f)	rāh	راه
voie (f)	rāh	راه

autoroute (f)	āzād-e rāh	آزاد راه
grande route (autoroute)	bozorgrāh	بزرگراه
route (f) nationale	rāh-e beyn-e eyālati	راه بین ایالتی

route (f) principale	rāh-e asli	راه اصلی
route (f) de campagne	jādde-ye xāki	جاده خاکی

chemin (m) (sentier)	gozargāh	گذرگاه
sentier (m)	kure-ye rāh	کوره راه

Où?	kojā?	کجا؟
Où? (~ vas-tu?)	kojā?	کجا؟
D'où?	az kojā?	از کجا؟

direction (f)	samt	سمت
indiquer (le chemin)	nešān dādan	نشان دادن

à gauche (tournez ~)	be čap	به چپ
à droite (tournez ~)	be rāst	به راست
tout droit (adv)	mostaqim be jelo	مستقیم به جلو
en arrière (adv)	be aqab	به عقب

virage (m)	pič	پیچ
tourner (~ à gauche)	pičidan	پیچیدن
faire un demi-tour	dowr zadan	دور زدن

se dessiner (vp)	qābel-e mošāhede budan	قابل مشاهده بودن
apparaître (vi)	padidār šodan	پدیدار شدن

halte (f)	tavaqqof	توقف
se reposer (vp)	esterāhat kardan	استراحت کردن
repos (m)	esterāhat	استراحت

s'égarer (vp)	gom šodan	گم شدن
mener à ... (le chemin)	be jā-yi bordan	به جایی بردن
arriver à ...	residan be	رسیدن به
tronçon (m) (de chemin)	emtedād	امتداد

asphalte (m)	āsfālt	آسفالت
bordure (f)	labe-ye jadval	لبه جدول

fossé (m)	juy	جوی
bouche (f) d'égout	dariče	دریچه
bas-côté (m)	kenār rāh	کنار راه
nid-de-poule (m)	gowdāl	گودال

| aller (à pied) | raftan | رفتن |
| dépasser (vt) | sebqat gereftan | سبقت گرفتن |

| pas (m) | gām | گام |
| à pied | piyāde | پیاده |

barrer (vt)	masdud kardan	مسدود کردن
barrière (f)	māne'	مانع
impasse (f)	bon bast	بن بست

191. Les crimes. Les criminels. Partie 1

bandit (m)	rāhzan	راهزن
crime (m)	jenāyat	جنایت
criminel (m)	jenāyatkār	جنایتکار

voleur (m)	dozd	دزد
voler (qch à qn)	dozdidan	دزدیدن
vol (m) (activité)	dozdi	دزدی
vol (m) (~ à la tire)	serqat	سرقت

kidnapper (vt)	ādam robudan	آدم ربودن
kidnapping (m)	ādam robāyi	آدم ربایی
kidnappeur (m)	ādam robā	آدم ربا

| rançon (f) | bāj | باج |
| exiger une rançon | bāj xāstan | باج خواستن |

cambrioler (vt)	serqat kardan	سرقت کردن
cambriolage (m)	serqat	سرقت
cambrioleur (m)	qāratgar	غارتگر

extorquer (vt)	axxāzi kardan	اخاذی کردن
extorqueur (m)	axxāz	اخاذ
extorsion (f)	axxāzi	اخاذی

tuer (vt)	koštan	کشتن
meurtre (m)	qatl	قتل
meurtrier (m)	qātel	قاتل

coup (m) de feu	tirandāzi	تیراندازی
tirer un coup de feu	tirandāzi kardan	تیراندازی کردن
abattre (par balle)	bā tir zadan	با تیر زدن
tirer (vi)	tirandāzi kardan	تیراندازی کردن
coups (m pl) de feu	tirandāzi	تیراندازی

incident (m)	vāqe'e	واقعه
bagarre (f)	zad-o xord	زد و خورد
Au secours!	komak!	کمک!

victime (f)	qorbāni	قربانی
endommager (vt)	xesārat resāndan	خسارت رساندن
dommage (m)	xesārat	خسارت
cadavre (m)	jasad	جسد
grave (~ crime)	vaxim	وخیم

attaquer (vt)	hamle kardan	حمله کردن
battre (frapper)	zadan	زدن
passer à tabac	kotak zadan	کتک زدن
prendre (voler)	bezur gereftan	به زور گرفتن
poignarder (vt)	čāqu zadan	چاقو زدن
mutiler (vt)	ma'yub kardan	معیوب کردن
blesser (vt)	majruh kardan	مجروح کردن

chantage (m)	šāntāž	شانتاژ
faire chanter	axxāzi kardan	اخاذی کردن
maître (m) chanteur	axxāz	اخاذ

racket (m) de protection	axxāzi	اخاذی
racketteur (m)	axxāz	اخاذ
gangster (m)	gāngester	گانگستر
mafia (f)	māfiyā	مافیا

pickpocket (m)	jib bor	جیب بر
cambrioleur (m)	sāreq	سارق
contrebande (f) (trafic)	qāčāq	قاچاق
contrebandier (m)	qāčāqči	قاچاقچی

contrefaçon (f)	qollābi	قلابی
falsifier (vt)	ja'l kardan	جعل کردن
faux (falsifié)	ja'li	جعلی

192. Les crimes. Les criminels. Partie 2

viol (m)	tajāvoz be nāmus	تجاوز به ناموس
violer (vt)	tajāvoz kardan	تجاوز کردن
violeur (m)	zenā konande	زنا کننده
maniaque (m)	majnun	مجنون

prostituée (f)	fāheše	فاحشه
prostitution (f)	fāhešegi	فاحشگی
souteneur (m)	jākeš	جاکش

| drogué (m) | mo'tād | معتاد |
| trafiquant (m) de drogue | forušande-ye mavādd-e moxadder | فروشندۀ مواد مخدر |

faire exploser	monfajer kardan	منفجر کردن
explosion (f)	enfejār	انفجار
mettre feu	ātaš zadan	آتش زدن
incendiaire (m)	ātaš afruz	آتش افروز

| terrorisme (m) | terorism | تروریسم |
| terroriste (m) | terorist | تروریست |

otage (m)	gerowgān	گروگان
escroquer (vt)	farib dādan	فریب دادن
escroquerie (f)	farib	فریب
escroc (m)	hoqqe bāz	حقه باز

soudoyer (vt)	rešve dādan	رشوه دادن
corruption (f)	rešve	رشوه
pot-de-vin (m)	rešve	رشوه

poison (m)	zahr	زهر
empoisonner (vt)	masmum kardan	مسموم کردن
s'empoisonner (vp)	masmum šodan	مسموم شدن

| suicide (m) | xod-koši | خودکشی |
| suicidé (m) | xod-koši konande | خودکشی کننده |

menacer (vt)	tahdid kardan	تهدید کردن
menace (f)	tahdid	تهدید
attenter (vt)	su'-e qasd kardan	سوء قصد کردن
attentat (m)	su'-e qasd	سوء قصد

| voler (un auto) | robudan | ربودن |
| détourner (un avion) | havāpeymā robāyi | هواپیما ربایی |

| vengeance (f) | enteqām | انتقام |
| se venger (vp) | enteqām gereftan | انتقام گرفتن |

torturer (vt)	šekanje dādan	شکنجه دادن
torture (f)	šekanje	شکنجه
tourmenter (vt)	aziyat kardan	اذیت کردن

pirate (m)	dozd-e daryāyi	دزد دریایی
voyou (m)	owbāš	اوباش
armé (adj)	mosallah	مسلح
violence (f)	xošunat	خشونت
illégal (adj)	qeyr-e qānuni	غیر قانونی

| espionnage (m) | jāsusi | جاسوسی |
| espionner (vt) | jāsusi kardan | جاسوسی کردن |

193. La police. La justice. Partie 1

| justice (f) | edālat | عدالت |
| tribunal (m) | dādgāh | دادگاه |

juge (m)	qāzi	قاضی
jury (m)	hey'at-e monsefe	هیئت منصفه
cour (f) d'assises	hey'at-e monsefe	هیئت منصفه
juger (vt)	mohākeme kardan	محاکمه کردن

avocat (m)	vakil	وکیل
accusé (m)	mottaham	متهم
banc (m) des accusés	jāygāh-e mottaham	جایگاه متهم
inculpation (f)	ettehām	اتهام

inculpé (m)	mottaham	متهم
condamnation (f)	hokm	حکم
condamner (vt)	mahkum kardan	محکوم کردن
coupable (m)	moqasser	مقصر
punir (vt)	mojāzāt kardan	مجازات کردن
punition (f)	mojāzāt	مجازات
amende (f)	jarime	جریمه
détention (f) à vie	habs-e abad	حبس ابد
peine (f) de mort	e'dām	اعدام
chaise (f) électrique	sandali-ye barqi	صندلی برقی
potence (f)	čube-ye dār	چوبه دار
exécuter (vt)	e'dām kardan	اعدام کردن
exécution (f)	e'dām	اعدام
prison (f)	zendān	زندان
cellule (f)	sellul-e zendān	سلول زندان
escorte (f)	eskort	اسکورت
gardien (m) de prison	negahbān zendān	نگهبان زندان
prisonnier (m)	zendāni	زندانی
menottes (f pl)	dastband	دستبند
mettre les menottes	dastband zadan	دستبند زدن
évasion (f)	farār	فرار
s'évader (vp)	farār kardan	فرار کردن
disparaître (vi)	nāpadid šodan	ناپدید شدن
libérer (vt)	āzād kardan	آزاد کردن
amnistie (f)	afv-e omumi	عفو عمومی
police (f)	polis	پلیس
policier (m)	polis	پلیس
commissariat (m) de police	kalāntari	کلانتری
matraque (f)	bātum	باتوم
haut parleur (m)	bolandgu	بلندگو
voiture (f) de patrouille	māšin-e gašt	ماشین گشت
sirène (f)	āžir-e xatar	آژیر خطر
enclencher la sirène	āžir rā rowšan kardan	آژیررا روشن کردن
hurlement (m) de la sirène	sedā-ye āžir	صدای آژیر
lieu (m) du crime	mahall-e jenāyat	محل جنایت
témoin (m)	šāhed	شاهد
liberté (f)	āzādi	آزادی
complice (m)	hamdast	همدست
s'enfuir (vp)	maxfi šodan	مخفی شدن
trace (f)	rad	رد

194. La police. La justice. Partie 2

recherche (f)	jostoju	جستجو
rechercher (vt)	jostoju kardan	جستجو کردن

suspicion (f)	šok	شک
suspect (adj)	maškuk	مشکوک
arrêter (dans la rue)	motevaghef kardan	متوقف کردن
détenir (vt)	dastgir kardan	دستگیر کردن

affaire (f) (~ pénale)	parvande	پرونده
enquête (f)	tahqiq	تحقیق
détective (m)	kārāgāh	کارآگاه
enquêteur (m)	bāzpors	بازپرس
hypothèse (f)	farziye	فرضیه

motif (m)	angize	انگیزه
interrogatoire (m)	bāzporsi	بازپرسی
interroger (vt)	bāzporsi kardan	بازپرسی کردن
interroger (~ les voisins)	estentāq kardan	استنطاق کردن
inspection (f)	taftiš	تفتیش

rafle (f)	mohāsere	محاصره
perquisition (f)	taftiš	تفتیش
poursuite (f)	ta'qib	تعقیب
poursuivre (vt)	ta'qib kardan	تعقیب کردن
dépister (vt)	donbāl kardan	دنبال کردن

arrestation (f)	bāzdāšt	بازداشت
arrêter (vt)	bāzdāšt kardan	بازداشت کردن
attraper (~ un criminel)	dastgir kardan	دستگیر کردن
capture (f)	dastgiri	دستگیری

document (m)	sanad	سند
preuve (f)	esbāt	اثبات
prouver (vt)	esbāt kardan	اثبات کردن
empreinte (f) de pied	rad-e pā	رد پا
empreintes (f pl) digitales	asar-e angošt	اثر انگشت
élément (m) de preuve	šavāhed	شواهد

alibi (m)	ozr-e qeybat	عذر غیبت
innocent (non coupable)	bi gonāh	بی گناه
injustice (f)	bi edālati	بی عدالتی
injuste (adj)	qeyr-e ādelāne	غیر عادلانه

criminel (adj)	jenāyi	جنایی
confisquer (vt)	mosādere kardan	مصادره کردن
drogue (f)	mavādd-e moxadder	مواد مخدر
arme (f)	selāh	سلاح
désarmer (vt)	xal'-e selāh kardan	خلع سلاح کردن
ordonner (vt)	farmān dādan	فرمان دادن
disparaître (vi)	nāpadid šodan	ناپدید شدن

loi (f)	qānun	قانون
légal (adj)	qānuni	قانونی
illégal (adj)	qeyr-e qānuni	غیر قانونی

| responsabilité (f) | mas'uliyat | مسئولیت |
| responsable (adj) | mas'ul | مسئول |

LA NATURE

La Terre. Partie 1

195. L'espace cosmique

cosmos (m)	fazā	فضا
cosmique (adj)	fazāyi	فضایی
espace (m) cosmique	fazā-ye keyhān	فضای کیهان
monde (m)	jahān	جهان
univers (m)	giti	گیتی
galaxie (f)	kahkešān	کهکشان
étoile (f)	setāre	ستاره
constellation (f)	surat-e falaki	صورت فلکی
planète (f)	sayyāre	سیاره
satellite (m)	māhvāre	ماهواره
météorite (m)	sang-e āsmāni	سنگ آسمانی
comète (f)	setāre-ye donbāle dār	ستارۀ دنباله دار
astéroïde (m)	šahāb	شهاب
orbite (f)	madār	مدار
tourner (vi)	gardidan	گردیدن
atmosphère (f)	jav	جو
Soleil (m)	āftāb	آفتاب
système (m) solaire	manzume-ye šamsi	منظومه شمسی
éclipse (f) de soleil	kosuf	کسوف
Terre (f)	zamin	زمین
Lune (f)	māh	ماه
Mars (m)	merrix	مریخ
Vénus (f)	zahre	زهره
Jupiter (m)	moštari	مشتری
Saturne (m)	zohal	زحل
Mercure (m)	atārod	عطارد
Uranus (m)	orānus	اورانوس
Neptune	nepton	نپتون
Pluton (m)	poloton	پلوتون
la Voie Lactée	kahkešān rāh-e širi	کهکشان راه شیری
la Grande Ours	dobb-e akbar	دب اکبر
la Polaire	setāre-ye qotbi	ستاره قطبی
martien (m)	merrixi	مریخی
extraterrestre (m)	farā zamini	فرا زمینی

alien (m)	mowjud fazāyi	موجود فضایی
soucoupe (f) volante	bošqāb-e parande	بشقاب پرنده
vaisseau (m) spatial	fazā peymā	فضا پیما
station (f) orbitale	istgāh-e fazāyi	ایستگاه فضایی
lancement (m)	rāh andāzi	راه اندازی
moteur (m)	motor	موتور
tuyère (f)	nāzel	نازل
carburant (m)	suxt	سوخت
cabine (f)	kābin	کابین
antenne (f)	ānten	آنتن
hublot (m)	panjere	پنجره
batterie (f) solaire	bātri-ye xoršidi	باطری خورشیدی
scaphandre (m)	lebās-e fazānavardi	لباس فضانوردی
apesanteur (f)	bi vazni	بی وزنی
oxygène (m)	oksižen	اکسیژن
arrimage (m)	vasl	وصل
s'arrimer à ...	vasl kardan	وصل کردن
observatoire (m)	rasadxāne	رصدخانه
télescope (m)	teleskop	تلسکوپ
observer (vt)	mošāhede kardan	مشاهده کردن
explorer (un cosmos)	kašf kardan	کشف کردن

196. La Terre

Terre (f)	zamin	زمین
globe (m) terrestre	kare-ye zamin	کرة زمین
planète (f)	sayyāre	سیاره
atmosphère (f)	jav	جو
géographie (f)	joqrāfiyā	جغرافیا
nature (f)	tabi'at	طبیعت
globe (m) de table	kare-ye joqrāfiyāyi	کرة جغرافیایی
carte (f)	naqše	نقشه
atlas (m)	atlas	اطلس
Europe (f)	orupā	اروپا
Asie (f)	āsiyā	آسیا
Afrique (f)	āfriqā	آفریقا
Australie (f)	ostorāliyā	استرالیا
Amérique (f)	emrikā	امریکا
Amérique (f) du Nord	emrikā-ye šomāli	امریکای شمالی
Amérique (f) du Sud	emrikā-ye jonubi	امریکای جنوبی
l'Antarctique (m)	qotb-e jonub	قطب جنوب
l'Arctique (m)	qotb-e šomāl	قطب شمال

197. Les quatre parties du monde

nord (m)	šomāl	شمال
vers le nord	be šomāl	به شمال
au nord	dar šomāl	در شمال
du nord (adj)	šomāli	شمالی
sud (m)	jonub	جنوب
vers le sud	be jonub	به جنوب
au sud	dar jonub	در جنوب
du sud (adj)	jonubi	جنوبی
ouest (m)	qarb	غرب
vers l'occident	be qarb	به غرب
à l'occident	dar qarb	در غرب
occidental (adj)	qarbi	غربی
est (m)	šarq	شرق
vers l'orient	be šarq	به شرق
à l'orient	dar šarq	در شرق
oriental (adj)	šarqi	شرقی

198. Les océans et les mers

mer (f)	daryā	دریا
océan (m)	oqyānus	اقیانوس
golfe (m)	xalij	خلیج
détroit (m)	tange	تنگه
terre (f) ferme	zamin	زمین
continent (m)	qāre	قاره
île (f)	jazire	جزیره
presqu'île (f)	šeb-e jazire	شبه جزیره
archipel (m)	majma'-ol-jazāyer	مجمع‌الجزایر
baie (f)	xalij-e kučak	خلیج کوچک
port (m)	langargāh	لنگرگاه
lagune (f)	mordāb	مرداب
cap (m)	damāqe	دماغه
atoll (m)	jazire-ye marjāni	جزیره مرجانی
récif (m)	tappe-ye daryāyi	تپه دریایی
corail (m)	marjān	مرجان
récif (m) de corail	tappe-ye marjāni	تپه مرجانی
profond (adj)	amiq	عمیق
profondeur (f)	omq	عمق
abîme (m)	partgāh	پرتگاه
fosse (f) océanique	derāz godāl	درازگودال
courant (m)	jaryān	جریان
baigner (vt) (mer)	ehāte kardan	احاطه کردن

| littoral (m) | sāhel | ساحل |
| côte (f) | sāhel | ساحل |

marée (f) haute	mod	مد
marée (f) basse	jazr	جزر
banc (m) de sable	sāhel-e šeni	ساحل شنی
fond (m)	qa'r	قعر

vague (f)	mowj	موج
crête (f) de la vague	nok	نوک
mousse (f)	kaf	کف

tempête (f) en mer	tufān-e daryāyi	طوفان دریایی
ouragan (m)	tufān	طوفان
tsunami (m)	sonāmi	سونامی
calme (m)	sokun-e daryā	سکون دریا
calme (tranquille)	ārām	آرام

| pôle (m) | qotb | قطب |
| polaire (adj) | qotbi | قطبی |

latitude (f)	arz-e joqrāfiyāyi	عرض جغرافیایی
longitude (f)	tul-e joqrāfiyāyi	طول جغرافیایی
parallèle (f)	movāzi	موازی
équateur (m)	xatt-e ostavā	خط استوا

ciel (m)	āsemān	آسمان
horizon (m)	ofoq	افق
air (m)	havā	هوا

phare (m)	fānus-e daryāyi	فانوس دریایی
plonger (vi)	širje raftan	شیرجه رفتن
sombrer (vi)	qarq šodan	غرق شدن
trésor (m)	ganj	گنج

199. Les noms des mers et des océans

océan (m) Atlantique	oqyānus-e atlas	اقیانوس اطلس
océan (m) Indien	oqyānus-e hend	اقیانوس هند
océan (m) Pacifique	oqyānus-e ārām	اقیانوس آرام
océan (m) Glacial	oqyānus-e monjamed-e šomāli	اقیانوس منجمد شمالی

mer (f) Noire	daryā-ye siyāh	دریای سیاه
mer (f) Rouge	daryā-ye sorx	دریای سرخ
mer (f) Jaune	daryā-ye zard	دریای زرد
mer (f) Blanche	daryā-ye sefid	دریای سفید

mer (f) Caspienne	daryā-ye xazar	دریای خزر
mer (f) Morte	daryā-ye morde	دریای مرده
mer (f) Méditerranée	daryā-ye meditarāne	دریای مدیترانه

| mer (f) Égée | daryā-ye eže | دریای اژه |
| mer (f) Adriatique | daryā-ye ādriyātik | دریای آدریاتیک |

mer (f) Arabique	daryā-ye arab	دریای عرب
mer (f) du Japon	daryā-ye žāpon	دریای ژاپن
mer (f) de Béring	daryā-ye brinq	دریای برینگ
mer (f) de Chine Méridionale	daryā-ye čin-e jonubi	دریای چین جنوبی
mer (f) de Corail	daryā-ye marjān	دریای مرجان
mer (f) de Tasman	daryā-ye tās-emān	دریای تاسمان
mer (f) Caraïbe	daryā-ye kārāib	دریای کارائیب
mer (f) de Barents	daryā-ye barntz	دریای بارنتز
mer (f) de Kara	daryā-ye kārā	دریای کارا
mer (f) du Nord	daryā-ye šomāl	دریای شمال
mer (f) Baltique	daryā-ye bāltik	دریای بالتیک
mer (f) de Norvège	daryā-ye norvež	دریای نروژ

200. Les montagnes

montagne (f)	kuh	کوه
chaîne (f) de montagnes	rešte-ye kuh	رشته کوه
crête (f)	selsele-ye jebāl	سلسله جبال
sommet (m)	qolle	قله
pic (m)	qolle	قله
pied (m)	dāmane-ye kuh	دامنهٔ کوه
pente (f)	šib	شیب
volcan (m)	ātaš-fešān	آتشفشان
volcan (m) actif	ātaš-fešān-e fa'āl	آتش فشان فعال
volcan (m) éteint	ātaš-fešān-e xāmuš	آتش فشان خاموش
éruption (f)	favarān	فوران
cratère (m)	dahāne-ye ātašfešān	دهانهٔ آتش فشان
magma (m)	māgmā	ماگما
lave (f)	godāze	گدازه
en fusion (lave ~)	godāxte	گداخته
canyon (m)	tange	تنگ
défilé (m) (gorge)	darre-ye tang	دره تنگ
crevasse (f)	tange	تنگ
précipice (m)	partgāh	پرتگاه
col (m) de montagne	gozargāh	گذرگاه
plateau (m)	falāt	فلات
rocher (m)	saxre	صخره
colline (f)	tappe	تپه
glacier (m)	yaxčāl	یخچال
chute (f) d'eau	ābšār	آبشار
geyser (m)	češme-ye āb-e garm	چشمهٔ آب گرم
lac (m)	daryāče	دریاچه
plaine (f)	jolge	جلگه
paysage (m)	manzare	منظره

écho (m)	en'ekās-e sowt	انعکاس صوت
alpiniste (m)	kuhnavard	کوهنورد
varappeur (m)	saxre-ye navard	صخره نورد
conquérir (vt)	fath kardan	فتح کردن
ascension (f)	so'ud	صعود

201. Les noms des chaînes de montagne

Alpes (f pl)	ālp	آلپ
Mont Blanc (m)	moan belān	مون بلان
Pyrénées (f pl)	pirene	پیرنه
Carpates (f pl)	kuhhā-ye kārpāt	کوههای کارپات
Monts Oural (m pl)	kuhe-i orāl	کوههای اورال
Caucase (m)	qafqāz	قفقاز
Elbrous (m)	alborz	البرز
Altaï (m)	āltāy	آلتای
Tian Chan (m)	tiyān šān	تیان شان
Pamir (m)	pāmir	پامیر
Himalaya (m)	himāliyā-vo	هیمالیا
Everest (m)	everest	اورست
Andes (f pl)	ānd	آند
Kilimandjaro (m)	kelimānjāro	کلیمانجارو

202. Les fleuves

rivière (f), fleuve (m)	rudxāne	رودخانه
source (f)	češme	چشمه
lit (m) (d'une rivière)	bastar	بستر
bassin (m)	howze	حوضه
se jeter dans …	rixtan	ریختن
affluent (m)	enše'āb	انشعاب
rive (f)	sāhel	ساحل
courant (m)	jaryān	جریان
en aval	be samt-e pāin-e rudxāne	به سمت پائین رودخانه
en amont	be samt-e bālā-ye rudxāne	به سمت بالای رودخانه
inondation (f)	seyl	سیل
les grandes crues	toqyān	طغیان
déborder (vt)	toqyān kardan	طغیان کردن
inonder (vt)	toqyān kardan	طغیان کردن
bas-fond (m)	tangāb	تنگاب
rapide (m)	tondāb	تندآب
barrage (m)	sad	سد
canal (m)	kānāl	کانال
lac (m) de barrage	maxzan-e āb	مخزن آب

écluse (f)	ābgir	آبگیر
plan (m) d'eau	maxzan-e āb	مخزن آب
marais (m)	bātlāq	باتلاق
fondrière (f)	lajan zār	لجن زار
tourbillon (m)	gerdāb	گرداب

ruisseau (m)	ravad	رود
potable (adj)	āšāmidani	آشامیدنی
douce (l'eau ~)	širin	شیرین

| glace (f) | yax | یخ |
| être gelé | yax bastan | یخ بستن |

203. Les noms des fleuves

| Seine (f) | sen | سن |
| Loire (f) | lavār | لوآر |

Tamise (f)	timz	تیمز
Rhin (m)	rāyn	راین
Danube (m)	dānub	دانوب

Volga (f)	volgā	ولگا
Don (m)	don	دن
Lena (f)	lenā	لنا

Huang He (m)	rud-e zard	رود زرد
Yangzi Jiang (m)	yāng tese	یانگ تسه
Mékong (m)	mekung	مکونگ
Gange (m)	gong	گنگ

Nil (m)	neyl	نیل
Congo (m)	kongo	کنگو
Okavango (m)	okavango	اوکاوانگو
Zambèze (m)	zāmbezi	زامبزی
Limpopo (m)	rud-e limpupu	رود لیمپوپو
Mississippi (m)	mi si si pi	می سی سی پی

204. La forêt

| forêt (f) | jangal | جنگل |
| forestier (adj) | jangali | جنگلی |

fourré (m)	jangal-e anbuh	جنگل انبوه
bosquet (m)	biše	بیشه
clairière (f)	marqzār	مرغزار

| broussailles (f pl) | biše-hā | بیشه ها |
| taillis (m) | bute zār | بوته زار |

| sentier (m) | kure-ye rāh | کوره راه |
| ravin (m) | darre | دره |

arbre (m)	deraxt	درخت
feuille (f)	barg	برگ
feuillage (m)	šāx-o barg	شاخ و برگ

chute (f) de feuilles	barg rizi	برگ ریزی
tomber (feuilles)	rixtan	ریختن
sommet (m)	nok	نوک

rameau (m)	šāxe	شاخه
branche (f)	šāxe	شاخه
bourgeon (m)	šokufe	شکوفه
aiguille (f)	suzan	سوزن
pomme (f) de pin	maxrut-e kāj	مخروط کاج

creux (m)	surāx	سوراخ
nid (m)	lāne	لانه
terrier (m) (~ d'un renard)	lāne	لانه

tronc (m)	tane	تنه
racine (f)	riše	ریشه
écorce (f)	pust	پوست
mousse (f)	xaze	خزه

déraciner (vt)	rišekan kardan	ریشه کن کردن
abattre (un arbre)	boridan	بریدن
déboiser (vt)	boridan	بریدن
souche (f)	kande-ye deraxt	کنده درخت

feu (m) de bois	ātaš	آتش
incendie (m)	ātaš suzi	آتش سوزی
éteindre (feu)	xāmuš kardan	خاموش کردن

garde (m) forestier	jangal bān	جنگل بان
protection (f)	mohāfezat	محافظت
protéger (vt)	mohāfezat kardan	محافظت کردن
braconnier (m)	šekārči-ye qeyr-e qānuni	شکارچی غیر قانونی
piège (m) à mâchoires	tale	تله

| cueillir (vt) | čidan | چیدن |
| s'égarer (vp) | gom šodan | گم شدن |

205. Les ressources naturelles

ressources (f pl) naturelles	manābe-'e tabii	منابع طبیعی
minéraux (m pl)	mavādd-e ma'dani	مواد معدنی
gisement (m)	tah nešast	ته نشست
champ (m) (~ pétrolifère)	meydān	میدان

extraire (vt)	estexrāj kardan	استخراج کردن
extraction (f)	estexrāj	استخراج
minerai (m)	sang-e ma'dani	سنگ معدنی
mine (f) (site)	ma'dan	معدن
puits (m) de mine	ma'dan	معدن
mineur (m)	ma'danči	معدنچی

gaz (m)	gāz	گاز
gazoduc (m)	lule-ye gāz	لولهٔ گاز
pétrole (m)	naft	نفت
pipeline (m)	lule-ye naft	لولهٔ نفت
tour (f) de forage	čāh-e naft	چاه نفت
derrick (m)	dakal-e haffāri	دکل حفاری
pétrolier (m)	tānker	تانکر
sable (m)	šen	شن
calcaire (m)	sang-e āhak	سنگ آهک
gravier (m)	sangrize	سنگریزه
tourbe (f)	turb	تورب
argile (f)	xāk-e ros	خاک رس
charbon (m)	zoqāl sang	زغال سنگ
fer (m)	āhan	آهن
or (m)	talā	طلا
argent (m)	noqre	نقره
nickel (m)	nikel	نیکل
cuivre (m)	mes	مس
zinc (m)	ruy	روی
manganèse (m)	mangenez	منگنز
mercure (m)	jive	جیوه
plomb (m)	sorb	سرب
minéral (m)	mādde-ye ma'dani	مادهٔ معدنی
cristal (m)	bolur	بلور
marbre (m)	marmar	مرمر
uranium (m)	orāniyom	اورانیوم

La Terre. Partie 2

206. Le temps

temps (m)	havā	هوا
météo (f)	piš bini havā	پیش بینی هوا
température (f)	damā	دما
thermomètre (m)	damāsanj	دماسنج
baromètre (m)	havāsanj	هواسنج
humide (adj)	martub	مرطوب
humidité (f)	rotubat	رطوبت
chaleur (f) (canicule)	garmā	گرما
torride (adj)	dāq	داغ
il fait très chaud	havā xeyli garm ast	هوا خیلی گرم است
il fait chaud	havā garm ast	هوا گرم است
chaud (modérément)	garm	گرم
il fait froid	sard ast	سرد است
froid (adj)	sard	سرد
soleil (m)	āftāb	آفتاب
briller (soleil)	tābidan	تابیدن
ensoleillé (jour ~)	āftābi	آفتابی
se lever (vp)	tolu' kardan	طلوع کردن
se coucher (vp)	qorob kardan	غروب کردن
nuage (m)	abr	ابر
nuageux (adj)	abri	ابری
nuée (f)	abr-e bārānzā	ابر باران زا
sombre (adj)	tire	تیره
pluie (f)	bārān	باران
il pleut	bārān mibārad	باران می بارد
pluvieux (adj)	bārāni	بارانی
bruiner (v imp)	nam-nam bāridan	نم نم باریدن
pluie (f) torrentielle	bārān šodid	باران شدید
averse (f)	ragbār	رگبار
forte (la pluie ~)	šadid	شدید
flaque (f)	čāle	چاله
se faire mouiller	xis šodan	خیس شدن
brouillard (m)	meh	مه
brumeux (adj)	meh ālud	مه آلود
neige (f)	barf	برف
il neige	barf mibārad	برف می بارد

207. Les intempéries. Les catastrophes naturelles

orage (m)	tufān	طوفان
éclair (m)	barq	برق
éclater (foudre)	barq zadan	برق زدن
tonnerre (m)	ra'd	رعد
gronder (tonnerre)	qorridan	غریدن
le tonnerre gronde	ra'd mizanad	رعد می زند
grêle (f)	tagarg	تگرگ
il grêle	tagarg mibārad	تگرگ می بارد
inonder (vt)	toqyān kardan	طغیان کردن
inondation (f)	seyl	سیل
tremblement (m) de terre	zamin-larze	زمین لرزه
secousse (f)	tekān	تکان
épicentre (m)	kānun-e zaminlarze	کانون زمین لرزه
éruption (f)	favarān	فوران
lave (f)	godāze	گدازه
tourbillon (m), tornade (f)	gerdbād	گردباد
typhon (m)	tufān	طوفان
ouragan (m)	tufān	طوفان
tempête (f)	tufān	طوفان
tsunami (m)	sonāmi	سونامی
cyclone (m)	gerdbād	گردباد
intempéries (f pl)	havā-ye bad	هوای بد
incendie (m)	ātaš suzi	آتش سوزی
catastrophe (f)	balā-ye tabi'i	بلای طبیعی
météorite (m)	sang-e āsmāni	سنگ آسمانی
avalanche (f)	bahman	بهمن
éboulement (m)	bahman	بهمن
blizzard (m)	kulāk	کولاک
tempête (f) de neige	barf-o burān	برف و بوران

208. Les bruits. Les sons

silence (m)	sokut	سکوت
son (m)	sedā	صدا
bruit (m)	sar-o sedā	سر و صدا
faire du bruit	sar-o sedā kardan	سر و صدا کردن
bruyant (adj)	por sar-o sedā	پر سر و صدا
fort (adv)	boland	بلند
fort (voix ~e)	boland	بلند
constant (bruit, etc.)	dāemi	دائمی
cri (m)	faryād	فریاد

crier (vi)	faryād zadan	فریاد زدن
chuchotement (m)	najvā	نجوا
chuchoter (vi, vt)	najvā kardan	نجوا کردن

| aboiement (m) | vāq vāq | واق واق |
| aboyer (vi) | vāq-vāq kardan | واق واق کردن |

gémissement (m)	nāle	ناله
gémir (vi)	nāle kardan	ناله کردن
toux (f)	sorfe	سرفه
tousser (vi)	sorfe kardan	سرفه کردن

sifflement (m)	sut	سوت
siffler (vi)	sut zadan	سوت زدن
coups (m pl) à la porte	dar zadan	درزدن
frapper (~ à la porte)	dar zadan	درزدن

| craquer (vi) | šekastan | شکستن |
| craquement (m) | tarak | ترک |

sirène (f)	āžir-e xatar	آژیر خطر
sifflement (m) (de train)	buq	بوق
siffler (train, etc.)	buq zadan	بوق زدن
coup (m) de klaxon	buq	بوق
klaxonner (vi)	buq zadan	بوق زدن

209. L'hiver

hiver (m)	zemestān	زمستان
d'hiver (adj)	zemestāni	زمستانی
en hiver	dar zemestān	در زمستان

neige (f)	barf	برف
il neige	barf mibārad	برف می بارد
chute (f) de neige	bāreš-e barf	بارش برف
congère (f)	tappe-ye barf	تپۀ برف

flocon (m) de neige	barf-e rize	برف ریزه
boule (f) de neige	golule-ye barf	گلولۀ برف
bonhomme (m) de neige	ādam-e barfi	آدم برفی
glaçon (m)	qandil	قندیل

décembre (m)	desāmr	دسامبر
janvier (m)	žānvie	ژانویه
février (m)	fevriye	فوریه

| gel (m) | yaxbandān | یخبندان |
| glacial (nuit ~) | sard | سرد |

au-dessous de zéro	zir-e sefr	زیر صفر
premières gelées (f pl)	avalin moje sarmā	اولین موج سرما
givre (m)	barf-e rize	برف ریزه
froid (m)	sarmā	سرما
il fait froid	sard ast	سرد است

| manteau (m) de fourrure | pālto-ye pustin | پالتوی پوستین |
| moufles (f pl) | dastkeš-e yek angošti | دستکش یک انگشتی |

tomber malade	bimār šodan	بیمار شدن
refroidissement (m)	sarmā xordegi	سرما خوردگی
prendre froid	sarmā xordan	سرما خوردن

glace (f)	yax	یخ
verglas (m)	lāye-ye yax	لایه یخ
être gelé	yax bastan	یخ بستن
bloc (m) de glace	tekke-ye yax-e šenāvar	تکه یخ شناور

skis (m pl)	eski	اسکی
skieur (m)	eski bāz	اسکی باز
faire du ski	eski kardan	اسکی کردن
patiner (vi)	eskeyt bāzi kardan	اسکیت بازی کردن

La faune

210. Les mammifères. Les prédateurs

prédateur (m)	heyvān-e darande	حيوان درنده
tigre (m)	bebar	ببر
lion (m)	šir	شير
loup (m)	gorg	گرگ
renard (m)	rubāh	روباه
jaguar (m)	jagvār	جگوار
léopard (m)	palang	پلنگ
guépard (m)	yuzpalang	يوزپلنگ
panthère (f)	palang-e siyāh	پلنگ سياه
puma (m)	yuzpalang	يوزپلنگ
léopard (m) de neiges	palang-e barfi	پلنگ برفی
lynx (m)	siyāh guš	سياه گوش
coyote (m)	gorg-e sahrāyi	گرگ صحرايی
chacal (m)	šoqāl	شغال
hyène (f)	kaftār	كفتار

211. Les animaux sauvages

animal (m)	heyvān	حيوان
bête (f)	heyvān	حيوان
écureuil (m)	sanjāb	سنجاب
hérisson (m)	xārpošt	خارپشت
lièvre (m)	xarguš	خرگوش
lapin (m)	xarguš	خرگوش
blaireau (m)	gurkan	گوركن
raton (m)	rākon	راكون
hamster (m)	muš-e bozorg	موش بزرگ
marmotte (f)	muš-e xormā-ye kuhi	موش خرمای كوهی
taupe (f)	muš-e kur	موش كور
souris (f)	muš	موش
rat (m)	muš-e sahrāyi	موش صحرايی
chauve-souris (f)	xoffāš	خفاش
hermine (f)	qāqom	قاقم
zibeline (f)	samur	سمور
martre (f)	samur	سمور
belette (f)	rāsu	راسو
vison (m)	tire-ye rāsu	تيره راسو

| castor (m) | sag-e ābi | سگ آبی |
| loutre (f) | samur ābi | سمور آبی |

cheval (m)	asb	اسب
élan (m)	gavazn	گوزن
cerf (m)	āhu	آهو
chameau (m)	šotor	شتر

bison (m)	gāvmiš	گاومیش
aurochs (m)	gāv miš	گاو میش
buffle (m)	bufālo	بوفالو

zèbre (m)	gurexar	گورخر
antilope (f)	boz-e kuhi	بز کوهی
chevreuil (m)	šukā	شوکا
biche (f)	qazāl	غزال
chamois (m)	boz-e kuhi	بز کوهی
sanglier (m)	gorāz	گراز

baleine (f)	nahang	نهنگ
phoque (m)	fak	فک
morse (m)	širmāhi	شیرماهی
ours (m) de mer	gorbe-ye ābi	گربة آبی
dauphin (m)	delfin	دلفین

ours (m)	xers	خرس
ours (m) blanc	xers-e sefid	خرس سفید
panda (m)	pāndā	پاندا

singe (m)	meymun	میمون
chimpanzé (m)	šampānze	شمپانزه
orang-outang (m)	orāngutān	اورانگوتان
gorille (m)	guril	گوریل
macaque (m)	mākāk	ماکاک
gibbon (m)	gibon	گیبون

éléphant (m)	fil	فیل
rhinocéros (m)	kargadan	کرگدن
girafe (f)	zarrāfe	زرافه
hippopotame (m)	asb-e ābi	اسب آبی

| kangourou (m) | kāngoro | کانگورو |
| koala (m) | kovālā | کوالا |

mangouste (f)	xadang	خدنگ
chinchilla (m)	čin čila	چین چیلا
mouffette (f)	rāsu-ye badbu	راسوی بدبو
porc-épic (m)	taši	تشی

212. Les animaux domestiques

chat (m) (femelle)	gorbe	گربه
chat (m) (mâle)	gorbe-ye nar	گربة نر
chien (m)	sag	سگ

cheval (m)	asb	اسب
étalon (m)	asb-e nar	اسب نر
jument (f)	mādiyān	ماديان

vache (f)	gāv	گاو
taureau (m)	gāv-e nar	گاو نر
bœuf (m)	gāv-e axte	گاو اخته

brebis (f)	gusfand	گوسفند
mouton (m)	gusfand-e nar	گوسفند نر
chèvre (f)	boz-e mādde	بز ماده
bouc (m)	boz-e nar	بز نر

| âne (m) | xar | خر |
| mulet (m) | qāter | قاطر |

cochon (m)	xuk	خوک
pourceau (m)	bače-ye xuk	بچهٔ خوک
lapin (m)	xarguš	خرگوش

| poule (f) | morq | مرغ |
| coq (m) | xorus | خروس |

canard (m)	ordak	اردک
canard (m) mâle	ordak-e nar	اردک نر
oie (f)	qāz	غاز

| dindon (m) | buqalamun-e nar | بوقلمون نر |
| dinde (f) | buqalamun-e māde | بوقلمون ماده |

animaux (m pl) domestiques	heyvānāt-e ahli	حيوانات اهلی
apprivoisé (adj)	ahli	اهلی
apprivoiser (vt)	rām kardan	رام کردن
élever (vt)	parvareš dādan	پرورش دادن

ferme (f)	mazrae	مزرعه
volaille (f)	morq-e xānegi	مرغ خانگی
bétail (m)	dām	دام
troupeau (m)	galle	گله

écurie (f)	establ	اصطبل
porcherie (f)	āqol xuk	آغل خوک
vacherie (f)	āqol gāv	آغل گاو
cabane (f) à lapins	lanye xarguš	لانه خرگوش
poulailler (m)	morq dāni	مرغ دانی

213. Le chien. Les races

chien (m)	sag	سگ
berger (m)	sag-e gele	سگ گله
berger (m) allemand	sag-e ĵerman šeperd	سگ ژرمن شپرد
caniche (f)	pudel	پودل
teckel (m)	sag-e pākutāh	سگ پاکوتاه
bouledogue (m)	buldāg	بولداگ

boxer (m)	boksor	بوكسور
mastiff (m)	māstif	ماستیف
rottweiler (m)	rotveylir	روتویلر
doberman (m)	dobermen	دوبرمن

basset (m)	ba's-at	باست
bobtail (m)	dam čatri	دم چتری
dalmatien (m)	dālmāsi	دالماسی
cocker (m)	kākir spāniyel	کاکیر سپانیل

| terre-neuve (m) | nyufāundland | نیوفاوندلند |
| saint-bernard (m) | sant bernārd | سنت برنارد |

husky (m)	sag-e surtme	سگ سورتمه
chow-chow (m)	čāu-čāu	چاو-چاو
spitz (m)	espitz	اسپیتز
carlin (m)	pāg	پاگ

214. Les cris des animaux

aboiement (m)	vāq vāq	واق واق
aboyer (vi)	vāq-vāq kardan	واق واق کردن
miauler (vi)	miyu-miyu kardan	میو میو کردن
ronronner (vi)	xor-xor kardan	خرخر کردن

meugler (vi)	mu-mu kardan	مو مو کردن
beugler (taureau)	na're kešidan	نعره کشیدن
rugir (chien)	qorqor kardan	غرغر کردن

hurlement (m)	zuze	زوزه
hurler (loup)	zuze kešidan	زوزه کشیدن
geindre (vi)	zuze kešidan	زوزه کشیدن

bêler (vi)	ba'ba' kardan	بع بع کردن
grogner (cochon)	xor-xor kardan	خرخر کردن
glapir (cochon)	jiq zadan	جیغ زدن

coasser (vi)	qur-qur kardan	قورقور کردن
bourdonner (vi)	vez-vez kardan	وزوز کردن
striduler (vi)	jir-jir kardan	جیر جیر کردن

215. Les jeunes animaux

bébé (m) (≈ lapin)	tule	توله
chaton (m)	bačče gorbe	بچه گربه
souriceau (m)	bače-ye muš	بچهٔ موش
chiot (m)	tule-ye sag	تولهٔ سگ

levraut (m)	bače-ye xarguš	بچهٔ خرگوش
lapereau (m)	bače-ye xarguš	بچهٔ خرگوش
louveteau (m)	bače-ye gorg	بچهٔ گرگ
renardeau (m)	bače-ye rubāh	بچهٔ روباه

ourson (m)	bače-ye xers	بچهٔ خرس
lionceau (m)	bače-ye šir	بچهٔ شیر
bébé (m) tigre	bače-ye bebar	بچهٔ ببر
éléphanteau (m)	bače-ye fil	بچهٔ فیل

pourceau (m)	bače-ye xuk	بچهٔ خوک
veau (m)	gusāle	گوساله
chevreau (m)	bozqāle	بزغاله
agneau (m)	barre	بره
faon (m)	bače-ye gavazn	بچهٔ گوزن
bébé (m) chameau	bače-ye šotor	بچهٔ شتر

| serpenteau (m) | bače-ye mār | بچهٔ مار |
| bébé (m) grenouille | bače-ye qurbāqe | بچهٔ قرباغه |

oisillon (m)	juje	جوجه
poussin (m)	juje	جوجه
canardeau (m)	juje-ye ordak	جوجهٔ اردک

216. Les oiseaux

oiseau (m)	parande	پرنده
pigeon (m)	kabutar	کبوتر
moineau (m)	gonješk	گنجشک
mésange (f)	morq-e zanburxār	مرغ زنبورخوار
pie (f)	zāqi	زاغی

corbeau (m)	kalāq-e siyāh	کلاغ سیاه
corneille (f)	kalāq	کلاغ
choucas (m)	zāq	زاغ
freux (m)	kalāq-e siyāh	کلاغ سیاه

canard (m)	ordak	اردک
oie (f)	qāz	غاز
faisan (m)	qarqāvol	قرقاول

aigle (m)	oqāb	عقاب
épervier (m)	qerqi	قرقی
faucon (m)	šāhin	شاهین
vautour (m)	karkas	کرکس
condor (m)	karkas-e emrikāyi	کرکس امریکایی

cygne (m)	qu	قو
grue (f)	dornā	درنا
cigogne (f)	lak lak	لک لک

perroquet (m)	tuti	طوطی
colibri (m)	morq-e magas-e xār	مرغ مگس خوار
paon (m)	tāvus	طاووس

autruche (f)	šotormorq	شترمرغ
héron (m)	havāsil	حواصیل
flamant (m)	felāmingo	فلامینگو
pélican (m)	pelikān	پلیکان

rossignol (m)	bolbol	بلبل
hirondelle (f)	parastu	پرستو
merle (m)	bāstarak	باسترک
grive (f)	torqe	طرقه
merle (m) noir	tukā-ye siyāh	توکای سیاه
martinet (m)	bādxorak	بادخورک
alouette (f) des champs	čakāvak	چکاوک
caille (f)	belderčin	بلدرچین
pivert (m)	dārkub	دارکوب
coucou (m)	fāxte	فاخته
chouette (f)	joqd	جغد
hibou (m)	šāh buf	شاه بوف
tétras (m)	siāh xorus	سیاه خروس
tétras-lyre (m)	siāh xorus-e jangali	سیاه خروس جنگلی
perdrix (f)	kabk	کبک
étourneau (m)	sār	سار
canari (m)	qanāri	قناری
gélinotte (f) des bois	siyāh xorus-e fandoqi	سیاه خروس فندقی
pinson (m)	sehre-ye jangali	سهره جنگلی
bouvreuil (m)	sohre sar-e siyāh	سهره سر سیاه
mouette (f)	morq-e daryāyi	مرغ دریایی
albatros (m)	morq-e daryāyi	مرغ دریایی
pingouin (m)	pangoan	پنگوئن

217. Les oiseaux. Le chant, les cris

chanter (vi)	xāndan	خواندن
crier (vi)	faryād kardan	فریاد کردن
chanter (le coq)	ququli ququ kardan	قوقولی قوقو کردن
cocorico (m)	ququli ququ	قوقولی قوقو
glousser (vi)	qodqod kardan	قدقد کردن
croasser (vi)	qār-qār kardan	قارقار کردن
cancaner (vi)	qāt-qāt kardan	قات قات کردن
piauler (vi)	jir-jir kardan	جیر جیر کردن
pépier (vi)	jik-jik kardan	جیک جیک کردن

218. Les poissons. Les animaux marins

brème (f)	māhi-ye sim	ماهی سیم
carpe (f)	kapur	کپور
perche (f)	māhi-e luti	ماهی لوتی
silure (m)	gorbe-ye māhi	گربه ماهی
brochet (m)	ordak māhi	اردک ماهی
saumon (m)	māhi-ye salemon	ماهی سالمون
esturgeon (m)	māhi-ye xāviār	ماهی خاویار

hareng (m)	māhi-ye šur	ماهی شور
saumon (m) atlantique	sālmon-e atlāntik	سالمون اتلانتیک
maquereau (m)	māhi-ye esqumeri	ماهی اسقومری
flet (m)	sofre māhi	سفره ماهی

sandre (f)	suf	سوف
morue (f)	māhi-ye rowqan	ماهی روغن
thon (m)	tan māhi	تن ماهی
truite (f)	māhi-ye qezelālā	ماهی قزل آلا

anguille (f)	mārmāhi	مارماهی
torpille (f)	partomahiye barqi	پرتوماهی برقی
murène (f)	mārmāhi	مارماهی
piranha (m)	pirānā	پیرانا

requin (m)	kuse-ye māhi	کوسه ماهی
dauphin (m)	delfin	دلفین
baleine (f)	nahang	نهنگ

crabe (m)	xarčang	خرچنگ
méduse (f)	arus-e daryāyi	عروس دریایی
pieuvre (f), poulpe (m)	hašt pā	هشت پا

étoile (f) de mer	setāre-ye daryāyi	ستاره دریایی
oursin (m)	xārpošt-e daryāyi	خارپشت دریایی
hippocampe (m)	asb-e daryāyi	اسب دریایی

huître (f)	sadaf-e xorāki	صدف خوراکی
crevette (f)	meygu	میگو
homard (m)	xarčang-e daryāyi	خرچنگ دریایی
langoustine (f)	xarčang-e xārdār	خرچنگ خاردار

219. Les amphibiens. Les reptiles

| serpent (m) | mār | مار |
| venimeux (adj) | sammi | سمی |

vipère (f)	af'i	افعی
cobra (m)	kobrā	کبرا
python (m)	mār-e pinton	مار پیتون
boa (m)	mār-e bwa	مار بوا

couleuvre (f)	mār-e čaman	مار چمن
serpent (m) à sonnettes	mār-e zangi	مار زنگی
anaconda (m)	mār-e ānākondā	مار آناکوندا

lézard (m)	susmār	سوسمار
iguane (m)	susmār-e deraxti	سوسمار درختی
varan (m)	bozmajje	بزمجه
salamandre (f)	samandar	سمندر
caméléon (m)	āftāb-parast	آفتاب پرست
scorpion (m)	aqrab	عقرب
tortue (f)	lāk pošt	لاک پشت
grenouille (f)	qurbāqe	قورباغه

| crapaud (m) | vazaq | وزغ |
| crocodile (m) | temsāh | تمساح |

220. Les insectes

insecte (m)	hašare	حشره
papillon (m)	parvāne	پروانه
fourmi (f)	murče	مورچه
mouche (f)	magas	مگس
moustique (m)	paše	پشه
scarabée (m)	susk	سوسک

guêpe (f)	zanbur	زنبور
abeille (f)	zanbur-e asal	زنبور عسل
bourdon (m)	xar zanbur	خرزنبور
œstre (m)	xarmagas	خرمگس

| araignée (f) | ankabut | عنکبوت |
| toile (f) d'araignée | tār-e ankabut | تارعنکبوت |

libellule (f)	sanjāqak	سنجاقک
sauterelle (f)	malax	ملخ
papillon (m)	bid	بید

cafard (m)	susk	سوسک
tique (f)	kane	کنه
puce (f)	kak	کک
moucheron (m)	paše-ye rize	پشه ریزه

criquet (m)	malax	ملخ
escargot (m)	halazun	حلزون
grillon (m)	jirjirak	جیرجیرک
luciole (f)	kerm-e šab-tāb	کرم شب تاب
coccinelle (f)	kafšduzak	کفشدوزک
hanneton (m)	susk bāldār	سوسک بالدار

sangsue (f)	zālu	زالو
chenille (f)	kerm-e abrišam	کرم ابریشم
ver (m)	kerm	کرم
larve (f)	lārv	لارو

221. Les parties du corps des animaux

bec (m)	nok	نوک
ailes (f pl)	bāl-hā	بال ها
patte (f)	panje	پنجه
plumage (m)	por-o bāl	پر و بال
plume (f)	por	پر
houppe (f)	kākol	کاکل

| ouïes (f pl) | ābšoš | آبشش |
| œufs (m pl) | toxme mahi | تخم ماهی |

larve (f)	lārv	لارو
nageoire (f)	bāle-ye māhi	باله ماهی
écaille (f)	fals	فلس

croc (m)	niš	نیش
patte (f)	panje	پنجه
museau (m)	puze	پوزه
gueule (f)	dahān	دهان
queue (f)	dam	دم
moustaches (f pl)	sebil	سبیل

sabot (m)	sam	سم
corne (f)	šāx	شاخ

carapace (f)	lāk	لاک
coquillage (m)	sadaf	صدف
coquille (f) d'œuf	puste	پوسته

poil (m)	pašm	پشم
peau (f)	pust	پوست

222. Les mouvements des animaux

voler (vi)	parvāz kardan	پرواز کردن
faire des cercles	dowr zadan	دور زدن

s'envoler (vp)	parvāz kardan	پرواز کردن
battre des ailes	bāl zadan	بال زدن

picorer (vt)	nok zadan	نوک زدن
couver (vt)	ru-ye toxm xābidan	روی تخم خوابیدن

éclore (vt)	az toxm birun āmadan	از تخم بیرون آمدن
faire un nid	lāne sāxtan	لانه ساختن

ramper (vi)	xazidan	خزیدن
piquer (insecte)	gozidan	گزیدن
mordre (animal)	gāz gereftan	گاز گرفتن

flairer (vt)	buyidan	بوییدن
aboyer (vi)	vāq-vāq kardan	واق واق کردن
siffler (serpent)	his kardan	هیس کردن

effrayer (vt)	tarsāndan	ترساندن
attaquer (vt)	hamle kardan	حمله کردن

ronger (vt)	javidan	جویدن
griffer (vt)	čang zadan	چنگ زدن
se cacher (vp)	penhān šodan	پنهان شدن

jouer (chatons, etc.)	bāzi kardan	بازی کردن
chasser (vi, vt)	šekār kardan	شکار کردن
être en hibernation	dar xāb-e zemestāni budan	درخواب زمستانی بودن
disparaître (dinosaures)	monqarez šodan	منقرض شدن

223. Les habitats des animaux

habitat (m) naturel	zistgāh	زیستگاه
migration (f)	mohājerat	مهاجرت
montagne (f)	kuh	کوه
récif (m)	tappe-ye daryāyi	تپه دریایی
rocher (m)	saxre	صخره
forêt (f)	jangal	جنگل
jungle (f)	jangal	جنگل
savane (f)	sāvānā	ساوانا
toundra (f)	tondrā	توندرا
steppe (f)	estep	استپ
désert (m)	biyābān	بیابان
oasis (f)	vāhe	واحه
mer (f)	daryā	دریا
lac (m)	daryāče	دریاچه
océan (m)	oqyānus	اقیانوس
marais (m)	bātlāq	باتلاق
d'eau douce (adj)	ab-e širin	آب شیرین
étang (m)	tālāb	تالاب
rivière (f), fleuve (m)	rudxāne	رودخانه
tanière (f)	lāne-ye xers	لانه خرس
nid (m)	lāne	لانه
creux (m)	surāx	سوراخ
terrier (m) (~ d'un renard)	lāne	لانه
fourmilière (f)	lāne-ye murče	لانة مورچه

224. Les soins aux animaux

zoo (m)	bāq-e vahš	باغ وحش
réserve (f) naturelle	mantaqe hefāzat šode	منطقه حفاظت شده
pépinière (f)	zaxire-ye gāh	ذخیره گاه
volière (f)	lāne	لانه
cage (f)	qafas	قفس
niche (f)	lāne-ye sag	لانه سگ
pigeonnier (m)	lāne-ye kabutar	لانه کبوتر
aquarium (m)	ākvāriyom	آکواریوم
delphinarium (m)	delfin xane	دلفین خانه
élever (vt)	parvareš dādan	پرورش دادن
nichée (f), portée (f)	juje, tule	جوجه، توله
apprivoiser (vt)	rām kardan	رام کردن
dresser (un chien)	tarbiyat kardan	تربیت کردن
aliments (pl) pour animaux	xorāk	خوراک
nourrir (vt)	xorāk dādan	خوراک دادن

magasin (m) d'animaux	forušgāh-e heyvānāt-e ahli	فروشگاه حیوانات اهلی
muselière (f)	puze band	پوزه بند
collier (m)	qallāde	قلاده
nom (m) (d'un animal)	laqab	لقب
pedigree (m)	nežād	نژاد

225. Les animaux. Divers

meute (f) (~ de loups)	daste	دسته
volée (f) d'oiseaux	daste	دسته
banc (m) de poissons	daste	دسته
troupeau (m)	galle	گله
mâle (m)	nar	نر
femelle (f)	mādde	ماده
affamé (adj)	gorosne	گرسنه
sauvage (adj)	vahši	وحشی
dangereux (adj)	xatarnāk	خطرناک

226. Les chevaux

cheval (m)	asb	اسب
race (f)	nežād	نژاد
poulain (m)	korre asb	کره اسب
jument (f)	mādiyān	مادیان
mustang (m)	asb-e vahš-i	اسب وحشی
poney (m)	asbče	اسبچه
cheval (m) de trait	asb-e bārkeš	اسب بارکش
crin (m)	yāl	یال
queue (f)	dam	دم
sabot (m)	sam	سم
fer (m) à cheval	na'l	نعل
ferrer (vt)	na'l zadan	نعل زدن
maréchal-ferrant (m)	āhangar	آهنگر
selle (f)	zin	زین
étrier (m)	rekāb	رکاب
bride (f)	lejām	لجام
rênes (f pl)	afsār	افسار
fouet (m)	tāziyāne	تازیانه
cavalier (m)	savārkār	سوارکار
seller (vt)	zin kardan	زین کردن
se mettre en selle	ruy-ye zin nešastan	روی زین نشستن
galop (m)	čāhārna'l	چهارنعل
aller au galop	čāhārna'l tāxtan	چهارنعل تاختن

trot (m)	yurtme	يورتمه
au trot (adv)	yurtme	يورتمه
aller au trot	yurtme raftan	يورتمه رفتن

| cheval (m) de course | asb-e mosābeqe | اسب مسابقه |
| courses (f pl) à chevaux | asb-e davāni | اسب دوانی |

écurie (f)	establ	اصطبل
nourrir (vt)	xorāk dādan	خوراک دادن
foin (m)	alaf-e xošk	علف خشک
abreuver (vt)	āb dādan	آب دادن
laver (le cheval)	pāk kardan	پاک کردن

charrette (f)	gāri	گاری
paître (vi)	čaridan	چریدن
hennir (vi)	šeyhe kešidan	شیهه کشیدن
ruer (vi)	lagad zadan	لگد زدن

La flore

227. Les arbres

arbre (m)	deraxt	درخت
à feuilles caduques	barg riz	برگ ریز
conifère (adj)	maxrutiyān	مخروطیان
à feuilles persistantes	hamiše sabz	همیشه سبز
pommier (m)	deraxt-e sib	درخت سیب
poirier (m)	golābi	گلابی
merisier (m)	gilās	گیلاس
cerisier (m)	ālbālu	آلبالو
prunier (m)	ālu	آلو
bouleau (m)	tus	توس
chêne (m)	balut	بلوط
tilleul (m)	zirfun	زیرفون
tremble (m)	senowbar-e larzān	صنوبر لرزان
érable (m)	afrā	افرا
épicéa (m)	senowbar	صنوبر
pin (m)	kāj	کاج
mélèze (m)	senowbar-e ārāste	صنوبر آراسته
sapin (m)	šāh deraxt	شاه درخت
cèdre (m)	sedr	سدر
peuplier (m)	sepidār	سپیدار
sorbier (m)	zabān gonješk-e kuhi	زبان گنجشک کوهی
saule (m)	bid	بید
aune (m)	tuskā	توسکا
hêtre (m)	rāš	راش
orme (m)	nārvan-e qermez	نارون قرمز
frêne (m)	zabān-e gonješk	زبان گنجشک
marronnier (m)	šāh balut	شاه بلوط
magnolia (m)	māgnoliyā	ماگنولیا
palmier (m)	naxl	نخل
cyprès (m)	sarv	سرو
palétuvier (m)	karnā	کرنا
baobab (m)	bāobāb	بائوباب
eucalyptus (m)	okaliptus	اوکالیپتوس
séquoia (m)	sorx-e čub	سرخ چوب

228. Les arbustes

buisson (m)	bute	بوته
arbrisseau (m)	bute zār	بوته زار

| vigne (f) | angur | انگور |
| vigne (f) (vignoble) | tākestān | تاکستان |

framboise (f)	tamešk	تمشک
cassis (m)	angur-e farangi-ye siyāh	انگور فرنگی سیاه
groseille (f) rouge	angur-e farangi-ye sorx	انگور فرنگی سرخ
groseille (f) verte	angur-e farangi	انگور فرنگی

acacia (m)	aqāqiyā	اقاقیا
berbéris (m)	zerešk	زرشک
jasmin (m)	yāsaman	یاسمن

genévrier (m)	ardaj	اردج
rosier (m)	bute-ye gol-e mohammadi	بوتهٔ گل محمدی
églantier (m)	nastaran	نسترن

229. Les champignons

champignon (m)	qārč	قارچ
champignon (m) comestible	qārč-e xorāki	قارچ خوراکی
champignon (m) vénéneux	qārč-e sammi	قارچ سمی
chapeau (m)	kolāhak-e qārč	کلاهک قارچ
pied (m)	pāye	پایه

cèpe (m)	qārč-e sefid	قارچ سفید
bolet (m) orangé	samāruq	سماروغ
bolet (m) bai	qārč-e bulet	قارچ بولت
girolle (f)	qārč-e zard	قارچ زرد
russule (f)	qārč-e tiqe-ye tord	قارچ تیغه ترد

morille (f)	qārč-e morkelā	قارچ مورکلا
amanite (f) tue-mouches	qārč-e magas	قارچ مگس
oronge (f) verte	kolāhak-e marg	کلاهک مرگ

230. Les fruits. Les baies

| fruit (m) | mive | میوه |
| fruits (m pl) | mive jāt | میوه جات |

pomme (f)	sib	سیب
poire (f)	golābi	گلابی
prune (f)	ālu	آلو

fraise (f)	tut-e farangi	توت فرنگی
cerise (f)	ālbālu	آلبالو
merise (f)	gilās	گیلاس
raisin (m)	angur	انگور

framboise (f)	tamešk	تمشک
cassis (m)	angur-e farangi-ye siyāh	انگور فرنگی سیاه
groseille (f) rouge	angur-e farangi-ye sorx	انگور فرنگی سرخ
groseille (f) verte	angur-e farangi	انگور فرنگی

canneberge (f)	nārdānak-e vahši	ناردانک وحشی
orange (f)	porteqāl	پرتقال
mandarine (f)	nārengi	نارنگی
ananas (m)	ānānās	آناناس
banane (f)	mowz	موز
datte (f)	xormā	خرما
citron (m)	limu	ليمو
abricot (m)	zardālu	زردآلو
pêche (f)	holu	هلو
kiwi (m)	kivi	کيوی
pamplemousse (m)	gerip forut	گريپ فوروت
baie (f)	mive-ye butei	ميوۀ بوته ای
baies (f pl)	mivehā-ye butei	ميوه های بوته ای
airelle (f) rouge	tut-e farangi-ye jangali	توت فرنگی جنگلی
fraise (f) des bois	zoqāl axte	زغال اخته
myrtille (f)	zoqāl axte	زغال اخته

231. Les fleurs. Les plantes

fleur (f)	gol	گل
bouquet (m)	daste-ye gol	دسته گل
rose (f)	gol-e sorx	گل سرخ
tulipe (f)	lāle	لاله
oeillet (m)	mixak	ميخک
glaïeul (m)	susan-e sefid	سوسن سفيد
bleuet (m)	gol-e gandom	گل گندم
campanule (f)	gol-e estekāni	گل استکانی
dent-de-lion (f)	gol-e qāsedak	گل قاصدک
marguerite (f)	bābune	بابونه
aloès (m)	oloviye	آلوئه
cactus (m)	kāktus	کاکتوس
ficus (m)	fikus	فيکوس
lis (m)	susan	سوسن
géranium (m)	gol-e šam'dāni	گل شمعدانی
jacinthe (f)	sonbol	سنبل
mimosa (m)	mimosā	ميموسا
jonquille (f)	narges	نرگس
capucine (f)	gol-e lādan	گل لادن
orchidée (f)	orkide	اركيده
pivoine (f)	gol-e ašrafi	گل اشرفی
violette (f)	banafše	بنفشه
pensée (f)	banafše-ye farangi	بنفشه فرنگی
myosotis (m)	gol-e farāmuš-am makon	گل فراموشم مکن
pâquerette (f)	gol-e morvārid	گل مرواريد
coquelicot (m)	xašxāš	خشخاش

| chanvre (m) | šāh dāne | شاه دانه |
| menthe (f) | na'nā' | نعناع |

| muguet (m) | muge | موگه |
| perce-neige (f) | gol-e barfi | گل برفی |

ortie (f)	gazane	گزنه
oseille (f)	toršak	ترشک
nénuphar (m)	nilufar-e abi	نیلوفر آبی
fougère (f)	saraxs	سرخس
lichen (m)	golesang	گلسنگ

serre (f) tropicale	golxāne	گلخانه
gazon (m)	čaman	چمن
parterre (m) de fleurs	baqče-ye gol	باغچه گل

plante (f)	giyāh	گیاه
herbe (f)	alaf	علف
brin (m) d'herbe	alaf	علف

feuille (f)	barg	برگ
pétale (m)	golbarg	گلبرگ
tige (f)	sāqe	ساقه
tubercule (m)	riše	ریشه

| pousse (f) | javāne | جوانه |
| épine (f) | xār | خار |

fleurir (vi)	gol kardan	گل کردن
se faner (vp)	pažmorde šodan	پژمرده شدن
odeur (f)	bu	بو
couper (vt)	boridan	بریدن
cueillir (fleurs)	kandan	کندن

232. Les céréales

grains (m pl)	dāne	دانه
céréales (f pl) (plantes)	qallāt	غلات
épi (m)	xuše	خوشه

blé (m)	gandom	گندم
seigle (m)	čāvdār	چاودار
avoine (f)	jow-e sahrāyi	جو صحرایی
millet (m)	arzan	ارزن
orge (f)	jow	جو
maïs (m)	zorrat	ذرت
riz (m)	berenj	برنج
sarrasin (m)	gandom-e siyāh	گندم سیاه

pois (m)	noxod	نخود
haricot (m)	lubiyā qermez	لوبیا قرمز
soja (m)	sowyā	سویا
lentille (f)	adas	عدس
fèves (f pl)	lubiyā	لوبیا

233. Les légumes

légumes (m pl)	sabzijāt	سبزیجات
verdure (f)	sabzi	سبزی
tomate (f)	gowje farangi	گوجه فرنگی
concombre (m)	xiyār	خیار
carotte (f)	havij	هویج
pomme (f) de terre	sib zamini	سیب زمینی
oignon (m)	piyāz	پیاز
ail (m)	sir	سیر
chou (m)	kalam	کلم
chou-fleur (m)	gol kalam	گل کلم
chou (m) de Bruxelles	koll-am boruksel	کلم بروکسل
brocoli (m)	kalam borokli	کلم بروکلی
betterave (f)	čoqondar	چغندر
aubergine (f)	bādenjān	بادنجان
courgette (f)	kadu sabz	کدو سبز
potiron (m)	kadu tanbal	کدو تنبل
navet (m)	šalqam	شلغم
persil (m)	ja'fari	جعفری
fenouil (m)	šavid	شوید
laitue (f) (salade)	kāhu	کاهو
céleri (m)	karafs	کرفس
asperge (f)	mārčube	مارچوبه
épinard (m)	esfenāj	اسفناج
pois (m)	noxod	نخود
fèves (f pl)	lubiyā	لوبیا
maïs (m)	zorrat	ذرت
haricot (m)	lubiyā qermez	لوبیا قرمز
poivron (m)	felfel	فلفل
radis (m)	torobče	تربچه
artichaut (m)	kangar farangi	کنگرفرنگی

LA GÉOGRAPHIE RÉGIONALE

Les pays du monde. Les nationalités

234. L'Europe de l'Ouest

Français	Translittération	Persan
Europe (f)	orupā	اروپا
Union (f) européenne	ettehādiye-ye orupā	اتحادیه اروپا
européen (m)	orupāyi	اروپایی
européen (adj)	orupāyi	اروپایی
Autriche (f)	otriš	اتریش
Autrichien (m)	mard-e otriši	مرد اتریشی
Autrichienne (f)	zan-e otriši	زن اتریشی
autrichien (adj)	otriši	اتریشی
Grande-Bretagne (f)	beritāniyā-ye kabir	بریتانیای کبیر
Angleterre (f)	engelestān	انگلستان
Anglais (m)	mard-e engelisi	مرد انگلیسی
Anglaise (f)	zan-e engelisi	زن انگلیسی
anglais (adj)	engelisi	انگلیسی
Belgique (f)	belžik	بلژیک
Belge (m)	mard-e belžiki	مرد بلژیکی
Belge (f)	zan-e belžiki	زن بلژیکی
belge (adj)	belžiki	بلژیکی
Allemagne (f)	ālmān	آلمان
Allemand (m)	mard-e ālmāni	مرد آلمانی
Allemande (f)	zan-e ālmāni	زن آلمانی
allemand (adj)	ālmāni	آلمانی
Pays-Bas (m)	holand	هلند
Hollande (f)	holand	هلند
Hollandais (m)	mard-e holandi	مرد هلندی
Hollandaise (f)	zan-e holandi	زن هلندی
hollandais (adj)	holandi	هلندی
Grèce (f)	yunān	یونان
Grec (m)	mard-e yunāni	مرد یونانی
Grecque (f)	zan-e yunāni	زن یونانی
grec (adj)	yunāni	یونانی
Danemark (m)	dānmārk	دانمارک
Danois (m)	mard-e dānmārki	مرد دانمارکی
Danoise (f)	zan-e dānmārki	زن دانمارکی
danois (adj)	dānmārki	دانمارکی
Irlande (f)	irland	ایرلند
Irlandais (m)	mard-e irlandi	مرد ایرلندی

| Irlandaise (f) | zan-e irlandi | زن ایرلندی |
| irlandais (adj) | irlandi | ایرلندی |

Islande (f)	island	ایسلند
Islandais (m)	mard-e island-i	مرد ایسلندی
Islandaise (f)	zan-e island-i	زن ایسلندی
islandais (adj)	island-i	ایسلندی

Espagne (f)	espāniyā	اسپانیا
Espagnol (m)	mard-e espāniyāyi	مرد اسپانیایی
Espagnole (f)	zan-e espāniyāyi	زن اسپانیایی
espagnol (adj)	espāniyāyi	اسپانیایی

Italie (f)	itāliyā	ایتالیا
Italien (m)	mard-e itāliyāyi	مرد ایتالیایی
Italienne (f)	zan-e itāliyāyi	زن ایتالیایی
italien (adj)	itāliyāyi	ایتالیایی

Chypre (m)	qebres	قبرس
Chypriote (m)	mard-e qebresi	مرد قبرسی
Chypriote (f)	zan-e qebresi	زن قبرسی
chypriote (adj)	qebresi	قبرسی

Malte (f)	mālt	مالت
Maltais (m)	mard-e mālti	مرد مالتی
Maltaise (f)	zan-e mālti	زن مالتی
maltais (adj)	mālti	مالتی

Norvège (f)	norvež	نروژ
Norvégien (m)	mard-e norveži	مرد نروژی
Norvégienne (f)	zan-e norveži	زن نروژی
norvégien (adj)	norveži	نروژی

Portugal (m)	porteqāl	پرتغال
Portugais (m)	mard-e porteqāli	مرد پرتغالی
Portugaise (f)	zan-e porteqāli	زن پرتغالی
portugais (adj)	porteqāli	پرتغالی

Finlande (f)	fanlānd	فنلاند
Finlandais (m)	mard-e fanlāndi	مرد فنلاندی
Finlandaise (f)	zan-e fanlāndi	زن فنلاندی
finlandais (adj)	fanlāndi	فنلاندی

France (f)	farānse	فرانسه
Français (m)	mard-e farānsavi	مرد فرانسوی
Française (f)	zan-e farānsavi	زن فرانسوی
français (adj)	farānsavi	فرانسوی

Suède (f)	sued	سوئد
Suédois (m)	mard-e suedi	مرد سوئدی
Suédoise (f)	zan-e suedi	زن سوئدی
suédois (adj)	suedi	سوئدی

Suisse (f)	suis	سوئیس
Suisse (m)	mard-e suisi	مرد سوئیسی
Suissesse (f)	zan-e suisi	زن سوئیسی

suisse (adj)	suisi	سوئیسی
Écosse (f)	eskātland	اسکاتلند
Écossais (m)	mard-e eskātlandi	مرد اسکاتلندی
Écossaise (f)	zan-e eskātlandi	زن اسکاتلندی
écossais (adj)	eskātlandi	اسکاتلندی

Vatican (m)	vātikān	واتیکان
Liechtenstein (m)	lixteneštāyn	لیختن‌اشتاین
Luxembourg (m)	lokzāmborg	لوکزامبورگ
Monaco (m)	monāko	موناکو

235. L'Europe Centrale et l'Europe de l'Est

Albanie (f)	ālbāni	آلبانی
Albanais (m)	mard-e ālbāniyāyi	مرد آلبانیایی
Albanaise (f)	zan-e ālbāniyāyi	زن آلبانیایی
albanais (adj)	ālbāniyāyi	آلبانیایی

Bulgarie (f)	bolqārestān	بلغارستان
Bulgare (m)	mard-e bolqāri	مرد بلغاری
Bulgare (f)	zan-e bolqāri	زن بلغاری
bulgare (adj)	bolqāri	بلغاری

Hongrie (f)	majārestān	مجارستان
Hongrois (m)	mard-e majāri	مرد مجاری
Hongroise (f)	zan-e majāri	زن مجاری
hongrois (adj)	majāri	مجاری

Lettonie (f)	letuni	لتونی
Letton (m)	mard-e letoniyāyi	مرد لتونیایی
Lettonne (f)	zan-e letoniyāyi	زن لتونیایی
letton (adj)	letuniyāyi	لتونیایی

Lituanie (f)	litvāni	لیتوانی
Lituanien (m)	mard-e litvāniyāyi	مرد لیتوانیایی
Lituanienne (f)	zan-e litvāniyāyi	زن لیتوانیایی
lituanien (adj)	litvāniyāyi	لیتوانیایی

Pologne (f)	lahestān	لهستان
Polonais (m)	mard-e lahestāni	مرد لهستانی
Polonaise (f)	zan-e lahestāni	زن لهستانی
polonais (adj)	lahestāni	لهستانی

Roumanie (f)	romāni	رومانی
Roumain (m)	mard-e romāniyāyi	مرد رومانیایی
Roumaine (f)	zan-e romāniyāyi	زن رومانیایی
roumain (adj)	romāniyāyi	رومانیایی

Serbie (f)	serbestān	صربستان
Serbe (m)	mard-e serb	مرد صرب
Serbe (f)	zan-e serb	زن صرب
serbe (adj)	serb	صرب
Slovaquie (f)	eslovāki	اسلواکی
Slovaque (m)	mard-e eslovāk	مرد اسلواک

| Slovaque (f) | zan-e eslovāk | زن اسلواک |
| slovaque (adj) | eslovāk | اسلواک |

Croatie (f)	korovāsi	کرواسی
Croate (m)	mard-e korovāt	مرد کروات
Croate (f)	zan-e korovāt	زن کروات
croate (adj)	korovāt	کروات

République (f) Tchèque	jomhuri-ye ček	جمهوری چک
Tchèque (m)	mard-e ček	مرد چک
Tchèque (f)	zan-e ček	زن چک
tchèque (adj)	ček	چک

Estonie (f)	estoni	استونی
Estonien (m)	mard-e estuniyāyi	مرد استونیایی
Estonienne (f)	zan-e estuniyāyi	زن استونیایی
estonien (adj)	estuniyāyi	استونیایی

Bosnie (f)	bosni-yo herzogovin	بوسنی وهرزگوین
Macédoine (f)	jomhuri-ye maqduniye	جمهوری مقدونیه
Slovénie (f)	eslovoni	اسلوونی
Monténégro (m)	montenegro	مونته‌نگرو

236. Les pays de l'ex-U.R.S.S.

Azerbaïdjan (m)	āzarbāyjān	آذربایجان
Azerbaïdjanais (m)	mard-e āzarbāyejāni	مرد آذربایجانی
Azerbaïdjanaise (f)	zan-e āzarbāyejāni	زن آذربایجانی
azerbaïdjanais (adj)	āzarbāyejāni	آذربایجانی

Arménie (f)	armanestān	ارمنستان
Arménien (m)	mard-e armani	مرد ارمنی
Arménienne (f)	zan-e armani	زن ارمنی
arménien (adj)	armani	ارمنی

Biélorussie (f)	belārus	بلاروس
Biélorusse (m)	mard belārus-i	مرد بلاروسی
Biélorusse (f)	zan belārus-i	زن بلاروسی
biélorusse (adj)	belārus-i	بلاروسی

Géorgie (f)	gorjestān	گرجستان
Géorgien (m)	mard-e gorji	مرد گرجی
Géorgienne (f)	zan-e gorji	زن گرجی
géorgien (adj)	gorji	گرجی

Kazakhstan (m)	qazzāqestān	قزاقستان
Kazakh (m)	mard-e qazzāq	مرد قزاق
Kazakhe (f)	zan-e qazzāq	زن قزاق
kazakh (adj)	qazzāqi	قزاقی

Kirghizistan (m)	qerqizestān	قرقیزستان
Kirghiz (m)	mard-e qerqiz	مرد قرقیز
Kirghize (f)	zan-e qerqiz	زن قرقیز
kirghiz (adj)	qerqiz	قرقیز

Moldavie (f)	moldāvi	مولداوی
Moldave (m)	mard-e moldāv	مرد مولداوی
Moldave (f)	zan-e moldāv	زن مولداوی
moldave (adj)	moldāv	مولداوی

Russie (f)	rusiye	روسیه
Russe (m)	mard-e rusi	مرد روسی
Russe (f)	zan-e rusi	زن روسی
russe (adj)	rusi	روسی

Tadjikistan (m)	tājikestān	تاجیکستان
Tadjik (m)	mard-e tājik	مرد تاجیک
Tadjik (f)	zan-e tājik	زن تاجیک
tadjik (adj)	tājik	تاجیک

Turkménistan (m)	torkamanestān	ترکمنستان
Turkmène (m)	mard-e torkaman	مرد ترکمن
Turkmène (f)	zan-e torkaman	زن ترکمن
turkmène (adj)	torkaman	ترکمن

Ouzbékistan (m)	ozbakestān	ازبکستان
Ouzbek (m)	mard-e ozbak	مرد ازبک
Ouzbek (f)	zan-e ozbak	زن ازبک
ouzbek (adj)	ozbak	ازبک

Ukraine (f)	okrāyn	اوکراین
Ukrainien (m)	mard-e okrāyni	مرد اوکراینی
Ukrainienne (f)	zan-e okrāyni	زن اوکراینی
ukrainien (adj)	okrāyni	اوکراینی

237. L'Asie

| Asie (f) | āsiyā | آسیا |
| asiatique (adj) | āsiyāyi | آسیایی |

Vietnam (m)	viyetnām	ویتنام
Vietnamien (m)	mard-e viyetnāmi	مرد ویتنامی
Vietnamienne (f)	zan-e viyetnāmi	زن ویتنامی
vietnamien (adj)	viyetnāmi	ویتنامی

Inde (f)	hendustān	هندوستان
Indien (m)	mard-e hendi	مرد هندی
Indienne (f)	zan-e hendi	زن هندی
indien (adj)	hendi	هندی

Israël (m)	esrāil	اسرائیل
Israélien (m)	mard-e esrāili	مرد اسرائیلی
Israélienne (f)	zan-e esrāili	زن اسرائیلی
israélien (adj)	esrāili	اسرائیلی

Juif (m)	mard-e yahudi	مرد یهودی
Juive (f)	zan-e yahudi	زن یهودی
juif (adj)	yahudi	یهودی
Chine (f)	čin	چین

Chinois (m)	mard-e čini	مرد چینی
Chinoise (f)	zan-e čini	زن چینی
chinois (adj)	čini	چینی

Coréen (m)	mard-e karei	مرد کره ای
Coréenne (f)	zan-e karei	زن کره ای
coréen (adj)	kare i	کره ای

Liban (m)	lobnān	لبنان
Libanais (m)	mard-e lobnāni	مرد لبنانی
Libanaise (f)	zan-e lobnāni	زن لبنانی
libanais (adj)	lobnāni	لبنانی

Mongolie (f)	moqolestān	مغولستان
Mongole (m)	mard-e moqol	مرد مغول
Mongole (f)	zan-e moqol	زن مغول
mongole (adj)	moqol	مغول

Malaisie (f)	mālezi	مالزی
Malaisien (m)	mard-e māleziāyi	مرد مالزیایی
Malaisienne (f)	zan-e māleziāyi	زن مالزیایی
malais (adj)	māleziāyi	مالزیایی

Pakistan (m)	pākestān	پاکستان
Pakistanais (m)	mard-e pākestāni	مرد پاکستانی
Pakistanaise (f)	zan-e pākestāni	زن پاکستانی
pakistanais (adj)	pākestāni	پاکستانی

Arabie (f) Saoudite	arabestān-e so'udi	عربستان سعودی
Arabe (m)	mard-e arab	مرد عرب
Arabe (f)	zan-e arab	زن عرب
arabe (adj)	arab	عرب

Thaïlande (f)	tāyland	تایلند
Thaïlandais (m)	mard-e tāylandi	مرد تایلندی
Thaïlandaise (f)	zan-e tāylandi	زن تایلندی
thaïlandais (adj)	tāylandi	تایلندی

Taïwan (m)	tāyvān	تایوان
Taïwanais (m)	mard-e tāyvāni	مرد تایوانی
Taïwanaise (f)	zan-e tāyvāni	زن تایوانی
taïwanais (adj)	tāyvāni	تایوانی

Turquie (f)	torkiye	ترکیه
Turc (m)	mard-e tork	مرد ترک
Turque (f)	zan-e tork	زن ترک
turc (adj)	tork	ترک

Japon (m)	žāpon	ژاپن
Japonais (m)	mard-e žāponi	مرد ژاپنی
Japonaise (f)	zan-e žāponi	زن ژاپنی
japonais (adj)	žāponi	ژاپنی

Afghanistan (m)	afqānestān	افغانستان
Bangladesh (m)	bangelādeš	بنگلادش
Indonésie (f)	andonezi	اندونزی

Jordanie (f)	ordon	اردن
Iraq (m)	arāq	عراق
Iran (m)	irān	ایران
Cambodge (m)	kāmboj	کامبوج
Koweït (m)	koveyt	کویت
Laos (m)	lāus	لائوس
Myanmar (m)	miyānmār	میانمار
Népal (m)	nepāl	نپال
Fédération (f) des Émirats Arabes Unis	emārāt-e mottahede-ye arabi	امارات متحده عربی
Syrie (f)	suriye	سوریه
Palestine (f)	felestin	فلسطین
Corée (f) du Sud	kare-ye jonubi	کرۀ جنوبی
Corée (f) du Nord	kare-ye šomāli	کرۀ شمالی

238. L'Amérique du Nord

Les États Unis	eyālāt-e mottahede-ye emrikā	ایالات متحدۀ امریکا
Américain (m)	mard-e emrikāyi	مرد امریکایی
Américaine (f)	zan-e emrikāyi	زن امریکایی
américain (adj)	emrikāyi	امریکایی
Canada (m)	kānādā	کانادا
Canadien (m)	mard-e kānādāyi	مرد کانادایی
Canadienne (f)	zan-e kānādāyi	زن کانادایی
canadien (adj)	kānādāyi	کانادایی
Mexique (m)	mekzik	مکزیک
Mexicain (m)	mard-e mekziki	مرد مکزیکی
Mexicaine (f)	zan-e mekziki	زن مکزیکی
mexicain (adj)	mekziki	مکزیکی

239. L'Amérique Centrale et l'Amérique du Sud

Argentine (f)	āržāntin	آرژانتین
Argentin (m)	mard-e āržāntini	مرد آرژانتینی
Argentine (f)	zan-e āržāntini	زن آرژانتینی
argentin (adj)	āržāntini	آرژانتینی
Brésil (m)	berezil	برزیل
Brésilien (m)	mard-e berezili	مرد برزیلی
Brésilienne (f)	zan-e berezili	زن برزیلی
brésilien (adj)	berezili	برزیلی
Colombie (f)	kolombiyā	کلمبیا
Colombien (m)	mard-e kolombiyāyi	مرد کلمبیایی
Colombienne (f)	zan-e kolombiyāyi	زن کلمبیایی
colombien (adj)	kolombiyāyi	کلمبیایی
Cuba (f)	kubā	کوبا

Cubain (m)	mard-e kubāyi	مرد کوبایی
Cubaine (f)	zan-e kubāyi	زن کوبایی
cubain (adj)	kubāyi	کوبایی

Chili (m)	šhili	شیلی
Chilien (m)	mard-e šhiliyāyi	مرد شیلیایی
Chilienne (f)	zan-e šhiliyāyi	زن شیلیایی
chilien (adj)	šhiliyāyi	شیلیایی

Bolivie (f)	bulivi	بولیوی
Venezuela (f)	venezuelā	ونزوئلا
Paraguay (m)	pārāgue	پاراگوئه
Pérou (m)	porov	پرو
Surinam (m)	surinām	سورینام
Uruguay (m)	orogue	اوروگوئه
Équateur (m)	ekvādor	اکوادور

Bahamas (f pl)	bāhāmā	باهاما
Haïti (m)	hāiti	هائیتی
République (f) Dominicaine	jomhuri-ye dominikan	جمهوری دومینیکن
Panamá (m)	pānāmā	پاناما
Jamaïque (f)	jāmāikā	جامائیکا

240. L'Afrique

Égypte (f)	mesr	مصر
Égyptien (m)	mard-e mesri	مرد مصری
Égyptienne (f)	zan-e mesri	زن مصری
égyptien (adj)	mesri	مصری

Maroc (m)	marākeš	مراکش
Marocain (m)	mard-e marākeši	مرد مراکشی
Marocaine (f)	zan-e marākeši	زن مراکشی
marocain (adj)	marākeši	مراکشی

Tunisie (f)	tunes	تونس
Tunisien (m)	mard-e tunesi	مرد تونسی
Tunisienne (f)	zan-e tunesi	زن تونسی
tunisien (adj)	tunesi	تونسی

Ghana (m)	qanā	غنا
Zanzibar (m)	zangbār	زنگبار
Kenya (m)	keniyā	کنیا
Libye (f)	libi	لیبی
Madagascar (f)	mādāgāskār	ماداگاسکار

Namibie (f)	nāmibiyā	نامیبیا
Sénégal (m)	senegāl	سنگال
Tanzanie (f)	tānzāniyā	تانزانیا
République (f) Sud-africaine	jomhuri-ye āfriqā-ye jonubi	جمهوری آفریقای جنوبی

Africain (m)	mard-e āfriqāyi	مرد آفریقایی
Africaine (f)	zan-e āfriqāyi	زن آفریقایی
africain (adj)	āfriqāyi	آفریقایی

241. L'Australie et Océanie

Australie (f)	ostorāliyā	استرالیا
Australien (m)	mard-e ostorāliyāyi	مرد استرالیایی
Australienne (f)	zan-e ostorāliyāyi	زن استرالیایی
australien (adj)	ostorāliyāyi	استرالیایی

Nouvelle Zélande (f)	niyuzland	نیوزلند
Néo-Zélandais (m)	mard-e niyuzlandi	مرد نیوزلندی
Néo-Zélandaise (f)	zan-e niyuzlandi	زن نیوزلندی
néo-zélandais (adj)	niyuzlandi	نیوزلندی

| Tasmanie (f) | tāsmāni | تاسمانی |
| Polynésie (f) Française | polinezi-ye farānse | پلینزی فرانسه |

242. Les grandes villes

Amsterdam (f)	āmesterdām	آمستردام
Ankara (m)	ānkārā	آنکارا
Athènes (m)	āten	آتن

Bagdad (m)	baqdād	بغداد
Bangkok (m)	bānkok	بانکوک
Barcelone (f)	bārselon	بارسلون
Berlin (m)	berlin	برلین
Beyrouth (m)	beyrut	بیروت

Bombay (m)	bombai	بمبئی
Bonn (f)	bon	بن
Bordeaux (f)	bordo	بوردو
Bratislava (m)	bratislav	براتیسلاو
Bruxelles (m)	boruksel	بروکسل
Bucarest (m)	boxārest	بخارست
Budapest (m)	budāpest	بوداپست

Caire (m)	qāhere	قاهره
Calcutta (f)	kalkate	کلکته
Chicago (f)	šikāgo	شیکاگو
Copenhague (f)	kopenhāk	کپنهاک

Dar es-Salaam (f)	dārossalām	دارالسلام
Delhi (f)	dehli	دهلی
Dubaï (f)	debi	دبی
Dublin (f)	dublin	دوبلین
Düsseldorf (f)	duseldorf	دوسلدورف

Florence (f)	felorāns	فلورانس
Francfort (f)	ferānkfort	فرانکفورت
Genève (f)	ženev	ژنو

Hague (f)	lāhe	لاهه
Hambourg (f)	hāmborg	هامبورگ
Hanoi (f)	hānoy	هانوی

Havane (f)	hāvānā	هاوانا
Helsinki (f)	helsinki	هلسینکی
Hiroshima (f)	hirošimā	هیروشیما
Hong Kong (m)	hong kong	هنگ کنگ

Istanbul (f)	estānbol	استامبول
Jérusalem (f)	beytolmoqaddas	بیت المقدس
Kiev (f)	keyf	کیف
Kuala Lumpur (f)	kuālālāmpur	کوالالامپور
Lisbonne (f)	lisbun	لیسبون
Londres (m)	landan	لندن
Los Angeles (f)	losānjeles	لس آنجلس
Lyon (f)	liyon	لیون

Madrid (f)	mādrid	مادرید
Marseille (f)	mārsey	مارسی
Mexico (f)	mekziko	مکزیکو
Miami (f)	mayāmey	میامی
Montréal (f)	montreāl	مونترآل
Moscou (f)	moskow	مسکو
Munich (f)	munix	مونیخ

Nairobi (f)	nāyrubi	نایروبی
Naples (f)	nāpl	ناپل
New York (f)	niyuyork	نیویورک
Nice (f)	nis	نیس
Oslo (m)	oslo	اسلو
Ottawa (m)	otāvā	اتاوا

Paris (m)	pāris	پاریس
Pékin (m)	pekan	پکن
Prague (m)	perāg	پراگ
Rio de Janeiro (m)	riyo-do-žāniro	ریو دو ژانیرو
Rome (f)	ram	رم

Saint-Pétersbourg (m)	sān peterzburg	سن پترزبورگ
Séoul (m)	seul	سئول
Shanghai (m)	šānghāy	شانگهای
Sidney (m)	sidni	سیدنی
Singapour (f)	sangāpur	سنگاپور
Stockholm (m)	āstokholm	استکهلم

Taipei (m)	tāype	تایپه
Tokyo (m)	tokiyo	توکیو
Toronto (m)	torento	تورنتو
Varsovie (f)	varšow	ورشو
Venise (f)	veniz	ونیز
Vienne (f)	viyan	وین
Washington (f)	vāšangton	واشنگتن

243. La politique. Le gouvernement. Partie 1

politique (f)	siyāsat	سیاست
politique (adj)	siyāsi	سیاسی

homme (m) politique	siyāsatmadār	سياستمدار
état (m)	dowlat	دولت
citoyen (m)	šahrvand	شهروند
citoyenneté (f)	šahrvandi	شهروندی

| armoiries (f pl) nationales | nešān melli | نشان ملی |
| hymne (m) national | sorud-e melli | سرود ملی |

gouvernement (m)	hokumat	حکومت
chef (m) d'état	rahbar-e dowlat	رهبر دولت
parlement (m)	pārlemān	پارلمان
parti (m)	hezb	حزب

| capitalisme (m) | sarmāye dāri | سرمایه داری |
| capitaliste (adj) | kāpitālisti | کاپیتالیستی |

| socialisme (m) | sosiyālism | سوسیالیسم |
| socialiste (adj) | sosiyālisti | سوسیالیستی |

communisme (m)	komonism	کمونیسم
communiste (adj)	komonisti	کمونیستی
communiste (m)	komonist	کمونیست

démocratie (f)	demokrāsi	دموکراسی
démocrate (m)	demokrāt	دموکرات
démocratique (adj)	demokrātik	دموکراتیک
parti (m) démocratique	hezb-e demokrāt	حزب دموکرات

| libéral (m) | liberāl | لیبرال |
| libéral (adj) | liberāli | لیبرالی |

| conservateur (m) | mohāfeze kār | محافظه کار |
| conservateur (adj) | mohāfeze kāri | محافظه کاری |

république (f)	jomhuri	جمهوری
républicain (m)	jomhuri xāh	جمهوری خواه
parti (m) républicain	hezb-e jomhurixāh	حزب جمهوری خواه

élections (f pl)	entexābāt	انتخابات
élire (vt)	entexāb kardan	انتخاب کردن
électeur (m)	entexāb konande	انتخاب کننده
campagne (f) électorale	kampeyn-e entexābāti	کمپین انتخاباتی

vote (m)	axz-e raʻy	اخذ رأی
voter (vi)	raʼy dādan	رأی دادن
droit (m) de vote	haqq-e raʻy	حق رأی

candidat (m)	nāmzad	نامزد
poser sa candidature	nāmzad šodan	نامزد شدن
campagne (f)	kampeyn	کمپین

| d'opposition (adj) | moxālef | مخالف |
| opposition (f) | opozisyon | اپوزیسیون |

| visite (f) | vizit | ویزیت |
| visite (f) officielle | vizit-e rasmi | ویزیت رسمی |

international (adj)	beynolmelali	بین المللی
négociations (f pl)	mozākerāt	مذاکرات
négocier (vi)	mozākere kardan	مذاکره کردن

244. La politique. Le gouvernement. Partie 2

société (f)	jam'iyat	جمعیت
constitution (f)	qānun-e asāsi	قانون اساسی
pouvoir (m)	hākemiyat	حاکمیت
corruption (f)	fesād	فساد

| loi (f) | qānun | قانون |
| légal (adj) | qānuni | قانونی |

| justice (f) | edālat | عدالت |
| juste (adj) | ādel | عادل |

comité (m)	komite	کمیته
projet (m) de loi	lāyehe-ye qānun	لایحهٔ قانون
budget (m)	budje	بودجه
politique (f)	siyāsat	سیاست
réforme (f)	eslāhāt	اصلاحات
radical (adj)	efrāti	افراطی

puissance (f)	niru	نیرو
puissant (adj)	moqtader	مقتدر
partisan (m)	tarafdār	طرفدار
influence (f)	ta'sir	تأثیر

régime (m)	nezām	نظام
conflit (m)	dargiri	درگیری
complot (m)	towtee	توطئه
provocation (f)	tahrik	تحریک

renverser (le régime)	sarnegun kardan	سرنگون کردن
renversement (m)	sarneguni	سرنگونی
révolution (f)	enqelāb	انقلاب

| coup (m) d'État | kudetā | کودتا |
| coup (m) d'État militaire | kudetā-ye nezāmi | کودتای نظامی |

crise (f)	bohrān	بحران
baisse (f) économique	rokud-e eqtesādi	رکود اقتصادی
manifestant (m)	tazāhorāt konande	تظاهرات کننده
manifestation (f)	tazāhorāt	تظاهرات
loi (f) martiale	hālat-e nezāmi	حالت نظامی
base (f) militaire	pāygāh-e nezāmi	پایگاه نظامی

| stabilité (f) | sobāt | ثبات |
| stable (adj) | bāsobāt | باثبات |

exploitation (f)	bahre bardār-i	بهره برداری
exploiter (vt)	bahre bardār-i kardan	بهره برداری کردن
racisme (m)	nežādparasti	نژادپرستی

raciste (m)	nežādparast	نژادپرست
fascisme (m)	fāšizm	فاشیزم
fasciste (m)	fāšist	فاشیست

245. Les différents pays du monde. Divers

étranger (m)	xāreji	خارجی
étranger (adj)	xāreji	خارجی
à l'étranger (adv)	dar xārej	در خارج

émigré (m)	mohājer	مهاجر
émigration (f)	mohājerat	مهاجرت
émigrer (vi)	mohājerat kardan	مهاجرت کردن

Ouest (m)	qarb	غرب
Est (m)	xāvar	خاور
Extrême Orient (m)	xāvar-e-dur	خاوردور
civilisation (f)	tamaddon	تمدن
humanité (f)	ensāniyat	انسانیت
monde (m)	jahān	جهان
paix (f)	solh	صلح
mondial (adj)	jahāni	جهانی

patrie (f)	vatan	وطن
peuple (m)	mellat	ملت
population (f)	mardom	مردم
gens (m pl)	afrād	افراد
nation (f)	mellat	ملت
génération (f)	nasl	نسل
territoire (m)	qalamrow	قلمرو
région (f)	mantaqe	منطقه
état (m) (partie du pays)	eyālat	ایالت

tradition (f)	sonnat	سنت
coutume (f)	ādat	عادت
écologie (f)	mohit-e zist	محیط زیست

indien (m)	hendi	هندی
bohémien (m)	mard-e kowli	مرد کولی
bohémienne (f)	zan-e kowli	زن کولی
bohémien (adj)	kowli	کولی

empire (m)	emperāturi	امپراطوری
colonie (f)	mosta'mere	مستعمره
esclavage (m)	bardegi	بردگی
invasion (f)	tahājom	تهاجم
famine (f)	gorosnegi	گرسنگی

246. Les groupes religieux. Les confessions

| religion (f) | din | دین |
| religieux (adj) | dini | دینی |

foi (f)	e'teqād	اعتقاد
croire (en Dieu)	e'teqād dāštan	اعتقاد داشتن
croyant (m)	mo'men	مؤمن
athéisme (m)	bi dini	بی دینی
athée (m)	molhed	ملحد
christianisme (m)	masihiyat	مسیحیت
chrétien (m)	masihi	مسیحی
chrétien (adj)	masihi	مسیحی
catholicisme (m)	mazhab-e kātolik	مذهب کاتولیک
catholique (m)	kātolik	کاتولیک
catholique (adj)	kātolik	کاتولیک
protestantisme (m)	āin-e porotestān	آئین پروتستان
Église (f) protestante	kelisā-ye porotestān	کلیسای پروتستان
protestant (m)	porotestān	پروتستان
Orthodoxie (f)	mazhab-e ortodoks	مذهب ارتدوکس
Église (f) orthodoxe	kelisā-ye ortodoks	کلیسای ارتدوکس
orthodoxe (m)	ortodoks	ارتدوکس
Presbytérianisme (m)	persbiterinism	پرسبیترینیسم
Église (f) presbytérienne	kelisā-ye persbiteri	کلیسای پرسبیتری
presbytérien (m)	persbiteri	پرسبیتری
Église (f) luthérienne	kelisā-ye lutrān	کلیسای لوتران
luthérien (m)	lutrān	لوتران
Baptisme (m)	kelisā-ye baptist	کلیسای باپتیست
baptiste (m)	baptist	باپتیست
Église (f) anglicane	kelisā-ye anglikān	کلیسای انگلیکان
anglican (m)	anglikān	انگلیکان
Mormonisme (m)	ferqe-ye mormon	فرقه مورمون
mormon (m)	mormon	مورمون
judaïsme (m)	yahudiyat	یهودیت
juif (m)	yahudi	یهودی
Bouddhisme (m)	budism	بودیسم
bouddhiste (m)	budāyi	بودایی
hindouisme (m)	hendi	هندی
hindouiste (m)	hendu	هندو
islam (m)	eslām	اسلام
musulman (m)	mosalmān	مسلمان
musulman (adj)	mosalmāni	مسلمانی
Chiisme (m)	ši'e	شیعه
chiite (m)	ši'e	شیعه
Sunnisme (m)	senni	سنی
sunnite (m)	senni	سنی

247. Les principales religions. Le clergé

prêtre (m)	kešiš	کشیش
Pape (m)	pāp	پاپ
moine (m)	rāheb	راهب
bonne sœur (f)	rāhebe	راهبه
pasteur (m)	pišvā-ye ruhān-i	پیشوای روحانی
abbé (m)	rāheb-e bozorg	راهب بزرگ
vicaire (m)	keš-yaš baxš	کشیش بخش
évêque (m)	osqof	اسقف
cardinal (m)	kārdināl	کاردینال
prédicateur (m)	vā'ez	واعظ
sermon (m)	mo'eze	موعظه
paroissiens (m pl)	kešiš tabār	کشیش تبار
croyant (m)	mo'men	مؤمن
athée (m)	molhed	ملحد

248. La foi. Le Christianisme. L'Islam

Adam	ādam	آدم
Ève	havvā	حوا
Dieu (m)	xodā	خدا
le Seigneur	xodā	خدا
le Tout-Puissant	xodā	خدا
péché (m)	gonāh	گناه
pécher (vi)	gonāh kardan	گناه کردن
pécheur (m)	gonāhkār	گناهکار
pécheresse (f)	gonāhkār	گناهکار
enfer (m)	jahannam	جهنم
paradis (m)	behešt	بهشت
Jésus	isā	عیسی
Jésus Christ	isā masih	عیسی مسیح
le Saint-Esprit	ruh olqodos	روح القدس
le Sauveur	monji	منجی
la Sainte Vierge	maryam bākere	مریم باکره
le Diable	šeytān	شیطان
diabolique (adj)	šeytāni	شیطانی
Satan	šeytān	شیطان
satanique (adj)	šeytāni	شیطانی
ange (m)	ferešte	فرشته
ange (m) gardien	ferešte-ye negahbān	فرشتهٔ نگهبان
angélique (adj)	ferešte i	فرشته ای

apôtre (m)	havāri	حواری
archange (m)	ferešte-ye moqarrab	فرشتۀ مقرب
antéchrist (m)	dajjāl	دجال
Église (f)	kelisā	کلیسا
Bible (f)	enjil	انجیل
biblique (adj)	enjili	انجیلی
Ancien Testament (m)	ahd-e atiq	عهد عتیق
Nouveau Testament (m)	ahd-e jadid	عهد جدید
Évangile (m)	enjil	انجیل
Sainte Écriture (f)	ketāb-e moqaddas	کتاب مقدس
Cieux (m pl)	behešt	بهشت
commandement (m)	farmān	فرمان
prophète (m)	payāmbar	پیامبر
prophétie (f)	payāmbari	پیامبری
Allah	allāh	الله
Mahomet	mohammad	محمد
le Coran	qor'ān	قرآن
mosquée (f)	masjed	مسجد
mulla (m)	mala'	ملا
prière (f)	namāz	نماز
prier (~ Dieu)	do'ā kardan	دعا کردن
pèlerinage (m)	ziyārat	زیارت
pèlerin (m)	zāer	زائر
La Mecque	makke	مکه
église (f)	kelisā	کلیسا
temple (m)	haram	حرم
cathédrale (f)	kelisā-ye jāme'	کلیسای جامع
gothique (adj)	gotik	گوتیک
synagogue (f)	kenešt	کنشت
mosquée (f)	masjed	مسجد
chapelle (f)	kelisā-ye kučak	کلیسای کوچک
abbaye (f)	sowme'e	صومعه
couvent (m)	sowme'e	صومعه
monastère (m)	deyr	دیر
cloche (f)	nāqus	ناقوس
clocher (m)	borj-e nāqus	برج ناقوس
sonner (vi)	sedā kardan	صدا کردن
croix (f)	salib	صلیب
coupole (f)	gonbad	گنبد
icône (f)	šamāyel-e moqaddas	شمایل مقدس
âme (f)	jān	جان
sort (m) (destin)	sarnevešt	سرنوشت
mal (m)	badi	بدی
bien (m)	niki	نیکی
vampire (m)	xun āšām	خون آشام

sorcière (f)	jādugar	جادوگر
démon (m)	div	دیو
esprit (m)	ruh	روح
rachat (m)	talab-e afv	طلب عفو
racheter (pécheur)	talab-e afv kardan	طلب عفو کردن
office (m), messe (f)	ebādat	عبادت
dire la messe	ebādat kardan	عبادت کردن
confession (f)	marāsem-e towbe	مراسم توبه
se confesser (vp)	towbe kardan	توبه کردن
saint (m)	qeddis	قدیس
sacré (adj)	moqaddas	مقدس
l'eau bénite	āb-e moqaddas	آب مقدس
rite (m)	marāsem	مراسم
rituel (adj)	āyini	آیینی
sacrifice (m)	qorbāni	قربانی
superstition (f)	xorāfe	خرافه
superstitieux (adj)	xorāfāti	خرافاتی
vie (f) après la mort	zendegi pas az marg	زندگی پس ازمرگ
vie (f) éternelle	zendegi-ye jāvid	زندگی جاوید

DIVERS

249. Quelques mots et formules utiles

aide (f)	komak	کمک
arrêt (m) (pause)	tavaqqof	توقف
balance (f)	ta'ādol	تعادل
barrière (f)	hesār	حصار
base (f)	pāye	پایه
catégorie (f)	tabaqe	طبقه
cause (f)	sabab	سبب
choix (m)	entexāb	انتخاب
chose (f) (objet)	čiz	چیز
coïncidence (f)	tatāboq	تطابق
comparaison (f)	qiyās	قیاس
compensation (f)	jobrān	جبران
confortable (adj)	rāhat	راحت
croissance (f)	rošd	رشد
début (m)	šoru'	شروع
degré (m) (~ de liberté)	daraje	درجه
développement (m)	pišraft	پیشرفت
différence (f)	farq	فرق
d'urgence (adv)	foran	فوراً
effet (m)	asar	اثر
effort (m)	kušeš	کوشش
élément (m)	onsor	عنصر
exemple (m)	mesāl	مثال
fait (m)	haqiqat	حقیقت
faute, erreur (f)	eštebāh	اشتباه
fin (f)	etmām	اتمام
fond (m) (arrière-plan)	zamine	زمینه
forme (f)	šekl	شکل
fréquent (adj)	mokarrar	مکرر
genre (m) (type, sorte)	no'	نوع
idéal (m)	ide āl	ایده آل
labyrinthe (m)	hezār tuy	هزارتوی
mode (m) (méthode)	tariq	طریق
moment (m)	lahze	لحظه
objet (m)	mabhas	مبحث
obstacle (m)	māne'	مانع
original (m)	asli	اصلی
part (f)	joz	جزء
particule (f)	zarre	ذره

pause (f)	maks	مکث
position (f)	vaz'	وضع
principe (m)	asl	اصل
problème (m)	moškel	مشکل
processus (m)	ravand	روند
progrès (m)	taraqqi	ترقی
propriété (f) (qualité)	xāsiyat	خاصیت
réaction (f)	vākoneš	واکنش
risque (m)	risk	ریسک
secret (m)	rāz	راز
série (f)	seri	سری
situation (f)	vaz'iyat	وضعیت
solution (f)	hal	حل
standard (adj)	estāndārd	استاندارد
standard (m)	estāndārd	استاندارد
style (m)	sabok	سبک
système (m)	sistem	سیستم
tableau (m) (grille)	jadval	جدول
tempo (m)	sor'at	سرعت
terme (m)	estelāh	اصطلاح
tour (m) (attends ton ~)	nowbat	نوبت
type (m) (~ de sport)	no'	نوع
urgent (adj)	fowri	فوری
utilité (f)	fāyede	فایده
vérité (f)	haqiqat	حقیقت
version (f)	moteqayyer	متغیر
zone (f)	mantaqe	منطقه

250. Les adjectifs. Partie 1

affamé (adj)	gorosne	گرسنه
agréable (la voix)	delpasand	دلپسند
aigre (fruits ~s)	torš	ترش
amer (adj)	talx	تلخ
ancien (adj)	qadimi	قدیمی
arrière (roue, feu)	aqab	عقب
artificiel (adj)	masnu'i	مصنوعی
attentionné (adj)	ba molāheze	با ملاحظه
aveugle (adj)	kur	کور
bas (voix ~se)	āheste	آهسته
basané (adj)	sabze ru	سبزه رو
beau (homme)	zibā	زیبا
beau, magnifique (adj)	zibā	زیبا
bien affilé (adj)	tiz	تیز
bon (~ voyage!)	xub	خوب
bon (au bon cœur)	mehrbān	مهربان

bon (savoureux)	xoš mazze	خوش مزه
bon marché (adj)	arzān	ارزان
bronzé (adj)	boronze	برنزه
calme (tranquille)	ārām	آرام
central (adj)	markazi	مركزى
chaud (modérément)	garm	گرم
cher (adj)	gerān	گران
civil (droit ~)	madani	مدنى
clair (couleur)	rowšan	روشن
clair (explication ~e)	vāzeh	واضح
clandestin (adj)	maxfi	مخفى
commun (projet ~)	moštarek	مشترک
compatible (adj)	sāzgār	سازگار
considérable (adj)	mohem	مهم
content (adj)	rāzi	راضى
continu (incessant)	modāvem	مداوم
continu (usage ~)	tulāni	طولانى
convenu (approprié)	monāseb	مناسب
court (de taille)	kutāh	كوتاه
court (en durée)	kutāh moddat	كوتاه مدت
cru (non cuit)	xām	خام
d'à côté, voisin	nazdik	نزدیک
dangereux (adj)	xatarnāk	خطرناک
d'enfant (adj)	kudakāne	كودكانه
dense (brouillard ~)	qaliz	غليظ
dernier (final)	āxarin	آخرين
différent (adj)	motefāvet	متفاوت
difficile (complexe)	saxt	سخت
difficile (décision)	moškel	مشكل
divers (adj)	moxtalef	مختلف
d'occasion (adj)	dast-e dovvom	دست دوم
douce (l'eau ~)	širin	شيرين
droit (pas courbe)	rāst	راست
droit (situé à droite)	rāst	راست
dur (pas mou)	soft	سفت
éloigné (adj)	dur	دور
ensoleillé (jour ~)	āftābi	آفتابى
entier (adj)	kāmel	كامل
épais (brouillard ~)	zaxim	ضخيم
épais (mur, etc.)	koloft	كلفت
étranger (adj)	xāreji	خارجى
étroit (passage, etc.)	bārik	باريک
excellent (adj)	āli	عالى
excessif (adj)	ziyād az had	زياد از حد
extérieur (adj)	xāreji	خارجى
facile (adj)	āsān	آسان
faible (lumière)	kam nur	كم نور

fatiguant (adj)	xaste konande	خسته کننده
fatigué (adj)	xaste	خسته
fermé (adj)	baste	بسته
fertile (le sol ~)	hāzer	حاصلخیز
fort (homme ~)	nirumand	نیرومند
fort (voix ~e)	boland	بلند
fragile (vaisselle, etc.)	šekanande	شکننده
frais (adj) (légèrement froid)	xonak	خنک
frais (du pain ~)	tāze	تازه
froid (boisson ~e)	sard	سرد
gauche (adj)	čap	چپ
géant (adj)	bozorg	بزرگ
gentil (adj)	xub	خوب
grand (dimension)	bozorg	بزرگ
gras (repas ~)	čarb	چرب
gratuit (adj)	majjāni	مجانی
heureux (adj)	xošbaxt	خوشبخت
hostile (adj)	xasmāne	خصمانه
humide (adj)	martub	مرطوب
immobile (adj)	bi harekat	بی حرکت
important (adj)	mohem	مهم
impossible (adj)	qeyr-e momken	غیر ممکن
indéchiffrable (adj)	nāmafhum	نامفهوم
indispensable (adj)	zaruri	ضروری
intelligent (adj)	bāhuš	باهوش
intérieur (adj)	dāxeli	داخلی
jeune (adj)	javān	جوان
joyeux (adj)	šād	شاد
juste, correct (adj)	dorost	درست

251. Les adjectifs. Partie 2

large (~ route)	vasiʿ	وسیع
le même, pareil (adj)	yeksān	یکسان
le plus important	mohemmtarin	مهمترین
le plus proche	nazdik tarin	نزدیک ترین
légal (adj)	qānuni	قانونی
léger (pas lourd)	sabok	سبک
libre (accès, etc.)	āzād	آزاد
limité (adj)	mahdud	محدود
liquide (adj)	māyeʿ	مایع
lisse (adj)	hamvār	هموار
lointain (adj)	dur	دور
long (~ chemin)	derāz	دراز
lourd (adj)	sangin	سنگین
maigre (adj)	lāqar	لاغر
malade (adj)	bimār	بیمار

227

mat (couleur)	tār	تار
mauvais (adj)	bad	بد
méticuleux (~ travail)	daqiq	دقیق
miséreux (adj)	faqir	فقیر
mort (adj)	morde	مرده
mou (souple)	narm	نرم
mûr (fruit ~)	reside	رسیده
myope (adj)	nazdik bin	نزدیک بین
mystérieux (adj)	asrār āmiz	اسرارآرمیز
natal (ville, pays)	bumi	بومی
nécessaire (adj)	lāzem	لازم
négatif (adj)	manfi	منفی
négligent (adj)	bi mas'uliyyat	بی مسئولیت
nerveux (adj)	asabi	عصبی
neuf (adj)	jadid	جدید
normal (adj)	ma'muli	معمولی
obligatoire (adj)	ejbāri	اجباری
opposé (adj)	moqābel	مقابل
ordinaire (adj)	ādi	عادی
original (peu commun)	orijināl	اوریژینال
ouvert (adj)	bāz	باز
parfait (adj)	āli	عالی
pas clair (adj)	nāmo'ayyan	نامعین
pas difficile (adj)	āsān	آسان
pas grand (adj)	nesbatan kučak	نسبتاً کوچک
passé (le mois ~)	piš	پیش
passé (participe ~)	gozašte	گذشته
pauvre (adj)	faqir	فقیر
permanent (adj)	dāemi	دائمی
personnel (adj)	xosusi	خصوصی
petit (adj)	kučak	کوچک
peu expérimenté (adj)	bi tajrobe	بی تجربه
peu important (adj)	nāčiz	ناچیز
peu profond (adj)	kam omq	کم عمق
plat (l'écran ~)	hamvār	هموار
plat (surface ~e)	hamvār	هموار
plein (rempli)	por	پر
poli (adj)	moaddab	مؤدب
ponctuel (adj)	vaqt šenās	وقت شناس
possible (adj)	ehtemāli	احتمالی
précédent (adj)	qabli	قبلی
précis, exact (adj)	daqiq	دقیق
présent (moment ~)	hāzer nabudan	حاضر
principal (adj)	asli	اصلی
principal (idée ~e)	asāsi	اساسی
privé (réservé)	xosusi	خصوصی
probable (adj)	mohtamel	محتمل

proche (pas lointain)	nazdik	نزدیک
propre (chemise ~)	pāk	پاک
public (adj)	omumi	عمومی
rapide (adj)	sariʿ	سریع
rare (adj)	nāder	نادر
reconnaissant (adj)	sepāsgozār	سپاسگزار
risqué (adj)	xatarnāk	خطرناک
salé (adj)	šur	شور
sale (pas propre)	kasif	کثیف
sans nuages (adj)	sāf	صاف
satisfait (client, etc.)	rāzi	راضی
sec (adj)	xošk	خشک
serré, étroit (vêtement)	tang	تنگ
similaire (adj)	šabih	شبیه
simple (adj)	ādi	عادی
solide (bâtiment, etc.)	mohkam	محکم
sombre (paysage ~)	tārik	تاریک
sombre (pièce ~)	tārik	تاریک
spacieux (adj)	vasiʿ	وسیع
spécial (adj)	maxsus	مخصوص
stupide (adj)	ahmaq	احمق
sucré (adj)	širin	شیرین
suivant (vol ~)	digar	دیگر
supplémentaire (adj)	ezāfi	اضافی
suprême (adj)	āli	عالی
sûr (pas dangereux)	amn	امن
surgelé (produits ~s)	yax zade	یخ زده
tendre (affectueux)	mehrbān	مهربان
tranquille (adj)	ārām	آرام
transparent (adj)	šaffāf	شفاف
trempé (adj)	xis	خیس
très chaud (adj)	dāq	داغ
triste (adj)	qamgin	غمگین
triste (regard ~)	anduhgin	اندوهگین
trop maigre (émacié)	lāqar	لاغر
unique (exceptionnel)	kamyāb	کمیاب
vide (bouteille, etc.)	xāli	خالی
vieux (bâtiment, etc.)	qadimi	قدیمی
voisin (maison ~e)	hamsāye	همسایه

LES 500 VERBES LES PLUS UTILISÉS

252. Les verbes les plus courants (de A à C)

abaisser (vt)	pāin āvardan	پائین آوردن
accompagner (vt)	ham-rāhi kardan	همراهی کردن
accoster (vi)	pahlu gereftan	پهلو گرفتن
accrocher (suspendre)	āvizān kardan	آویزان کردن
accuser (vt)	mottaham kardan	متهم کردن
acheter (vt)	xarid kardan	خرید کردن
admirer (vt)	tahsin kardan	تحسین کردن
affirmer (vt)	ta'kid kardan	تآکید کردن
agir (vi)	amal kardan	عمل کردن
agiter (les bras)	tekān dādan	تکان دادن
aider (vt)	komak kardan	کمک کردن
aimer (apprécier)	dust dāštan	دوست داشتن
aimer (qn)	dust dāštan	دوست داشتن
ajouter (vt)	afzudan	افزودن
aller (à pied)	raftan	رفتن
aller (en voiture, etc.)	raftan	رفتن
aller bien (robe, etc.)	monāseb budan	مناسب بودن
aller se coucher	be raxtexāb raftan	به رختخواب رفتن
allumer (~ la cheminée)	rowšan kardan	روشن کردن
allumer (la radio, etc.)	rowšan kardan	روشن کردن
amener, apporter (vt)	āvardan	آوردن
amputer (vt)	qat' kardan	قطع کردن
amuser (vt)	sargarm kardan	سرگرم کردن
annoncer (qch a qn)	xabar dādan	خبر دادن
annuler (vt)	laqv kardan	لغو کردن
apercevoir (vt)	motevajjeh šodan	متوجه شدن
apparaître (vi)	padidār šodan	پدیدار شدن
appartenir à …	ta'alloq dāštan	تعلق داشتن
appeler (au secours)	komak xāstan	کمک خواستن
appeler (dénommer)	nāmidan	نامیدن
appeler (vt)	sedā kardan	صدا کردن
applaudir (vi)	dast zadan	دست زدن
apprendre (qch à qn)	āmuxtan	آموختن
arracher (vt)	kandan	کندن
arriver (le train)	residan	رسیدن
arroser (plantes)	āb dādan	آب دادن
aspirer à …	eštiyāq dāštan	اشتیاق داشتن
assister (vt)	mo'āvenat kardan	معاونت کردن

attacher à …	bastan	بستن
attaquer (mil.)	hamle kardan	حمله کردن
atteindre (lieu)	residan	رسیدن
atteindre (objectif)	be natije residan	به نتیجه رسیدن
attendre (vt)	montazer budan	منتظر بودن
attraper (vt)	gereftan	گرفتن
attraper … (maladie)	mobtalā šodan	مبتلا شدن
augmenter (vi)	afzāyeš yāftan	افزایش یافتن
augmenter (vt)	afzudan	افزودن
autoriser (vt)	ejāze dādan	اجازه دادن
avertir (du danger)	hošdār dādan	هشدار دادن
aveugler (par les phares)	kur kardan	کور کردن
avoir (vt)	dāštan	داشتن
avoir confiance	etminān kardan	اطمینان کردن
avoir peur	tarsidan	ترسیدن
avouer (vi, vt)	e'terāf kardan	اعتراف کردن
baigner (~ les enfants)	hamām kardan	حمام کردن
battre (frapper)	zadan	زدن
boire (vt)	nušidan	نوشیدن
briller (vi)	deraxšidan	درخشیدن
briser, casser (vt)	šekastan	شکستن
brûler (des papiers)	suzāndan	سوزاندن
cacher (vt)	penhān kardan	پنهان کردن
calmer (enfant, etc.)	ārām kardan	آرام کردن
caresser (vt)	navāzeš kardan	نوازش کردن
céder (vt)	taslim šodan	تسلیم شدن
cesser (vt)	bas kardan	بس کردن
changer (~ d'avis)	avaz kardan	عوض کردن
changer (échanger)	avaz kardan	عوض کردن
charger (arme)	por kardan	پر کردن
charger (véhicule, etc.)	bār kardan	بار کردن
charmer (vt)	del bordan	دل بردن
chasser (animaux)	šekār kardan	شکار کردن
chasser (faire partir)	rāndan	راندن
chauffer (vt)	garm kardan	گرم کردن
chercher (vt)	jostoju kardan	جستجو کردن
choisir (vt)	entexāb kardan	انتخاب کردن
citer (vt)	naql-e qowl kardan	نقل قول کردن
combattre (vi)	jangidan	جنگیدن
commander (~ le menu)	sefāreš dādan	سفارش دادن
commencer (vt)	šoru' kardan	شروع کردن
comparer (vt)	moqāyse kardan	مقایسه کردن
compenser (vt)	jobrān kardan	جبران کردن
compliquer (vt)	pičide kardan	پیچیده کردن
composer (musique)	tasnif kardan	تصنیف کردن
comprendre (vt)	fahmidan	فهمیدن

compromettre (vt)	badnām kardan	بدنام کردن
compter (l'argent, etc.)	hesāb kardan	حساب کردن
compter sur ...	hesāb kardan	حساب کردن
concevoir (créer)	tarh rizi kardan	طرح ریزی کردن
concurrencer (vt)	reqābat kardan	رقابت کردن
condamner (vt)	mahkum kardan	محکوم کردن

conduire une voiture	rāndan	راندن
confondre (vt)	qāti kardan	قاطی کردن
connaître (qn)	šenāxtan	شناختن
conseiller (vt)	nasihat kardan	نصیحت کردن
consulter (docteur, etc.)	mošāvere šodan	مشاوره شدن

contaminer (vt)	mobtalā kardan	مبتلا کردن
continuer (vt)	edāme dādan	ادامه دادن
contrôler (vt)	kontorol kardan	کنترل کردن
convaincre (vt)	moteqā'ed kardan	متقاعد کردن

coopérer (vi)	ham-kāri kardan	همکاری کردن
coordonner (vt)	hamāhang kardan	هماهنگ کردن
corriger (une erreur)	eslāh kardan	اصلاح کردن
couper (avec une hache)	boridan	بریدن

couper (un doigt, etc.)	boridan	بریدن
courir (vi)	davidan	دویدن
coûter (vt)	qeymat dāštan	قیمت داشتن
cracher (vi)	tof kardan	تف کردن
créer (vt)	ijād kardan	ایجاد کردن

creuser (vt)	kandan	کندن
crier (vi)	faryād zadan	فریاد زدن
croire (vi, vt)	bāvar kardan	باور کردن
cueillir (fleurs, etc.)	kandan	کندن
cultiver (plantes)	kāštan	کاشتن

253. Les verbes les plus courants (de D à E)

dater de ...	tārix gozāri šodan	تاریخ گذاری شدن
décider (vt)	tasmim gereftan	تصمیم گرفتن
décoller (avion)	parvāz kardan	پرواز کردن
décorer (~ la maison)	tazyin kardan	تزیین کردن

décorer (de la médaille)	medāl dādan	مدال دادن
découvrir (vt)	kašf kardan	کشف کردن
dédier (vt)	ehdā kardan	اهدا کردن
défendre (vt)	defā' kardan	دفاع کردن
déjeuner (vi)	nāhār xordan	ناهار خوردن

demander (de faire qch)	xāstan	خواستن
dénoncer (vt)	lo dādan	لو دادن
dépasser (village, etc.)	gozāštan	گذشتن
dépendre de ...	vābaste budan	وابسته بودن
déplacer (des meubles)	jābejā kardan	جابه جا کردن
déranger (vt)	mozāhem šodan	مزاحم شدن

descendre (vi)	pāyin āmadan	پایین آمدن
désirer (vt)	xāstan	خواستن
détacher (vt)	bāz kardan	باز کردن
détruire (~ des preuves)	az beyn bordan	از بین بردن
devenir (vi)	šodan	شدن
devenir pensif	be fekr foru raftan	به فکر فرو رفتن
deviner (vt)	hads zadan	حدس زدن
devoir (v aux)	bāyad	باید
diffuser (distribuer)	towziʿ kardan	توزیع کردن
diminuer (vt)	kam kardan	کم کردن
dîner (vi)	šām xordan	شام خوردن
dire (vt)	goftan	گفتن
diriger (~ une usine)	edāre kardan	اداره کردن
diriger (vers …)	hedāyat kardan	هدایت کردن
discuter (vt)	bahs kardan	بحث کردن
disparaître (vi)	nāpadid šodan	ناپدید شدن
distribuer (bonbons, etc.)	paxš kardan	پخش کردن
diviser (~ par 2)	taqsim kardan	تقسیم کردن
dominer (château, etc.)	sar be āsmān kešidan	سر به آسمان کشیدن
donner (qch à qn)	dādan	دادن
doubler (la mise, etc.)	do barābar kardan	دو برابر کردن
douter (vt)	šok dāštan	شک داشتن
dresser (~ une liste)	tanzim kardan	تنظیم کردن
dresser (un chien)	tarbiyat kardan	تربیت کردن
éclairer (soleil)	rowšan kardan	روشن کردن
écouter (vt)	guš dādan	گوش دادن
écouter aux portes	esterāq-e samʿ kardan	استراق سمع کردن
écraser (cafard, etc.)	lah kardan	له کردن
écrire (vt)	neveštan	نوشتن
effacer (vt)	pāk kardan	پاک کردن
éliminer (supprimer)	rafʿ kardan	رفع کردن
embaucher (vt)	estexdām kardan	استخدام کردن
employer (utiliser)	esteʿmāl kardan	استعمال کردن
emporter (vt)	bā xod bordan	با خود بردن
emprunter (vt)	qarz gereftan	قرض گرفتن
enlever (~ des taches)	bardāštan	برداشتن
enlever (un objet)	bardāštan	برداشتن
enlever la boue	pāk kardan	پاک کردن
entendre (bruit, etc.)	šenidan	شنیدن
entraîner (vt)	tamrin dādan	تمرین دادن
entreprendre (vt)	mobāderat kardan	مبادرت کردن
entrer (vi)	vāred šodan	وارد شدن
envelopper (vt)	baste bandi kardan	بسته بندی کردن
envier (vt)	hasad bordan	حسد بردن
envoyer (vt)	ferestādan	فرستادن
épier (vt)	pāyidan	پاییدن

équiper (vt)	mojahhaz kardan	مجهز کردن
espérer (vi)	omid dāštan	امید داشتن
essayer (de faire qch)	talāš kardan	تلاش کردن
éteindre (~ la lumière)	xāmuš kardan	خاموش کردن
éteindre (incendie)	xāmuš kardan	خاموش کردن
étonner (vt)	moteʿajjeb kardan	متعجب کردن
être (vi)	budan	بودن
être allongé (personne)	derāz kešidan	دراز کشیدن
être assez (suffire)	kāfi budan	کافی بودن
être assis	nešastan	نشستن
être basé (sur …)	mottaki budan	متکی بودن
être convaincu de …	moʿtaqed šodan	معتقد شدن
être d'accord	movāfeqat kardan	موافقت کردن
être différent	farq dāštan	فرق داشتن
être en tête (de …)	rahbari kardan	رهبری کردن
être fatigué	xaste šodan	خسته شدن
être indispensable	zaruri budan	ضروری بودن
être la cause de …	sabab budan	سبب بودن
être nécessaire	hāmi budan	حامی بودن
être perplexe	heyrat kardan	حیرت کردن
être pressé	ajale kardan	عجله کردن
étudier (vt)	dars xāndan	درس خواندن
éviter (~ la foule)	duri jostan	دوری جستن
examiner (une question)	barresi kardan	بررسی کردن
exclure, expulser (vt)	exrāj kardan	اخراج کردن
excuser (vt)	baxšidan	بخشیدن
exiger (vt)	darxāst kardan	درخواست کردن
exister (vi)	vojud dāštan	وجود داشتن
expliquer (vt)	touzih dādan	توضیح دادن
exprimer (vt)	bayān kardan	بیان کردن

254. Les verbes les plus courants (de F à N)

fâcher (vt)	xašmgin kardan	خشمگین کردن
faciliter (vt)	āsān kardan	آسان کردن
faire (vt)	anjām dādan	انجام دادن
faire allusion	kenāye zadan	کنایه زدن
faire connaissance	āšnā šodan	آشنا شدن
faire de la publicité	tabliq kardan	تبلیغ کردن
faire des copies	kopi gereftan	کپی گرفتن
faire la guerre	jangidan	جنگیدن
faire la lessive	šostan-e lebās	شستن لباس
faire le ménage	jam-o jur kardan	جمع و جورکردن
faire surface (sous-marin)	bālā-ye āb āmadan	بالای آب آمدن
faire tomber	andāxtan	انداختن

faire un rapport	gozāreš dādan	گزارش دادن
fatiguer (vt)	xaste kardan	خسته کردن
féliciter (vt)	tabrik goftan	تبریک گفتن
fermer (vt)	bastan	بستن
finir (vt)	be pāyān resāndan	به پایان رساندن
flatter (vt)	tamalloq goftan	تملق گفتن
forcer (obliger)	majbur kardan	مجبور کردن
former (composer)	bevojud āvardan	بوجود آوردن
frapper (~ à la porte)	dar zadan	درزدن
garantir (vt)	tazmin kardan	تضمین کردن
garder (lettres, etc.)	negāh dāštan	نگاه داشتن
garder le silence	sāket māndan	ساکت ماندن
griffer (vt)	čang zadan	چنگ زدن
gronder (qn)	da'vā kardan	دعوا کردن
habiter (vt)	zendegi kardan	زندگی کردن
hériter (vt)	be ers bordan	به ارث بردن
imaginer (vt)	tasavvor kardan	تصور کردن
imiter (vt)	taqlid kardan	تقلید کردن
importer (vt)	vāred kardan	وارد کردن
indiquer (le chemin)	nešān dādan	نشان دادن
influer (vt)	ta'sir gozāštan	تأثیر گذاشتن
informer (vt)	āgah kardan	آگاه کردن
inquiéter (vt)	negarān kardan	نگران کردن
inscrire (sur la liste)	darj kardan	درج کردن
insérer (~ la clé)	qarār dādan	قرار دادن
insister (vi)	esrār kardan	اصرار کردن
inspirer (vt)	elhām baxšidan	الهام بخشیدن
instruire (vt)	yād dādan	یاد دادن
insulter (vt)	towhin kardan	توهین کردن
interdire (vt)	mamnu' kardan	ممنوع کردن
intéresser (vt)	jāleb budan	جالب بودن
intervenir (vi)	modāxele kardan	مداخله کردن
inventer (machine, etc.)	exterā' kardan	اختراع کردن
inviter (vt)	da'vat kardan	دعوت کردن
irriter (vt)	xašmgin kardan	خشمگین کردن
isoler (vt)	jodā kardan	جدا کردن
jeter (une pierre)	andāxtan	انداختن
jouer (acteur)	bāzi kardan	بازی کردن
jouer (s'amuser)	bāzi kardan	بازی کردن
laisser (oublier)	jā gozāštan	جا گذاشتن
lancer (un projet)	šoru' kardan	شروع کردن
larguer les amarres	tark kardan	ترک کردن
laver (vt)	šostan	شستن
libérer (ville, etc.)	āzād kardan	آزاد کردن
ligoter (vt)	bastan	بستن
limiter (vt)	mahdud kardan	محدود کردن

lire (vi, vt)	xāndan	خواندن
louer (barque, etc.)	kerāye kardan	کرایه کردن
louer (prendre en location)	ejāre kardan	اجاره کردن
lutter (~ contre ...)	mobāreze kardan	مبارزه کردن

lutter (sport)	košti gereftan	کشتی گرفتن
manger (vi, vt)	xordan	خوردن
manquer (l'école)	qāyeb budan	غایب بودن
marquer (sur la carte)	nešāne gozāštan	نشانه گذاشتن

mélanger (vt)	maxlut kardan	مخلوط کردن
mémoriser (vt)	be xāter sepordan	به خاطر سپردن
menacer (vt)	tahdid kardan	تهدید کردن
mentionner (vt)	zekr kardan	ذکر کردن
mentir (vi)	doruq goftan	دروغ گفتن

mépriser (vt)	tahqir kardan	تحقیر کردن
mériter (vt)	šāyeste budan	شایسته بودن
mettre (placer)	gozāštan	گذاشتن
montrer (vt)	nešān dādan	نشان دادن

multiplier (math)	zarb kardan	ضرب کردن
nager (vi)	šenā kardan	شنا کردن
négocier (vi)	mozākere kardan	مذاکره کردن
nettoyer (vt)	tamiz kardan	تمیز کردن

nier (vt)	enkār kardan	انکار کردن
nommer (à une fonction)	ta'yin kardan	تعیین کردن
noter (prendre en note)	yāddāšt kardan	یادداشت کردن
nourrir (vt)	xorāk dādan	خوراک دادن

255. Les verbes les plus courants (de O à R)

obéir (vt)	etā'at kardan	اطاعت کردن
objecter (vt)	moxalefat kardan	مخالفت کردن
observer (vt)	mošāhede kardan	مشاهده کردن
offenser (vt)	ranjāndan	رنجاندن

omettre (vt)	az qalam andāxtan	از قلم انداختن
ordonner (mil.)	farmān dādan	فرمان دادن
organiser (concert, etc.)	taškil dādan	تشکیل دادن
oser (vt)	jor'at kardan	جرأت کردن

oublier (vt)	farāmuš kardan	فراموش کردن
ouvrir (vt)	bāz kardan	باز کردن
paraître (livre)	montašer šodan	منتشر شدن
pardonner (vt)	baxšidan	بخشیدن
parler avec ...	harf zadan bā	حرف زدن با

participer à ...	šerekat kardan	شرکت کردن
partir (~ en voiture)	raftan	رفتن
payer (régler)	pardāxtan	پرداختن
pécher (vi)	gonāh kardan	گناه کردن
pêcher (vi)	māhi gereftan	ماهی گرفتن

pénétrer (vt)	nofuz kardan	نفوذ کردن
penser (croire)	fekr kardan	فکر کردن
penser (vi, vt)	fekr kardan	فکر کردن
perdre (les clefs, etc.)	gom kardan	گم کردن
permettre (vt)	ejāze dādan	اجازه دادن
peser (~ 100 kilos)	vazn dāštan	وزن داشتن
photographier (vt)	aks gereftan	عکس گرفتن
placer (mettre)	qarār dādan	قرار دادن
plaire (être apprécié)	dust dāštan	دوست داشتن
plaisanter (vi)	šuxi kardan	شوخی کردن
planifier (vt)	barnāmerizi kardan	برنامه ریزی کردن
pleurer (vi)	gerye kardan	گریه کردن
plonger (vi)	širje raftan	شیرجه رفتن
posséder (vt)	sāheb budan	صاحب بودن
pousser (les gens)	hel dādan	هل دادن
pouvoir (v aux)	tavānestan	توانستن
prédominer (vi)	bartari dāštan	برتری داشتن
préférer (vt)	tarjih dādan	ترجیح دادن
prendre (vt)	bardāštan	برداشتن
prendre en note	neveštan	نوشتن
prendre le petit déjeuner	sobhāne xordan	صبحانه خوردن
prendre un risque	risk kardan	ریسک کردن
préparer (le dîner)	hāzer kardan	حاضر کردن
préparer (vt)	āmāde kardan	آماده کردن
présenter (faire connaître)	mo'arrefi kardan	معرفی کردن
présenter (qn)	mo'arrefi kardan	معرفی کردن
préserver (~ la paix)	hefz kardan	حفظ کردن
pressentir (le danger)	hess kardan	حس کردن
presser (qn)	be ajale vā dāštan	به عجله وا داشتن
prévoir (vt)	pišbini kardan	پیش بینی کردن
prier (~ Dieu)	do'ā kardan	دعا کردن
priver (vt)	mahrum kardan	محروم کردن
progresser (vi)	piš raftan	پیش رفتن
promettre (vt)	qowl dādan	قول دادن
prononcer (vt)	talaffoz kardan	تلفظ کردن
proposer (vt)	pišnahād dādan	پیشنهاد دادن
protéger (la nature)	mohāfezat kardan	محافظت کردن
protester (vi, vt)	e'terāz kardan	اعتراض کردن
prouver (une théorie, etc.)	esbāt kardan	اثبات کردن
provoquer (vt)	tahrik kardan	تحریک کردن
punir (vt)	tanbih kardan	تنبیه کردن
quitter (famille, etc.)	rahā kardan	رها کردن
raconter (une histoire)	hekāyat kardan	حکایت کردن
ranger (jouets, etc.)	morattab kardan	مرتب کردن
rappeler (évoquer un souvenir)	yād-āvari kardan	یادآوری کردن

réaliser (vt)	amali kardan	عملی کردن
recommander (vt)	towsie kardan	توصیه کردن
reconnaître (erreurs)	e'terāf kardan	اعتراف کردن
reconnaître (qn)	šenāxtan	شناختن
refaire (vt)	dobāre anjām dādan	دوباره انجام دادن

refuser (vt)	rad kardan	رد کردن
regarder (vi, vt)	negāh kardan	نگاه کردن
régler (~ un conflit)	hal-o-fasl kardan	حل و فصل کردن
regretter (vt)	afsus xordan	افسوس خوردن

remarquer (qn)	didan	دیدن
remercier (vt)	tašakkor kardan	تشکر کردن
remettre en ordre	morattab kardan	مرتب کردن
remplir (une bouteille)	por kardan	پر کردن

renforcer (vt)	tahkim kardan	تحکیم کردن
renverser (liquide)	rixtan	ریختن
renvoyer (colis, etc.)	pas ferestādan	پس فرستادن
répandre (odeur)	paxš kardan	پخش کردن

réparer (vt)	dorost kardan	درست کردن
repasser (vêtement)	oto kardan	اتو کردن
répéter (dire encore)	tekrār kardan	تکرار کردن
répondre (vi, vt)	javāb dādan	جواب دادن
reprocher (qch à qn)	sarzaneš kardan	سرزنش کردن

réserver (une chambre)	rezerv kardan	رزرو کردن
résoudre (le problème)	hal kardan	حل کردن
respirer (vi)	nafas kešidan	نفس کشیدن
ressembler à ...	šabih budan	شبیه بودن
retenir (empêcher)	māne' šodan	مانع شدن

retourner (pierre, etc.)	qaltāndan	غلتاندن
réunir (regrouper)	mottahed kardan	متحد کردن
réveiller (vt)	bidār kardan	بیدار کردن
revenir (vi)	bargaštan	برگشتن

rêver (en dormant)	xāb didan	خواب دیدن
rêver (faut pas ~!)	ārezu kardan	آرزو کردن
rire (vi)	xandidan	خندیدن
rougir (vi)	sorx šodan	سرخ شدن

256. Les verbes les plus courants (de S à V)

s'adresser (vp)	morāje'e kardan	مراجعه کردن
saluer (vt)	salām kardan	سلام کردن
s'amuser (vp)	šādi kardan	شادی کردن
s'approcher (vp)	nazdik šodan	نزدیک شدن

s'arrêter (vp)	motevaghef šodan	متوقف شدن
s'asseoir (vp)	nešastan	نشستن
satisfaire (vt)	qāne' kardan	قانع کردن
s'attendre (vp)	montazer budan	منتظر بودن

Français	Persan	
sauver (la vie à qn)	najāt dādan	نجات دادن
savoir (qch)	dānestan	دانستن
se baigner (vp)	ābtani kardan	آبتنی کردن
se battre (vp)	zad-o-xord kardan	زد و خورد کردن
se concentrer (vp)	motemarkez šodan	متمرکز شدن
se conduire (vp)	raftār kardan	رفتار کردن
se conserver (vp)	mahfuz māndan	محفوظ ماندن
se débarrasser de ...	xalās šodan az	خلاص شدن از
se défendre (vp)	az xod defā' kardan	از خود دفاع کردن
se détourner (vp)	ru bargardāndan	رو برگرداندن
se fâcher (contre ...)	baxš-am āmadan	بخشم آمدن
se fendre (mur, sol)	tarak xordan	ترک خوردن
se joindre (vp)	peyvastan	پیوستن
se laver (vp)	hamām kardan	حمام کردن
se lever (tôt, tard)	boland šodan	بلند شدن
se marier (prendre pour épouse)	ezdevāj kardan	ازدواج کردن
se moquer (vp)	masxare kardan	مسخره کردن
se noyer (vp)	qarq šodan	غرق شدن
se peigner (vp)	sar xod rā šāne kardan	سر خودرا شانه کردن
se plaindre (vp)	šekāyat kardan	شکایت کردن
se préoccuper (vp)	negarān šodan	نگران شدن
se rappeler (vp)	be xāter āvardan	به خاطر آوردن
se raser (vp)	riš tarāšidan	ریش تراشیدن
se renseigner (sur ...)	bāxabar šodan	باخبر شدن
se renverser (du sucre)	rixtan	ریختن
se reposer (vp)	esterāhat kardan	استراحت کردن
se rétablir (vp)	behbud yāftan	بهبود یافتن
se rompre (la corde)	pāre šodan	پاره شدن
se salir (vp)	kasif šodan	کثیف شدن
se servir de ...	estefāde kardan	استفاده کردن
se souvenir (vp)	be xāter āvardan	به خاطر آوردن
se taire (vp)	sāket šodan	ساکت شدن
se tromper (vp)	eštebāh kardan	اشتباه کردن
se trouver (sur ...)	qarār dāštan	قرار داشتن
se vanter (vp)	be rox kešidan	به رخ کشیدن
se venger (vp)	enteqām gereftan	انتقام گرفتن
s'échanger (des ...)	avaz kardan	عوض کردن
sécher (vt)	xošk kardan	خشک کردن
secouer (vt)	tekān dādan	تکان دادن
sélectionner (vt)	entexāb kardan	انتخاب کردن
semer (des graines)	kāštan	کاشتن
s'ennuyer (vp)	hosele sar raftan	حوصله سررفتن
sentir (~ les fleurs)	buidan	بوئیدن
sentir (avoir une odeur)	bu dādan	بو دادن
s'entraîner (vp)	tamrin kardan	تمرین کردن

| serrer dans ses bras | dar āquš gereftan | در آغوش گرفتن |
| servir (au restaurant) | serv kardan | سرو کردن |

s'étonner (vp)	mote'ajjeb šodan	متعجب شدن
s'excuser (vp)	ozr xāstan	عذر خواستن
signer (vt)	emzā kardan	امضا کردن
signifier (avoir tel sens)	ma'ni dādan	معنی دادن

signifier (vt)	ma'ni dāštan	معنی داشتن
simplifier (vt)	sāde kardan	ساده کردن
s'indigner (vp)	xašmgin šodan	خشمگین شدن
s'inquiéter (vp)	negarān šodan	نگران شدن

s'intéresser (vp)	alāqe dāštan	علاقه داشتن
s'irriter (vp)	xašmgin šodan	خشمگین شدن
soigner (traiter)	mo'āleje kardan	معالجه کردن
sortir (aller dehors)	birun raftan	بیرون رفتن

souffler (vent)	vazidan	وزیدن
souffrir (vi)	ranj didan	رنج دیدن
souligner (vt)	xatt kešidan	خط کشیدن
soupirer (vi)	āh kešidan	آه کشیدن

sourire (vi)	labxand zadan	لبخند زدن
sous-estimer (vt)	dast-e kam gereftan	دست کم گرفتن
soutenir (vt)	poštibāni kardan	پشتیبانی کردن
suivre ... (suivez-moi)	donbāl kardan	دنبال کردن
supplier (vt)	eltemās kardan	التماس کردن

supporter (la douleur)	tāqat āvordan	طاقت آوردن
supposer (vt)	farz kardan	فرض کردن
surestimer (vt)	mobāleqe kardan	مبالغه کردن
suspecter (vt)	su'-e zann-e dāštan	سوء ظن داشتن

tenter (vt)	kušidan	کوشیدن
tirer (~ un coup de feu)	tirandāzi kardan	تیراندازی کردن
tirer (corde)	kešidan	کشیدن
tirer une conclusion	estenbāt kardan	استنباط کردن

tomber amoureux	āšeq šodan	عاشق شدن
toucher (de la main)	lams kardan	لمس کردن
tourner (~ à gauche)	pičidan	پیچیدن
traduire (vt)	tarjome kardan	ترجمه کردن

transformer (vt)	taqyir dādan	تغییر دادن
travailler (vi)	kār kardan	کار کردن
trembler (de froid)	larzidan	لرزیدن
tressaillir (vi)	larzidan	لرزیدن

tromper (vt)	farib dādan	فریب دادن
trouver (vt)	peydā kardan	پیدا کردن
tuer (vt)	koštan	کشتن
vacciner (vt)	vāksine kardan	واکسینه کردن

| vendre (vt) | foruxtan | فروختن |
| verser (à boire) | rixtan | ریختن |

viser ... (cible)	nešāne raftan	نشانه رفتن
vivre (vi)	zendegi kardan	زندگی کردن
voler (avion, oiseau)	parvāz kardan	پرواز کردن
voler (qch à qn)	dozdidan	دزدیدن
voter (vi)	ra'y dādan	رأی دادن
vouloir (vt)	xāstan	خواستن

www.ingramcontent.com/pod-product-compliance
Lightning Source LLC
Chambersburg PA
CBHW071331090426
42738CB00012B/2861